弁護士専門研修講座

子どもをめぐる法律問題

東京弁護士会
弁護士研修センター運営委員会［編］

ぎょうせい

はしがき

　現代社会はあらゆる分野で複雑化・高度化が進行しており、紛争類型も多様化・高度化しています。これに応じ、弁護士もより高度な専門性を習得し、複雑化した案件に対応できる実践的能力が求められております。弁護士が市民の法的ニーズを的確に理解し、日々研鑽を重ねることが必要なことは言うまでもありません。

　東京弁護士会では、弁護士研修センターを設置し、弁護士の日常業務の研鑽に加え、専門分野の研修にも力を注いできました。特に平成18年度後期からは、特定の分野に関する専門的知識や実務的知識の習得を目的とする専門連続講座を開始し、研修の実質を高めて参りました。本書は、平成27年度に行われた「子どもをめぐる法律問題」専門講座の講義を収録したものです。

　本連続講座は、近年、多様化・複雑化している子どもをめぐる法律問題について実践的内容を講義しているもので、多くの弁護士にとって、示唆と素養に資するものと確信しております。

　本講座を受講されなかった皆様方におかれましても、是非本書をお読みいただき、子どもをめぐる法律問題に関する実務能力を習得され、日々の事件への適切な対応にお役立ていただければ幸いです。

平成28年6月

東京弁護士会会長　小　林　元　治

講師紹介

(講義順)

池田　清貴（いけだ・きよたか）

平成12年	弁護士登録（東京弁護士会・第53期）
平成24年～26年	東京都子供の権利擁護専門員
現在	東京都児童相談所非常勤弁護士、中央大学法科大学院非常勤講師、三鷹市教育委員

掛川　亜季（かけがわ・あき）

平成13年	弁護士登録（東京弁護士会・第54期）
現在	日本弁護士連合会子どもの権利委員会幹事、東京弁護士会子どもの人権と少年法に関する特別委員会委員、東京三弁護士会多摩支部子どもの権利委員会委員

三坂　彰彦（みさか・あきひこ）

平成3年	弁護士登録（東京弁護士会・第43期）
現在	東京弁護士会子どもの人権と少年法に関する特別委員会委員、日本弁護士連合会子どもの権利委員会委員、日本弁護士連合会教育法制改革問題対策ワーキンググループ委員、東京都教委いじめ問題対策委員

山下　敏雅（やました・としまさ）

平成15年	弁護士登録（東京弁護士会・第56期）
現在	東京弁護士会子どもの人権と少年法に関する特別委員会委員、豊島区子どもの権利擁護委員、東京都児童相談所協力弁護士、東京都児童福祉審議会委員

磯谷　文明（いそがえ・ふみあき）

平成6年	弁護士登録（東京弁護士会・第46期）
現在	東京弁護士会子どもの人権と少年法に関する特別委員会参与員、日本弁護士連合会子どもの権利委員会幹事、厚生労働省社会保障審議会専門委員、東京都児童福祉審議会委員、一般社団法人日本子ども虐待防止学会副理事長、社会福祉法人子どもの虐待防止センター理事

目　次

はしがき
講師紹介

Ⅰ　「子どもの手続代理人」の実務
弁護士　池田　清貴

第1　子どもの手続代理人制度について ……………………………… 2
　1　はじめに …………………………………………………………… 2
　2　子どもの手続代理人制度とは …………………………………… 2
　　(1)　子どもの意思の把握／4
　　(2)　前提としての手続参加／6
　　(3)　子どもの手続代理人の選任／13
　　(4)　どのような事案で有用か／15
　　(5)　どのような契機で就任するのか／20
第2　子どもの手続代理人の活動 …………………………………… 22
　1　子どもの手続代理人の役割 …………………………………… 22
　　(1)　日弁連「有用な類型」における整理／22
　2　実際の活動 ……………………………………………………… 23
　3　報　酬 …………………………………………………………… 30
　　(1)　国選の手続代理人／30
　　(2)　私選の手続代理人／32
レジュメ …………………………………………………………………… 34
資　料 ……………………………………………………………………… 49

Ⅱ　親権・監護権の実務
弁護士　掛川　亜季

第1　親権・監護権にかかわる法制度概観 ………………………… 56
　1　離婚前 …………………………………………………………… 56
　　(1)　監護者指定・子の引き渡し（・人身保護請求）／56
　　(2)　面会交流／56
　2　離婚時 …………………………………………………………… 57
　　(1)　親権指定／57

目 次

　　(2) 面会交流／57
　　((3) 養育費)／57
　3　離婚後 …………………………………………………… 57
　　(1) 面会交流／57
　　(2) 親権変更・子の引き渡し／58
　　(3) 人身保護請求／58
　　((4) 養育費)／58
　4　その他 …………………………………………………… 58
第2　監護者指定・子の引き渡し ……………………………… 59
　1　相談時の検討事項 ……………………………………… 60
　2　実務上の判断要素 ……………………………………… 62
　　(1) 子の利益の優先／62
　　(2) 個別課題／63
　3　子の意思の把握 ………………………………………… 64
　4　子の引き渡しの執行方法の課題 ……………………… 66
　　(1) 間接強制／66
　　(2) 直接強制／66
　5　ハーグ条約の批准と国内事件への影響 ……………… 67
第3　人身保護請求 ……………………………………………… 68
　1　枠組み …………………………………………………… 68
　　(1) 共同親権下の夫婦間／68
　　(2) 離婚後の夫婦間／69
　2　手続の特徴 ……………………………………………… 69
第4　親権指定・親権変更 ……………………………………… 70
　1　はじめに ………………………………………………… 70
　　(1) 親権とは／70
　　(2) 改正民法第820条／70
　　(3) 単独親権制／71
　　(4) 親権・監護権の分属について／72
　2　実務上の判断要素 ……………………………………… 72
　3　留意点 …………………………………………………… 73
　4　親権者変更 ……………………………………………… 74
　　(1) 手　続／74

⑵　考慮要素／74
　　　⑶　子の意思の把握／75
　　　⑷　判断基準／75
　第5　面会交流 ･･ 76
　　1　面会交流概観 ･･･ 77
　　　⑴　面会交流とは／77
　　　⑵　面会交流の啓発・促進の動き／77
　　　⑶　事件の増加／79
　　2　権利性をめぐる議論 ･････････････････････････････････････ 80
　　3　取決め方法 ･･･ 81
　　4　実施の可否をめぐる議論 ･････････････････････････････････ 81
　　　⑴　面会交流原則実施論／81
　　　⑵　原則実施論に対する疑念／85
　　　⑶　面会交流支援事業／87
　　5　間接強制の可否 ･･･ 87
　　6　取決めの内容 ･･･ 88
　　　⑴　頻度、方法／88
　　　⑵　留意事項／88
　　7　その他の課題 ･･･ 89
　　　⑴　離婚前後の取決めだけで足りるのか／89
　　　⑵　子どもの意思の把握は適切か／90
　　　⑶　試行的面会交流について／90
　　　⑷　子どもの手続代理人の活用／90
　第6　終わりに ･･･ 90
　レジュメ ･･･ 92
　資　料 ･･･ 100

Ⅲ　学校問題

　　　　　　　　　　　　　　　　　　　　　　　弁護士　三坂　彰彦
　はじめに ･･･ 110
　第1　総　論 ･･･ 111
　　1　学校問題と本研修の視点 ･････････････････････････････････ 111
　　　⑴　学校（法律）問題の射程／111

目　次

　　　(2)　本研修の視点と概観／111
　　2　学校問題（特に子どもに関する）の特徴 …………………………… 112
　　　(1)　相談者と相談対象者の不一致 → 方針策定のスタンス／112
　　　(2)　子どもに関するトラブルにおける、リーガルサポートとソーシャル
　　　　　ワーク的サポート／112
　　　(3)　時間の壁、教育裁量の壁（とりわけ訴訟）／113
　　3　就学・入学と在学関係の法律構成 ……………………………………… 113
　　　(1)　在学関係の発生／113
　　　(2)　在学関係の法律構成／113
　　　(3)　在学関係を規律するもの／113
　　　(4)　義務教育における就学義務／114
　第2　学校事故（学校生活における子どもの安全）…………………………… 114
　　1　この場面での学校の法的義務 …………………………………………… 114
　　2　学校事故と補償・賠償 …………………………………………………… 115
　　　(1)　学校共済保険（日本スポーツ振興センター法）／115
　　　(2)　学校側に安全配慮義務違反がある場合 → 賠償責任／117
　　　(3)　教師の行為による場合／117
　　　(4)　施設の瑕疵による場合／117
　　　(5)　生徒間事故の場合／117
　第3　学校における教科教育・生活指導（懲戒処分）等 …………………… 119
　　1　学校教育活動 ……………………………………………………………… 120
　　2　教科教育 …………………………………………………………………… 120
　　3　校則・生活指導・懲戒 …………………………………………………… 120
　第4　いじめ防止対策推進法と学校の安全配慮義務 ………………………… 126
　　1　いじめ防止対策推進法といじめ基本方針 …………………………… 127
　　2　いじめ定義とポイント …………………………………………………… 127
　　3　いじめ防止基本方針の策定と組織設置 ……………………………… 129
　　4　いじめの予防・早期発見・対処 ……………………………………… 129
　　5　いじめ被害相談と代理人対応のポイント …………………………… 131
　　　(1)　本人が登校を継続している場合／131
　　　(2)　登校できていないが、再登校の意向がある場合／132
　　　(3)　登校できておらず、再登校の意向もない場合／134
　第5　教育情報の開示 …………………………………………………………… 135

1 問題となる教育情報 ……………………………………… 136
　(1) 事故報告書（体罰報告書）、災害報告書等／136
　(2) 指導要録／137
　(3) 調査書／137
　(4) 職員会議録／139
　(5) いじめ情報／139
2 開示を求める手段 ………………………………………… 140
　(1) 公立学校と私立学校／140
　(2) 証拠保全申立て／141
第6　その他の問題 …………………………………………… 141
第7　まとめ …………………………………………………… 141
レジュメ …………………………………………………………… 144
資　料 ……………………………………………………………… 162

IV　未成年後見

弁護士　山下　敏雅

はじめに——具体的ケースの紹介 ………………………………… 168
第1　弁護士が未成年後見人の業務を行うことの意義 …… 173
第2　平成23年5月民法改正（平成24年4月施行） …………… 173
第3　未成年後見・後見監督が始まる場面 …………………… 175
1 実体面 ……………………………………………………… 175
　(1) 親権を行う者がいないとき、又は親権を行う者が管理権を有しないとき（民法838①）／175
　(2) 離婚後単独親権者が死亡した場合／176
　(3) 普通養子縁組で養親が死亡した場合／176
2 手続面 ……………………………………………………… 177
　(1) 家庭裁判所による選任（民法840①）／177
　(2) 遺言による指定（民法839①）／178
　(3) 即時抗告なし／178
第4　未成年後見・後見監督が必要となる理由 ……………… 179
1 遺産相続・放棄・生命保険金受領 …………………… 180
2 財産管理 ………………………………………………… 180
3 医療ネグレクト等虐待への対応 ……………………… 180

目　次

　　4　辞任等による形式的な親権者の不在 …………………………181
　　5　養子縁組 ………………………………………………………181
　第5　未成年後見・後見監督の開始 …………………………………182
　　1　戸籍への記載 …………………………………………………182
　　2　審判書 …………………………………………………………183
　第6　選任直後の活動 …………………………………………………184
　　1　記録閲覧、謄写 ………………………………………………184
　　2　未成年者ら、親族・関係者との面談 ………………………184
　　3　財産等の占有確保 ……………………………………………185
　　4　金融機関・行政機関への届出 ………………………………186
　　5　財産目録調製、年間支出額の予定 …………………………187
　第7　財産管理 …………………………………………………………190
　　1　財産管理権 ……………………………………………………190
　　2　小遣い・生活費 ………………………………………………190
　　3　児童手当 ………………………………………………………191
　　4　税務申告 ………………………………………………………191
　　5　後見事務費用 …………………………………………………192
　　6　未成年後見人が保証を求められた場合 ……………………192
　　7　本人と後見人の利益相反時 …………………………………193
　　　(1)　本人と後見人の利益相反時は特別代理人選任が必要／193
　　　(2)　形式的判断説／193
　　　(3)　親権濫用時／195
　　8　後見信託 ………………………………………………………195
　第8　身上監護 …………………………………………………………196
　　1　親権者と同一の権利義務 ……………………………………196
　　2　監督義務違反の損害賠償責任 ………………………………197
　　　(1)　責任能力、後見人自身の責任等／197
　　　(2)　弁護士賠償責任保険・未成年後見特約／198
　　3　医療同意 ………………………………………………………199
　第9　裁判所への報告 …………………………………………………200
　　1　定期的な報告 …………………………………………………200
　　2　随時の報告・相談 ……………………………………………201
　第10　報　酬 …………………………………………………………202

1　報酬付与申立て ………………………………………… 202
　　2　報酬の見込めない事案の場合 ………………………… 203
　第11　未成年後見監督人の職務 …………………………… 203
　第12　問題点・課題 ………………………………………… 204
　第13　終　了 ………………………………………………… 205
　　1　終了事由 ……………………………………………… 205
　　2　管理計算 ……………………………………………… 205
　レジュメ ……………………………………………………… 207

Ⅴ　児童虐待と法制度
弁護士　磯谷　文明

第1　児童虐待とは ……………………………………………… 238
　1　イントロダクション …………………………………… 238
　2　児童虐待の定義 ………………………………………… 242
　　(1)　児童虐待の定義〜児童虐待の防止等に関する法律2条／242
　　(2)　留意点／244
第2　虐待を受けた児童の保護と法制度 …………………… 246
　1　関係法 …………………………………………………… 246
　2　関係機関 ………………………………………………… 247
　3　通　告 …………………………………………………… 248
　4　調　査 …………………………………………………… 251
　　(1)　概　論／251
　　(2)　防止法13条の3／251
　　(3)　要保護児童対策地域協議会／251
　　(4)　立入調査・臨検捜索／252
　5　一時保護 ………………………………………………… 254
　　(1)　概　論／254
　　(2)　要　件／255
　　(3)　委　託／256
　　(4)　手　続／256
　　(5)　期　限／256
　　(6)　一時保護中の監護／257
　　(7)　一時保護中の面会交流／259

目　次

　　(8)　強制力の行使／260
　　(9)　不服申立て／260
　6　児童福祉法27条1項の措置 …………………………………… 260
　　(1)　訓　戒／260
　　(2)　指　導／260
　　(3)　児童福祉施設入所等／261
　7　児童福祉法28条の承認 ………………………………………… 261
　　(1)　概　論／261
　　(2)　要　件／261
　　(3)　手　続／262
　　(4)　施設種別／262
　　(5)　勧　告／263
　8　児童福祉法28条2項の承認 …………………………………… 264
　9　接近禁止命令 …………………………………………………… 264
　10　要保護児童対策地域協議会 …………………………………… 265
第3　児童虐待と損害賠償請求 ………………………………………… 266
　1　事実の立証 ……………………………………………………… 266
　2　時効・除斥期間 ………………………………………………… 267
第4　児童虐待と刑事事件 ……………………………………………… 268
第5　児童虐待と弁護士 ………………………………………………… 268
　1　離婚等親族間紛争と児童虐待 ………………………………… 268
　2　児童相談所への法的支援 ……………………………………… 270
後　記 ……………………………………………………………………… 270
レジュメ ………………………………………………………………… 271
資　料 ……………………………………………………………………… 283

あとがき

—8—

I 「子どもの手続代理人」の実務

弁護士 池田 清貴

I 「子どもの手続代理人」の実務

　ただいまご紹介いただきました池田でございます。私は日弁連子どもの権利委員会に所属しており、子どもの手続代理人の調査、研修などの活動に携わっている関係で、今日ご指名いただいたものと思っております。どうぞよろしくお願いいたします。

　今日は、家事事件における「子どもの手続代理人」の実務についてお話をいたします。第1として、子どもの手続代理人の制度についてのご説明です。第2として、子どもの手続代理人の実際の活動についてお話をしたいと思っております。

第1　子どもの手続代理人制度について

1　はじめに

　子どもの手続代理人制度の現状は「あけぼの」と言えます。いささか文学的表現ではありますが、ここには二つの意味を込めています。一つは、子どもたちの最善の利益の一助となるこの制度が確かな一歩を踏み出し、光明が差し始めたということに対する希望です。

　もう一つは、制度開始から2年半以上が経過していますが、いまだ活用例は約20例（日弁連子どもの権利委員会把握）という現状であり、まだ夜が明け切らないのかというもどかしさです。ただ、実は最近にわかにこの制度が注目され始めているようです。後でご説明しますが、日弁連と最高裁がこの制度の活用促進について協議会をもうけ、その成果として、日弁連が子どもの手続代理人の役割と制度利用の有用な事案の類型を取りまとめたということで、マスメディアが取り上げてくださったということがあるように思います。今後、飛躍的な選任件数の伸びが出てくるのではないかという期待をしています（読売新聞2015年8月19日朝刊）。

2　子どもの手続代理人制度とは

　子どもの手続代理人制度とは、「家事事件手続法によって、子どもに手続行為能力が認められた家事事件について、意思能力ある子どもが、当該事件を申し立て、又は当該事件に利害関係参加するなどして、手続に参加する場合に、弁護士が子どもの手続代理人となる制度」と説明できると思います。

　まず、「手続行為能力がある事件類型について」というのが一つ目のポイ

第1　子どもの手続代理人制度について

ント、「意思能力がある」というのが二つ目のポイント、「手続に参加する」というのが三つ目のポイント、最後に、「手続代理人になる」というのが四つ目のポイントです。

　以下にイラストの説明図を載せていますが、これは日弁連が作りましたリーフレットです。日弁連のウェブサイトでも一般公開されているものですが、その一部を引用しています。

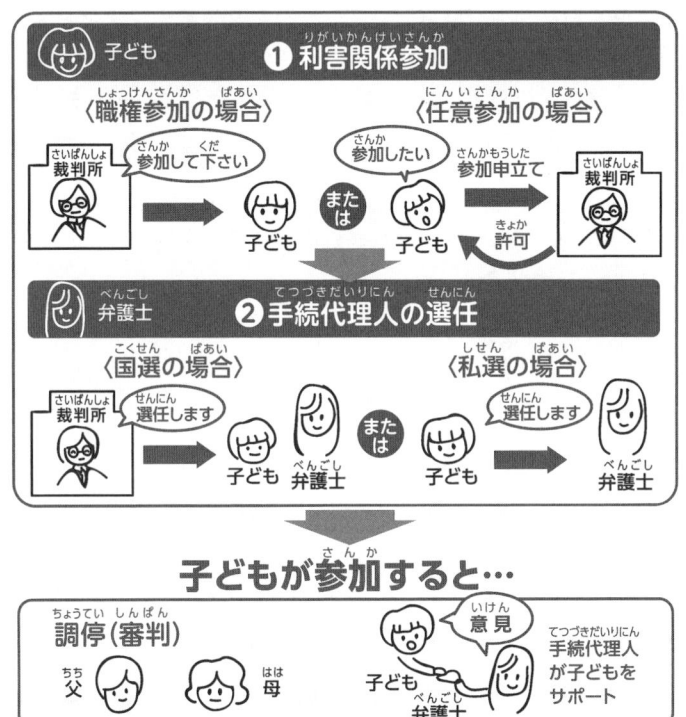

　①に、まず利害関係参加をするということが書いてあります（後述のとおり、利害関係参加以外にも、一定の事件の申立て、当事者参加等の広義の意味での参加の態様がありますが、ここでは父母間の離婚紛争を念頭において、特に利害関係参加を取り上げています。以下、広義の意味の参加を「手続参加」と呼ぶことにします。）。②として、手続代理人を選任するという手続があるという

I 「子どもの手続代理人」の実務

ことが書いてあります。①の利害関係参加の方を見ますと、左側が職権参加の場合です。これは裁判所が子どもに対して「参加してください」と言い、裁判所主導で進めていく手続です。右側が任意参加の場合で、子ども自身が参加をしたいという申立てをし、裁判所が許可をするという手続です。この参加がなされた後に、②の手続代理人が選任されるという流れになっています。左側が国選の場合で、裁判所が選任します。右側に、子どもが自ら弁護士を選任するという私選の場合のことが書いてあります。このようにして子どもが手続参加をして弁護士が代理人として付きます。そうした中で、弁護士が子どもの意見を代弁するなどのサポートをしていくという仕組みの制度です。

なお、下の「※」印のところに書いてありますが、家庭裁判所調査官(以下、「家裁調査官」といいます。)は、家裁調査官としての立場で、子どもの意思の把握を行うということになっています。

また、利害関係参加がまずあって、次に代理人選任をしてという論理的な順序で図にしていますが、実際にはこの二つの判断というのは同時にされることが多いと思います。

(1) 子どもの意思の把握

家事事件手続法(本稿の引用条文は特に断らない限り家事事件手続法を指します。)には「子どもの意思の把握」に関する規定が新しく設けられました。65条に、「家庭裁判所は、親子、親権又は未成年後見に関する家事審判その他未成年者である子(未成年被後見人を含む。以下この条において同じ。)がその結果により影響を受ける家事審判の手続においては、子の陳述の聴取、家庭裁判所調査官による調査その他の適切な方法により、子の意思を把握するように努め、審判をするに当たり、子の年齢及び発達の程度に応じて、その意思を考慮しなければならない」と書かれています。

これは、子どもの権利条約12条に規定されている「子どもの意見表明権」を明確化した規定と考えられています。比較をするため、子どもの権利条約12条を読んでみたいと思います。

子どもの権利条約12条は、第1項として、「締約国は、自己の意見を形成する能力のある児童がその児童に影響を及ぼすすべての事項について自由に

自己の意見を表明する権利を確保する。この場合において、児童の意見は、その児童の年齢及び成熟度に従って相応に考慮されるものとする」と書いてあります。まず、子どもが意見を表明するのです。そしてそれを相応に考慮しなくてはならないということが書かれており、家事事件手続法65条はこれを引き継いでいるものと考えられます。また、第2項は更に一歩進んだことを書いています。「このため、児童は、特に、自己に影響を及ぼすあらゆる司法上及び行政上の手続において、国内法の手続規則に合致する方法により直接に又は代理人若しくは適当な団体を通じて聴取される機会を与えられる」とあります。意見を表明するという権利を保障するだけではなく、そのために適切な聴取の機会が与えられなければいけないということが書かれているわけです。家庭裁判所が行う子どもからの陳述聴取や、子どもの手続代理人制度は、この第2項の一環と言えるものと考えられます。

なお、65条では子どもの年齢に制限はありません。ですから、子どもが言葉を発することができないという年齢の場合もあります。そのような場合には、子どもの非言語的なコミュニケーションによる意思の把握ということもしなければなりません。

そのようにして把握した子どもの意思は、子どもの年齢発達の程度に応じて考慮しなければならないとなっていますので、考慮しない場合には違法となり、即時抗告の対象となると言えると思います。ただここで、子どもの意思に従わなければならないという義務ではないというところは注意が必要かと思います。

65条は、審判だけではなく調停にも準用されていますので、家事事件手続の総則的な子どもの意思の把握に関する規定といってよいと思います。

ちなみに、この講義を含め、一般に「子ども」の手続代理人という言い方をしており、「子」の手続代理人という言い方はしていません。これはどういうことかというと、「子」といえば「親子間における子」を指しますが、手続代理人が付けられるのは「親子間における子」をめぐる事件類型だけではなく、未成年被後見人をめぐる未成年後見関係の事件類型なども含みます。そのため、「親子間における子」という意味を含みつつ未成年者全般を指す用語として定着している「子ども」という用語を使用しているところです。

I 「子どもの手続代理人」の実務

　さて、子どもはこのように意思を把握されるということになるわけですが、その方法として、個別の規定において、裁判所に対し、子どもからの陳述聴取を義務づけている事件類型があります（ただし、子どもの年齢が15歳以上に制限されていますので注意が必要です。）。例えば、子の監護に関する処分の審判（152条2項）、保全処分（157条2項）です。これには子の引渡し、監護者指定、それから面会交流などの事件が含まれます。括弧の中で、「子の監護に関する費用の分担に関する処分の審判を除く」とありますが、これは養育費請求の事件については除くという趣旨です。そのほかに、親権喪失・親権停止・管理権喪失の審判等（169条1項）、親権者の指定・変更の審判・保全（169条2項、175条2項）、それから児童福祉法28条に規定する審判（236条1項）も含まれています。

　このように子どもは、家庭裁判所の家事手続の中で、意思を把握されたり、陳述を聴取されたりするという存在であるということが規定されています。

(2) 前提としての手続参加

　子どもは、受動的に意思を把握されたり、陳述を聴取されたりするに止まらず、一定の要件を満たす場合には、自ら主体として家事事件の手続に関与することができるという仕組みもとられています。ちなみに、子どもの手続代理人は、手続参加した子どもに付されるものですので、子どもの手続参加というのは、子どもの手続代理人制度の不可欠の要素と言えます。

① 手続行為能力

　ただ、子どもが手続参加するためには、手続行為をすることができる能力、すなわち手続行為能力がなければなりません。これは未成年者には原則として認められていないのですが（17条、民事訴訟法28条、31条）、例外として、個別的に列挙する形で一定の事件類型については、子どもにも手続行為能力が認められています。

　例えば、子の監護に関する処分の審判・保全（151条2号）、親権喪失・親権停止・管理権喪失の審判・保全（168条3号）、未成年後見関連の事件の審判（一部保全も）（177条）、児童福祉法28条事件の審判・保全（235条）等であり、条文においては118条をそれぞれ準用する形で子どもの手続行為能力が認められています。

6

第1　子どもの手続代理人制度について

　少し条文を見てみますと、118条では「次に掲げる審判事件（略）においては、成年被後見人となるべき者及び成年被後見人は、第17条第1項において準用する民事訴訟法第31条の規定にかかわらず、法定代理人によらずに、自ら手続行為をすることができる。」と定められており、この事件類型については成年被後見人も手続行為能力を認めるということが書いてあります。そして、151条では「第118条の規定は、次の各号に掲げる審判事件及びこれらの審判事件を本案とする保全処分についての審判事件（略）における当該各号に定める者について準用する。一（略）　二　子の監護に関する処分の審判事件　子」と規定していますので、子の監護に関する処分の審判事件において、子どもは手続行為能力があるということになるわけです。

　以上が審判事件ですが、調停については、252条1項が一定の事件類型について、子どもの手続行為能力を認めています。例えば、子の監護に関する処分の調停事件（2号）、親権者の指定・変更の調停事件（4号）、人事に関する訴えについての調停事件（5号）などがあり、5号には離婚調停も含まれます。

　このように、一定の事件類型については子どもにも手続行為能力を認めているわけですが、具体的に子どもが手続行為をするという場合には、意思能力が必要であるということが当然の前提であるといわれています。そして、実際の手続においては、家裁調査官が意思能力の有無を調査するという運用がなされているようです。

　では、何歳くらいであれば意思能力が認められるかということなのですが、東京家裁の運用として書かれている判例タイムズの記事には、「小学校高学年はもちろん、中学生であってもその有無を慎重に検討・判断すべき」とあります[1]。

　これに対して、日弁連が出している「子どもの手続代理人マニュアル〔第三版〕」では、「中学生以上はもちろん、小学校高学年以上であれば原則として意思能力を認めてよい」と書かれているということで[2]、やや開きがあるような形になっています。

1　小田正二「東京家裁における家事事件手続法の運用について」判タ1396号25頁（38頁）
2　日弁連サイトの会員専用ページ→書式・マニュアルに掲載。同11頁。

I 「子どもの手続代理人」の実務

　現実の事例を見ますと、一番下の年齢では、9歳の女の子が意思能力ありということで手続に参加している事例が2件報告されています（日弁連子どもの権利委員会把握）。この中には東京のケースも含まれています。
　年齢で区切ることはなかなか難しいのですが、どんな考え方でこの意思能力を判断することになるのかということですが、家事事件手続法は、行為能力の制限を受けた者による手続追行上の困難ということについては、手続代理人を選任することによって補うという仕組みをとっているわけです。ですから、手続代理人による情報提供や相談などが随時行われるということを前提に、ある程度の伸びしろを想定してよいのではないかと思われます。したがって、問題となっている事項について、大人との間で言葉による意思疎通ができ、ある程度の促しによって判断できる能力があるということであれば、意思能力を認めてよいのではないかと思われます。
　私の経験からいいますと、やはり小学校に入学したばかり、あるいは幼稚園のお子さんというのは、言葉によるコミュニケーションだけではなかなか難しいだろうと思います。将来的には、そのような子どもたちについても代理人を付けていくという制度設計はあり得るところですが、私たち弁護士が今持っている技術、あるいは受けてきたトレーニングにマッチするという意味では、やはり言葉によるコミュニケーションが最低限とれるという発達段階にあることが必要ではないかと思っていますし、法律上も今のところそれが求められているのだろうと思われます。
　その辺りは、裁判所がどのように判断するかですが、微妙な年齢のお子さんについては、「こういう能力があります。この子は十分に言葉で意思疎通できますよ」ということをしっかりと主張していくという必要があると思っています。
　②　手続参加
　さて、一定の事件類型について手続行為能力が認められている、当該子どもに意思能力も認められるという場合に、子どもが手続参加をしていくことになります。参加の態様としましては、事件の申立人になること、それから、当事者参加（41条）、利害関係参加（42条）、即時抗告（例えば172条1号から3号の「その親族」として）等があります。
　ちなみに、事件の申立てができるかどうかというのは、家事事件手続法では

なく実体法に定められていることが多いように思います。例えばどんな事件があるかといいますと、親権喪失（民法834条）、親権停止（同834条の2）、管理権喪失（同835条）などです。これらは平成23年の法律改正で、子ども本人に申立権が認められています。その他では、未成年後見人関係の事件においても（民法840条1項2項、846条、849条等）、子どもに申立権が認められています。

他方、両親の間の子どもの監護に関する紛争においては、専ら子どもの利害関係参加というものが問題になりますので、以下、利害関係参加について見ていきたいと思います。

③　とりわけ利害関係参加について

子どもが利害関係参加を申し立てる場合の判断権者ですが、審判の場合は家庭裁判所（42条）、調停の場合は調停委員会（260条1項6号）になっています。調停委員会の決議は過半数の意見によるとされていますので（248条3項）、現場で当事者の話をよく聴いている調停委員の意見が適切に反映されることになっています。

では、どのような場合に利害関係参加が認められるのでしょうか。利害関係参加には任意参加と職権参加がありますが、まず任意参加から見ていきましょう。

42条（258条により調停手続にも準用されています）では、1項として「審判を受ける者となるべき者は、家事審判の手続に参加することができる」、2項として「審判を受ける者となるべき者以外の者であって、審判の結果により直接の影響を受けるもの又は当事者となる資格を有するものは、家庭裁判所の許可を得て、家事審判の手続に参加することができる」と定められています。1項は家庭裁判所の許可不要、2項は許可必要ということは分かりますね。問題は「審判を受ける者となるべき者」とは誰かということです。これは、積極的な内容の審判になる場合に、当該審判を受ける者をいいます。例えば、後見開始の審判事件における成年被後見人となるべき者や、親権喪失、親権停止、管理権喪失の審判事件における、その審判を受ける親権者がこれに当たると考えられています[3]。それに対して、2項の「審判を受ける

---

[3] 金子修編著『逐条解説　家事事件手続法』137頁（商事法務、2013）。

I 「子どもの手続代理人」の実務

者となるべき者以外の者であって、審判の結果により直接の影響を受けるもの」というのは、子どもに関していえば、子の監護に関する処分の審判事件や親権喪失、親権停止又は管理権喪失の審判事件における子どもを指すと考えられています[4]。また、離婚調停において親権者の指定を受ける子どもなどもこれに当たります[5]。ですから、両親の離婚争いに子どもが参加していく場合は、この2項の手続によることになります。

参考書式1（レジュメ10頁）として、「利害関係参加許可申立書」を挙げています。「許可申立書」となっているところに注意していただきたいと思います。これは私が実際の事件で使ったものですが、いろいろな書式があり得ると思います。弁護士が本人になり代わって文章を書いて本人名で申立書を出すということでも結構でしょうし、あるいは本人に書けるだけ書いてもらって申立てをするということでもよいかと思います。私の場合は、弁護士が本人になり代わって書くというのもどうかなという気がして、ただ、本人が全部書くというのもなかなか難しいので、本人に直接書いてもらうが内容はできるだけ易しくするという意味で、チェック式のものを使ってみました。実際に裁判所で認められています。一番下に「※」印で「この書式は子ども本人が記入するものですが、子どもの相談に乗りながら、書き方などを教えてあげて下さい」と書いてありますように、説明をしながら是非活用していただければと思います（なぜ私選の手続代理人として代理人名で申立書を書かないかという点については、(3)②で述べます）。

次に、利害関係参加について重要なのは42条5項です。同項は「家庭裁判所は、……（子どもの）年齢及び発達の程度その他一切の事情を考慮してその者が当該家事審判の手続に参加することがその者の利益を害すると認めるときは、……申立てを却下しなければならない」と定めています。先ほど申し上げた2項で許可申立てをするのですが、その判断に当たって、子どもの利益を害すると認められるときは、家庭裁判所は却下しなくてはならないということが書いてあるわけです。却下「できる」ではなく、「しなければならない」というなかなか強い規定であり、裁判所もこの判断には慎重になっ

---

[4] 前掲金子138頁。
[5] 前掲金子777頁。

第1　子どもの手続代理人制度について

ているというところがあるように思います。では、どんな場合に子どもの利益が害されるのかということについて見ていきたいと思います。

　まず、「高葛藤」ケースが却下事由になるかということですが、「高葛藤」というのは、お父さんとお母さんが非常に激しい争いをしているということです。それはその争いの態様だけではなく、複数の事件がそのお子さんについて係属しているということも一つの基準になるかと思います。この点、法律制定の担当官が主として編集している逐条解説を見ますと、「父母の対立が非常に激しいため、手続に参加することで子がその対立により巻き込まれ、親への忠誠葛藤が増幅するおそれがある場合や、親の一方との関係を修復不可能な程度にまで損ないかねないような場合」が却下事由となり得るとの見解が示されています[6]。しかしながら、お父さんとお母さんが高葛藤で争いが膠着状態に陥っているというような事案でこそ、子どもが手続参加することによって、お父さんとお母さんが真摯に子どもの利益に向き合うきっかけとなるということは想像に難くありません。それによって合意による紛争解決が促進され、子どもの利益が増進するということが、むしろそういうケースでこそ期待できるのではないかと思われるところです。実際の事例でも、子どもの手続代理人が選任されているのは、むしろ高葛藤ケースばかりです。また、逐条解説には、「忠誠葛藤が増幅するおそれ」、あるいは「親の一方との関係を修復不可能な程度にまで損ないかねないような場合」ということが書いてありますが、そういったおそれというのは、許可をするかどうかの時点では将来予測になるわけであり、抽象的な判断になってしまうと思うのです。そのような抽象的な判断であれば、それはそういうおそれがあるかもしれないということで、否定される傾向が強くなるのではないかと思われますので、この基準については異論があるところではあります。

　次に、親から促されたということが却下事由になるかです。これも逐条解説では、「父または母が子を利用して自己に有利な意思の表明をしてもらうために子に参加を促しているような場合」も却下事由に当たるという見解が

---

[6]　前掲金子141頁。

11

Ⅰ 「子どもの手続代理人」の実務

示されています[7]。しかしながら、親から子どもに対して、何らかの情報提供や促しがあるというのは、むしろ一般的かと思います。例えば9歳の子どもが、自ら弁護士会に連絡をし、相談をして、こういう制度があるということを聞き知るということはなかなか難しいわけです。やはり一定の必要性を感じて親が自分の代理人を通じて弁護士を紹介してもらうといった、親の関わりというのが一定程度あるのがむしろ一般的です。しかも、当初はその親も子どもが参加することで手続が自分にとって有利に進めばいいと思っていることはままあります。ですから、親からの子どもへの促しがあるということだけで却下としてしまったら、ほとんどのケースで却下になってしまうという不都合があるように思います。ただ、もちろん促しにとどまらず、子どもに参加を強要するようなことがあれば、これはやはり子どもの心理的負担という面からも不利益がありますので、却下事由になり得るのではないかと思います。

　こうした判断を経て却下となった場合、この却下決定に対しては、即時抗告ができないこととされています。42条6項は、「第1項の規定による参加の申出を却下する裁判に対しては、即時抗告をすることができる」となっており、即時抗告できるのは1項の場合だけ、つまり2項の場合については、反対解釈から即時抗告することができないことに注意が必要です。ただ、決定の理由や手続に関して明らかな違法があるという場合もあり得ます。そのような場合には、決定の取消し又は変更を促すということになるのではないかと思います（81条1項（調停においては258条1項により準用する同条）の準用する78条）。

　以前聞いたケースですが、面会交流の事案で、16歳の子どもが参加許可の申立てをしたところ、それに対して裁判所が却下の決定をしました。ただ、事案としては、次回調停期日が設定されていたのですが、調停期日の前、参加許可の申立てをした直後くらいに却下決定の連絡があったそうです。ということは、先ほども言いましたように、これは調停ですから参加の許可をするかどうかの判断は調停委員会が持っているのですが、調停委員会の決を

---

[7] 前掲金子143頁（注1）。

第1　子どもの手続代理人制度について

とってないということが明らかなわけです。かつ、その際の裁判所の説明としては、面会交流の事案において、子どもというのはこの42条2項の「審判の結果により直接の影響を受ける者」に該当しないという説明でした。逐条解説にも該当すると書いてありますし、これはやはり明らかに法解釈の誤りです。こういった明らかな手続違背、あるいはその内容、判断の違法があるという場合もあり得ますので、そのような場合は、何とか取消し、変更を促していくということになると思います。

　また、この却下事由の有無に関しては、先ほど申し上げたとおり、42条5項で「却下しなければならない」という書き方がされているために、裁判所は非常に慎重に判断する傾向がありますので、却下事由がないということについてはしっかりと主張していく必要があると思います。以上が任意参加についての説明です。

　次に職権参加ですが、これは、裁判所が相当と認めるときは、職権で子どもを利害関係参加させることができるという規定です（42条3項）。どのような場合に相当性が認められるかについては、「どのような事案で有用か」という項目のところで改めて見ることにします。

　以上のような手続を経て、子どもが両親間の争いに無事参加できるということになった場合に、子どもの手続代理人が選任されるということになります。

(3)　子どもの手続代理人の選任

　子どもの手続代理人には、裁判所が選任する国選の場合と子どもが選任する私選の場合の二つがあります。

①　国　選

　手続参加した子どもに、必要があると認めるときは、裁判長（調停の場合は裁判官（260条2項））が、申立て又は申立てによらずに、弁護士を手続代理人に選任することができるという制度です（23条1項、2項）。この制度をもって、一般に子どもの手続代理人制度だといわれているところです。

　これは新しい制度だといわれていますが、確かに家事事件手続の中に子どもの代理人を入れるというのは新しい制度なのですが、人事訴訟において子どもに代理人を付けるということは以前から認められていました（人事訴訟法13条）。家事事件手続法は、人事訴訟法におけるその規定と類似の規定を

13

Ⅰ 「子どもの手続代理人」の実務

設けたわけです。

では、裁判長が必要と認めたときに、どのような経緯で弁護士が選任されるかということです。一つは「弁護士会推薦型」といってよいと思いますが、裁判所が弁護士会に推薦依頼をして推薦された弁護士を選任するパターンがあります。東京家裁では、東京三会との協議で、東京弁護士会→第一東京弁護士会→東京弁護士会→第二東京弁護士会という順番で推薦依頼をするという手続が合意されています。

次に「候補者型」というものがあります。これは子どもが既に相談している弁護士がいるという場合に、その弁護士を候補者として子ども本人が選任申立てを行い、裁判長が候補者を代理人に選任するというパターンです。これについても参考書式を載せています（参考書式2。レジュメ11頁）。これも私が実際のケースで使ったものですが、この書式で認められていますので、活用していただければと思います。なお、候補者として誰が立っても裁判所は選んでくれるかというとそうでもありません。例えば、一方の親の代理人と同じ事務所の弁護士、あるいはかつて一方の親の弁護人であった弁護士などは、中立性という観点から適格性を欠くということになるのではないかと思われます。

② 私 選

これは、子どもが自ら手続代理人を選任することもできるということです。明文の規定はありませんが、子どもに手続行為能力がある事案類型においては、意思能力があれば手続行為ができるわけですから、選任という行為もできると当然に解釈されているところです。

この場合は、弁護士は既に子どもに選任されているわけですから、代理人として参加許可の申立てをするわけです。ただし、この私選のパターンにはいろいろと問題があります。

一つは報酬の問題です。子どもから直接依頼を受けるわけですから、委任契約で報酬の話が出てきます。しかし、子どもには通常資力がありませんし、子どもに負担させるわけにもいきません。そして、子どもは単独では法テラスの民事法律扶助の契約の当事者になれないという実務ですので、報酬の手当てがないというのが現状です。また、法定代理人である親権者がいるわけで

すから、委任契約を解約されてしまうというおそれもあるわけです。したがって、現状ではこの私選というのはなかなか使いにくい状況にあると言えると思います。ですから、国選の形をとるのが今のところ適当だと言えそうです。

ところで、末尾に添付した書式で、利害関係参加許可の申立て、あるいは手続代理人選任の申立てがあくまで本人申立てになっているのはどうしてかと思われた方も多いのではないかと思います。これは国選の形をとるためなのです。私選というのは、申立ての前に子どもから依頼を受けて、もう代理人になっているわけですから、その場合には子ども本人の申立てではなく、代理人として申立てをすればよいということを先ほど申し上げましたが、私選にはいろいろと問題があるので、国選の形をとりたいわけです。そこで、弁護士としては、子ども本人に利害関係参加を申し立ててもらって、かつ、自分を候補者として手続代理人選任の申立てもしてもらうというのが、国選の形をとるための一つの方法として便宜だと言えそうです。実際そのような方法がとられることが多いですし、そのようにするのが適当だというお話をしているところです。

③ 特　徴

子どもの手続代理人は、あくまで代理人ですから、そのできる行為というのは子ども自身のすることができる手続行為に限られます。資格要件は弁護士となっています。他国の制度では、心理職の方や社会福祉関係の職種の方が子どもの代理人になれるという制度をとっているところもありますが、我が国の家事事件手続法上は、資格要件は弁護士だけとなっています。

以上、家事事件手続法において子どもの意思をきちんと把握しなくてはいけない、子どもは意思を把握されるだけではなく自ら手続に参加することもできる、手続に参加した場合には弁護士を手続代理人に選任することができるということを見てきました。

⑷　どのような事案で有用か

では、実際にどのような事案でこういった制度を利用するのが有用なのかというところに話を移したいと思います。

① 日弁連「有用な類型」

レジュメ13頁をご覧ください。

Ⅰ 「子どもの手続代理人」の実務

　日弁連作成の「子どもの手続代理人の役割と同制度の利用が有用な事案の類型」というペーパー（以下、「有用な類型」といいます。）を載せております。そこではまず1として「子どもの手続代理人の役割」について整理しており、2で「子どもの手続代理人制度の利用が有用な事案の類型」を六つ挙げています。
　まず、そもそもこのペーパーは何かということですが、日弁連と最高裁で2014年10月から子どもの手続代理人制度の活用促進のための協議というものをしてまいりました。私もそのメンバーの一人でした。そして、2015年7月に、双方の理解が得られたところを日弁連としてまとめたものがこのペーパーです。日弁連から各単位会に送付されているほか、最高裁から各家裁にも送付されています。「日弁連と協議した結果、こういうものを日弁連がまとめました。実務の参考になるので活用してください」ということで、最高裁が各地の家裁にも送付しているのです。ですから、今後これが実務の現場で非常に重要視されていくことになるだろうと思います[8]。
　では、この中身を見ていきたいと思います。役割が1、有用事案が2ということで、この順番で記載しているわけですが、これは理屈の問題です。まず役割がしっかりと確認された上で、では、その役割が果たせる事案というのはどういう事案かということで、この順番になっているわけですが、実務上有益なのは2の有用な事案の類型のほうです。
　2の補足説明を読みますと、「以下の①から⑥までの類型化は、子どもの手続代理人選任を見越した職権参加の相当性判断、又は事件を申し立て、若しくは参加が認められた子どもに手続代理人を選任するかどうかの必要性判断の際に参考になるものと思われる」とあります。これに対して、子ども本人がした任意参加許可の申立てについては、利益を害するとして却下される以外は広く認められることが、法の趣旨から求められるところですので、この六つの類型に限らず広く認められることになるのではないかと思います。
　② 「有用な類型」における有用事案類型の整理
　「有用な類型」における有用事案の類型を一つずつ見ていきたいと思います。
　まず、①として「事件を申し立て、又は手続に参加した子どもが、自ら手

---

[8] 協議会の具体的経過は、池田清貴「子どもの手続代理人制度の充実」自由と正義2016年4月号58頁を参照。

16

続行為をすることが実質的に困難であり、その手続追行上の利益を実効的なものとする必要がある事案」となっています。これは手続代理人制度の趣旨そのものあり、子ども本人が期日に出頭するなどということはまず通常できないわけですから、よほど特段の事情がなければ選任されることになるだろうと思います。

　②として「子どもの言動が対応者や場面によって異なると思われる事案」が挙げられています。一般に、小学生の中学年から高学年の子どもというのは、お父さんとお母さんの両方に対して忠誠心を持っており、その間で葛藤があるという心理状態に置かれるといわれています。そのような子どもは、お父さんの前ではお父さんにいい顔をし、お母さんの前ではお母さんにいい顔をし、ということで、対応する相手、場面によっていろいろな異なった発言、言動をするということがよくあります。例えば、面会交流の事案で、子どもは、同居親に対しては「別居親となんてもう絶対会いたくない。縁を切りたいくらい。」というようなことを言ったり、また、家裁調査官にもそのような発言をしたりするわけですが、実際に別居親との面会交流の場面を見てみますと、「また会いたい」とまで言わないにしても、非常に楽しそうにしているなどということはよくあります。そのような事案で、子どもは一体どんなことを考えているのでしょうか。多分揺れ動いてつらい思いしているかもしれません。そういうところを丁寧に聴き取っていきます。弁護士と依頼者の関係ですから、頻繁に打合せをやりますよね。これは大人の場合と同じですが、その過程で子どもの意見を丁寧に聴いていきます。また、子どもの質問に答えたり相談に応じたりすることで、子どもを支えていくこともできます。このような事案で子どもの手続代理人を利用するというのは有用ではないかといわれているわけです。

　また、紛争が非常に激化して長期化するというケースも多くありますが、その長期化していく中で、子どもがずっと同じ意思、意見でいるとも限りません。いろいろな状況の変化があるわけですから、その中で子どもの意向というのも変わっていく可能性があります。ですから、「子どもの言動が場面によって異なる」という言葉の中には、時間的経過によって子どもの意見が変わっていくような場合も含まれると考えられます。そのような事案で、子

Ⅰ 「子どもの手続代理人」の実務

どもの手続代理人が使えるのではないかということを検討していただければと思います。

③として「家裁調査官による調査の実施ができない事案」です。家事手続の職権主義の構造上、家庭裁判所にも子どもの利益確保の職責があるわけです。一般には、家裁調査官の調査を通じて裁判所は職責を果たしていくわけですが、その調査ができない場合があります。それは、子ども自身が調査に拒否的あるいは消極的であったり、同居親がそうであったりという場合です。このような場合には家裁がその職責を果たせないわけですから、独立の立場で弁護士が子どもに付くということが検討されるべきところです。

ただ、調査官調査に対して消極的な親や子どもが、代理人には喜んで会うなどということは考えにくいところでもあるわけです。また、そういうことであれば、そこに何か積極的な意図があったりもするかもしれません。ですから、この類型のケースは非常に難しいだろうと思います。その中で、いろいろな工夫をしながら、子どもと本当の信頼関係を築いて、子どものための活動をしていただければと期待しているところです。

④として「子どもの意思に反した結論が見込まれるなど、子どもに対する踏み込んだ情報提供や相談に乗ることが必要と思われる事案」です。子どもが、例えば「その同居親と一緒に住みたい、あるいは親権者は同居親がいい」と一定の意思を示していても、そのとおりにすると子どもの利益に反するというケースというのがあるわけです。例えば、同居親から不適切な養育（虐待などを含みます）を受けているが、その心理的コントロールのもとにある、あるいは何らかの経済事情等いろいろな理由で、子どもがあくまで同居親との生活を望んでいるというような事案、また、子どもが同居親への忠誠心（遠慮といっていいかもしれませんが）などから別居親との面会交流を拒絶しているが、やはり子どもの長期的な利益を考えると面会交流を実施したほうがよいだろうという事案などがあります。このような事案では、裁判所としては、子どもの利益に鑑みて、子どもの意思とは異なるような結論に向けた進行をしていくことが考えられます。そういった場合に、子どもとしては、1回調査を受けて自分の意向をはっきり言っているのに、何だか時間が経ってみると全く違う結論が出てきたということになりかねません。それはその子ども

にとって不利益というだけでなく、子どもが到底納得できないわけですから、結論の実効性というものも担保されず、紛争が再発してしまうというおそれもあるわけです。そういったことを防ぐために、子どもの手続代理人を付けて、子どもに結論の見通しを伝えたり、「もしそういう結論になるならどうする？」といった相談をする役割を果たしたりして、事前に子どもにある程度準備をしてもらう活動というのが非常に有益になってきます。

　ただ、そこで子どもの意思を変えさせるというのは、代理人の役割から逸脱するところもあり、そうした役割がメインとなってしまうと、子どもに「あなたにはこれがいいんだよ」と言う大人が1人増えただけということになってしまうので、それはやはり望ましくありません。とはいえ、そのようにして事前に情報提供をしたり、相談に乗ったりということを通して、子どもが少なくとも事前の心の準備ができ、ある場合には納得もできるということが期待できるわけです。そのような事案について、子どもの手続代理人を利用するというのは非常に有用だと考えられます。

　⑤として「子どもの利益に適う合意による解決を促進するために、子どもの立場からの提案が有益であると思われる事案」です。子どもにとっては、お父さんとお母さんの紛争が激化したり、長期化したりするというのは非常に心理的負担になります。その意味で、子どもの利益に適うという限りにおいては、できるだけ早期に、かつ、話合いにより解決するということが望まれます。そこで、家裁調査官は子どもの意向を聴き取り、それを調査報告書を通じて、あるいは調停期日での話合いで、両親にフィードバックし、子どもの利益を中心にした話合いを進めていくということをします。

　他方で、子どもとその手続代理人というのは依頼者と弁護士との関係であり、打合せも非常に密にしていきますから、子どもの意思をずっと継続的に把握できるという特徴があり、それを手続に生かすことができれば、より有益です。また、代理人というのは、父母間の場合であっても「期日間にちょっと詰めた協議をしましょう。それで解決に結び付けていきましょう」といったことをしますよね。それと同じように、子どもの手続代理人も入れた三者協議で期日間にどんどん話合いを促進していくということもできるわけです。特に、そういった必要があるのは、手続係属中に子どもが突然同居親の

Ⅰ　「子どもの手続代理人」の実務

家から別居親の家に飛び出してしまうようなケースです。レアケースのようですが、実はよくあります。その場合、子どもの当面の生活場所はどうするのか、あるいは通学確保はどうやってするのかといったことが問題になり、それは次の期日まで待っていられません。そのようなときに、独立の立場で子どもに弁護士が付き、父母間の話合いの橋渡しをし、どんどん話合いを促進していくという必要があるわけです（選任前の事実上の活動も必要になるかもしれません）。ですから、そういった子どもの手続代理人の活動が非常に有用になってきます。そのような事案で手続代理人を活用するということが望まれるところです。

　最後に、⑥として「その他子どもの手続代理人を選任しなければ手続に関連した子どもの利益が十分確保されないおそれがある事案」です。これは、例えば子どもが虐待を受けていて、手続行為を行うという以前の問題です。そういったソーシャルワーク的な活動が必要とされるような事案でも、手続代理人の選任は非常に有用と考えられます。

　　③　「有用な類型」の活用
　以上、六つの類型を挙げましたが、これは子どもの手続代理人を裁判所が職権で参加させて選任するという場合に参考になるものですから、実際のケースでも是非参考にしていただき、かつ、裁判所も持っているペーパーですから、是非このペーパーを見ながら一緒に協議をしていただければと思います。

　⑸　どのような契機で就任するのか
　次に、どのような契機で実際に弁護士が手続代理人に就任するのかということを、架空の事例を見て考えたいと思います。
　「子の引渡し審判」の事件で、別居中の父母間の子Ａ男（小6の12歳）は、父と同居しています。父母間で離婚調停が係属し、Ａ男の親権が争われています。ところがある日、Ａ男が無断で父宅を家出して、母宅に行ってしまいました。そこで、父は母に対して子の引渡し審判・保全処分を申し立てます。しかし、母は、Ａ男が「父宅には絶対に帰りたくない」と言っていると主張し、それに対して父は、母がＡ男にそのように言わせていると主張して争っているわけです。そこで、家裁調査官がＡ男の監護状況の調査をしたところ、

第1　子どもの手続代理人制度について

A男はお母さんが言うとおり、苛烈な言葉でお父さんを非難しているものの、具体的根拠となるようなエピソードというのは聴取できませんでした。また、A男の日常生活を見てみますと、父からの連れ戻しを恐れて、母宅から通学できていないという状況であるということです。

　このような事案があったとしましょう。これは先ほど見ました類型ペーパーの⑤の類型として、子どもの手続代理人の選任が検討されるべき事案です。こういったケースで、子どもの手続代理人が選任されれば、子どもの利益のために当面の通学、居住場所に関する父母間の暫定的な合意を促すことになるかと思います。また、子の引渡しの審判の手続において、その促進に寄与することも目指すことになるのではないかと思われます。

　では、このようなケースで一体どのようなルートで現実に選任されていくのかということですが、これまでの報告例などを聞いていますと、大体次のような感じかと思われます。一つ目は、家裁調査官調査を受け、裁判所がこれは子どもに代理人が必要だと考え、職権で利害関係参加をさせる、そして弁護士会に推薦依頼をし、推薦を受けた弁護士を手続代理人に選任するというパターンです。こういったケースは何件かあります。二つ目に、A男がお母さんの代理人が紹介した甲弁護士と会い、甲弁護士の援助を得て、A男本人が利害関係参加許可の申立て及び甲弁護士を手続代理人の候補者とする手続代理人選任の申立てを行う、そして裁判所がA男の利害関係参加を許可し、裁判長が甲弁護士をA男の手続代理人に選任するというパターンです。これは、先ほど申し上げた、国選の形をとるために、子ども本人に申立てをしてもらっているというパターンです。これはレジュメの書式が使えるケースです。こういったケースも何件かあります。三つ目に、父が裁判所に対して、A男を職権で利害関係させ、手続代理人を選任するよう職権発動を促し、そして裁判所がそれを相当だと認めるときに職権でA男を利害関係参加させ、裁判長が弁護士会推薦を受けた弁護士を手続代理人に選任するというパターンも考えられます。

　以上、親の代理人をしているような場合に、こういうケースで、このようなルートで子どもの代理人が使えるということをご理解いただければと思います。

I 「子どもの手続代理人」の実務

第2 子どもの手続代理人の活動
1 子どもの手続代理人の役割
(1) 日弁連「有用な類型」における整理

　先ほどの「有用な類型」の1をご覧ください。有用な事案の類型のご説明の中で、どんな活動をするかということを概ねお話をしたかと思いますが、ここで改めて子どもの手続代理人の役割についてまとめてみます。

　まず①として「子どものための主張及び立証活動」です。子どもの手続代理人はあくまで代理人ですので、子どもの利益のために主張立証を行うということです。これは本当に当然のことなのですが、この点こそが家裁調査官との大きな違いなのです。家裁調査官は、子どもの意思を把握し、その利益を手続に反映させていくということが職責であり、そこでは子どもはあくまで客体です。調査の客体であり、保護されるべき客体なのですが、手続代理人と子どもとの関係は代理人と依頼者の関係ですから、あくまで主体は子どもです。その主体である子どもを法的に援助していく活動が子どもの手続代理人の本務と言えると思います。

　②として「情報提供や相談に乗ることを通じて、子どもの手続に関する意思形成を援助すること」という役割があります。補足説明を読みますと、「子どもに対して、手続の進行状況に関する情報、審判・調停の結論の見通し、結論それ自体、その他子どもが手続行為を行う際の判断の基礎となる情報を分かりやすい言葉で提供したり」もします。これは、例えば今後の生活状況や通学に関する情報なども含みます。「お父さんのところに行ったら、こういう生活状況になって、この学校に通うことになるんだよ。お母さんのところに行ったら、こういう生活になって、こういう学校に通って、こんな感じになるんだよ」というような実際的な情報です。それから、「手続に関して、子どもが意思を定めかねているような場合や、子どもが一定の意思を示しているが、なお働きかけの余地があるような場合等において、子どもの相談に乗ったりすることにより、子どもの手続に関する意思形成を援助する」ことも求められます。ただし、その「なお書」も読みますと、「なお、子どもの示した手続に関する意思がその客観的利益に反すると認められるような事案

や子どもの手続に関する意思に反した結論が見込まれる事案等において」手続代理人が選任されるというケースがこれまでにもいくつかありました。その場合の手続代理人の役割ですが、あくまで代理人ですので、依頼者である子どもの意思を尊重して職務を行うわけであり、子どもの意思を説得により変えていくという役割を担うものではありません（時にはそのようなことが必要な場合もありますが）。しかし、子どもに対してその客観的利益や結論の見通しについて情報を提供したり、あるいは相談に乗ったりということを通じて一定の働きかけをするということは、子どもがその後の手続、ひいては結論に対して納得感を持つことができるという意味で有益ですし、父母あるいは裁判所にとっても、結論の実効性を高める、紛争の再発を防止するという効果があって有益ではないかと考えられます。

　③として「子どもの利益に適う合意による解決の促進」です。これは、子どもの立場から、父母の離別後の子どものより良い養育のあり方について積極的に提案していく、それを調停あるいは審判の中に盛り込むような活動をしていくということです。特に、先ほど申し上げた突発的な事態が起こったような場合には、こうした活動が非常に期待されるところです。

　最後に④として「不適切な養育等に関する対応」です。これは、先ほど申し上げた養育に問題があるような場合です。児童相談所と一緒に連携して子どもの養育を支えていくというようなことも期待されています。

　家裁調査官との役割の差異という観点から見ますと、①や②は明らかに家裁調査官の役割とは異なるものであり、代理人固有の役割と言えます。それに対して、③、④の役割というのは、ここにも書いてあるように、家裁調査官も同様の役割をすることもありますので、その点についてはそれぞれが本来の役割を果たしつつ協働していくということが求められます。

2　実際の活動

　ここでは弁護士会推薦型の国選の手続代理人を念頭に置いて、その活動を順を追って見ていきたいと思います。

　まず、弁護士会から推薦を受けた弁護士としては、なぜこのケースで代理人が必要と裁判所が考えたのかを知る必要がありますので、裁判所と協議をするということになるだろうと思います。途中から参加することが多いわけ

ですから、関連記録の閲覧・謄写をしてこれまでの経緯をまず把握することです。それから同居親と連絡を取り、子どもと会うセッティングをするということになると思います。

また、必要に応じて、例えば学校の先生から話を聞いたり、あるいは児童相談所に相談に行ったり、こういった関係者との連携というものもすることがあると思います。

手続を進めていく上では家裁調査官と連携するということにもなります。この連携というのは実は難しいところであり、手続代理人というのは、職権で選ばれても、あくまで子どもの代理人なのです。ですから、子どもの意向を尊重して仕事を進めるということが求められています。裁判所から「こういう結論でいきたい」ということがあれば、「いや、それは子どもの利益に反します」「子どもの意向に反します」というようなことを独立の立場で言っていくことが求められていますので、それを前提とした連携をしていくことになるのだろうと思います。この「独立性」ということを非常に重視する立場の方からすれば、「連携」という言葉自体よろしくないとおっしゃる方もいるようですが、私の経験では、家裁調査官と連携しながら手続を進めていくというのは、非常に有益でした。

それから、福祉・医療関係者との連携です。先ほど児童相談所を挙げましたが、医療関係者との連携というのもあるかもしれません。

こうした活動をする際に、これまでの報告などを聞いていますと、お父さんとお母さん（当事者）との関係、その中立性に非常に気を配っておられるところが見受けられます。要するに、子どもと会うためには同居親と連絡を取ることが必然的に多くなるわけですが、同居親と通じていると別居親から思われてしまうと信頼をなくしてしまうわけです。ですから、こっちと会ったら次にはこっちと会う、こっちと連絡を取ったら次はこっちと連絡を取るといった「中立らしさ」にも配慮することが必要ではないかと思われます。それから、先ほど申しました、子どもから話を聞くことに加えて、学校から話を聞くといった情報収集もすることがあります。

そのようにして、子どもの声あるいは他から得た情報などを手続に顕出していくということになります。ここで、「代理人としてこうあるべきだ。子

どもの利益の観点からするとこういう結論であるべきだ」という意見を手続に出していくかどうかというところは一つの問題になると思います。親の代理人のときにそんなことをすることはまずないですよね。親がその子どもさんの親権を求めているが、「自分の依頼者はこういう意味で親権者としての適格性を欠くので、本人はこう言っているけれども、こうあるべきだ」などという意見は絶対に言わないですよね。それと同じように、子どもの手続代理人も代理人である以上、独自の意見を述べるというのは権限外の行為だと考える方もいらっしゃいます。ただ、子どもの意向だけがその子どもの利益を決めるわけではありません。例えば、虐待を受け、心理的コントロールを受けている場合、子どもは同居親を選んでいても、虐待されているわけですから、明らかに利益に反するわけです。そのような場合に、子どもの利益の観点から子どもの意思と異なる意見を言うということも、あながち権限から外れているというわけではないように私は思っています。

　それから、紛争解決に向けた調整活動です。これはお父さんとお母さんの話合いの橋渡しということが考えられます。その他ペアレンティングプランの提示、随時の子どもからの相談対応、事件終了後の対応などもレジュメでは挙げていますが、特に重要なのは最後の項目です。結論が出たときに、「結論が出ましたよ」というだけで終わっていいわけはなく、それが子どもの意思に反するような結論であれば、「こういう結論になったけれども、これを前提としてどうしていこうか」ということを、やはり子どもと相談して、一緒に考えていくということが望まれると思います。

　あるいは、ひょっとしたら事実上の行為というのも必要になるかもしれません。親権者の指定を争っている事案で、裁判所が「同居親ではなく別居親が親権者としてふさわしい」という判断をしたとすると、転居をしないといけません。そのときに、子どもが荷物を一人で持っていけるわけではないので、父母間で一定程度の信頼関係が残っており、そのアレンジができればそれはそれでよいのですが、そこもなかなか難しいとなれば、子どもの代理人が入っていってその手配をするといった事実上の行為も、場合によっては必要かもしれません。そのような事件終了後の対応ということも広くしていくことが望まれていると言えます。

I 「子どもの手続代理人」の実務

　ここで具体的事例について、当事者のプライバシーに配慮して、私が見聞きしたいくつかの事例を組み合わせてお話をしたいと思います。ある離婚調停で、高校生の男の子の親権が争われていました。お母さんが子どもを置いて家を出て別居になったというケースがありました。子どもはお父さんと同居しています。ところが、この子どもとお父さんの関係が非常に悪いのです。どちらが何か悪いというわけでも必ずしもなく、そりが合わないといってもよいかもしれません。父子の衝突が日々生じていました。それでも当初は、父親の代理人の先生がお父さんと子どもとの間を取り持ってやっていました。ところが、そうやっていくと、お父さんが「なんで子どもの味方ばっかりするんだ」ということで、お父さんとその代理人との関係もなかなかうまくいかなくなりだしてきました。それで、そのお父さんの代理人が困って、やはり子どもに独立の弁護士を付けたほうがよいのではないかということで、弁護士を探したということです。そこで、ある弁護士が子どもと会うことになったのです。

　弁護士は子どもから話を聞き、確かに子どもの利益のためにはきちんと代理人が付く必要があるということで、子どもの手続代理人の制度を説明し、国選にもっていくために候補者型を目指し、子ども本人に利害関係参加許可の申立て、それから候補者を挙げた手続代理人選任の申立てをしてもらいました。

　このケースでは、子どもがそこまでされてなぜお父さんとの生活を望んでいるのかということが問題なのですが、これは子どもとしてのある種の打算があったようです。お父さんのほうが経済力があり、子どもとしては将来こういう進学先に行きたいが、そのためにはお金がかかるので、あと何年間かだし、お父さんのところにいたほうが有利だと考えました。ですから、子どもとしては、お父さんとの生活の継続を望んでいたわけです。しかし、周りからすれば、このようなトラブルが頻発する中で、本当に子どもの利益が守られるのかと不安になっていました。そういう意味では、手続代理人となる弁護士には、短期的には、まずはお父さんとの関係を改善するということと、ある程度時間をかけたところで、「本当にお父さんとの生活でいいの？　お母さんのところに行ってもいいんじゃないの？」という働きかけも期待され

ていたのかと思います。

　そんな中で活動をしていったわけですが、お父さんとの関係改善というところでは、手続とは直接関係がないこともしたといいます。家族の中でお父さんと関係が悪くても、お母さんが大丈夫であればお母さんがいろいろと動くというのが通常の家族の機能ですが、別居をして、ある種機能不全に陥っているわけで、誰かがやはりサポートしなくてはいけないというところで、いろいろな活動が求められていくというところがありました。

　他方、裁判所としても、親権者指定に関する方向性を見定める上で、その時点、その時点での子どもの状況に関する情報は非常に有益であり、弁護士は選任に先立って、事実上、調停の期日に行って話をするということをしていたようです。その中で、利害関係参加が許可され、当該弁護士が子どもの手続代理人として選任されました。

　その間もお父さんとのトラブルがいろいろとあったのですが、手続代理人としてはあくまで子どもの意思を尊重して仕事をするという役割があります。裁判所、あるいは家裁調査官、調停委員はみんなハラハラして事態を見守っていたのですが、それを背負って手続代理人が子どもに「あんた、もうお母さんのとこに行きなよ」ということを最初から言ってしまうと、やはり信頼関係は築けませんよね。ですから、いずれ決定的なトラブルがあるだろうと、そのときに説得をするならしようと思っていました。そうすると、まさに絵に描いたようにそういうことが起きたそうです。

　子どもがあるときささいなことでお父さんとつかみ合いみたいな感じになり、お父さんがとうとう子どもを外に追い出して鍵も閉めてしまうという事態が起こりました。手続代理人は携帯番号を教えていますので、夜8時頃だったかに子どもから電話がかかってきたということで、子どもから事情を聞いてみると、「今までも入れてもらえないということはあったけど、今回はどうも本気そうだ」「今日は帰るところが本当になさそうだ」という話でした。そこで、手続代理人は「ここだな！」と思い、「じゃあ、もうお母さんのところに行きなよ」と働きかけをしたそうです。

　手続代理人としては、こうしたことはいずれ起こり得るだろうと思い、お母さんとの関係は一応地ならしをしておいたといいます。年頃の男の子です

Ⅰ 「子どもの手続代理人」の実務

から、やはりプライバシーが守られるスペースが要りますが、「そんなことも準備してもらえますか」とお母さんに話をして、お母さんも「いつでもおいで」ということでした。子どもも別にもともとお母さんがそんなに嫌いなわけでもなく、何かあればお母さんのところに行くことがあっても仕方がないという心の準備はしていました。そこで、「もうお母さんのところに行きなよ」と言って、その日の晩にお母さんに連絡をして、「こういう状態で、本人が行きますから」ということで、さすがにそのときは同行はしませんでしたが、本人をお母さんのところに行かせて、ひとまずお父さんとのトラブルで日常生活があまり成り立ってないような状況から子どもを落ち着いた生活に移すことができたということです。

とはいえ、それでハッピーエンドということではなく、子ども自身はある種打算でお父さんを選んでいたところもありましたから、その打算の部分をどうするかという問題もあるわけです。進学についてはお父さんから費用を出してもらわないといけないので、お父さんとの関係もいろいろと修復をしながらやっていったそうです。ただ、その案件については、その他の論点でどうしても折り合いがつかず、結局離婚調停そのものは不成立で終わっています。ですから、当面の子どもの日常生活の安全は確保されましたが、進学費用等の手当てというのはお父さんと合意できなかったという残念なところではありました。

次に、「子どもの意思の評価」です。子どもと打合せを重ねていく中で、子どもからいろいろな発言が出てくるわけですが、その発言をどのように評価するかという点が難しいところです。先ほどの高校生の男の子という場合ですら「なんでお父さんを選んだの？ お母さんに多少わだかまりはやっぱりあるのかな？」といったことは、打合せ等を通じて長く接していく中で、だんだんと分かってくるようなものです。ましてやもっと年齢の低い子どもさんの代理人になったときには、その言葉を額面どおりに受け取ってよいかどうか、あるいはそもそもあまり話してくれないかもしれないというところから始まっていくわけです。

これは、松谷克彦先生という児童精神科医の方がおっしゃっていたことですが、子どもから表明されたことだけではなく、されなかったことについて

も意を配る必要がある、そして、表明された意見の裏にある子どもの気持ちはどんなものなのだろうかということを想像する必要があるということです。とはいえ、聴く側の思い込みかもしれないという可能性については、常に自覚的であるべきということもおっしゃっています。非常に重みのある言葉ですよね。

そこで、「両親の別居等に対する子どもの反応の基礎知識」ということで、今申し上げたような姿勢で子どもの意思というものを評価していく際のバックグラウンドになるような基礎知識を整理しておきました。

両親の別居等に対する子どもの反応の基礎知識

① 学童期前半（〜9歳）
　✓ 両親の問題と自分の問題を分けて考えることができない
　✓ 両親の不和を自分のせいだと感じやすい
　✓ 両親とも裏切れないという忠誠葛藤を抱きやすい
② 学童期後半（〜12歳）
　✓ 両親間の紛争に巻き込まれやすく、忠誠葛藤を抱く
　✓ 他方の親が全て悪いと考えて、他方の親に対して敵意を示すことがある
③ 思春期（〜15歳）
　✓ 親の養育力が弱まり、子の行動の統制がうまくできない
　✓ 両親の不和により、自身の将来の異性関係に不安を抱く

(小澤真嗣「家庭裁判所調査官による『子の福祉』に関する調査」家月61巻11号1頁（14頁）を参考に作成)

①の学童期前半（大体9歳まで）ですが、両親の問題と自分の問題をなかなか分けて考えることができない、要するに両親の気持ちに巻き込まれていってしまうようなところがあるということです。また、両親の不和を自分のせいだと感じやすいということがあります。子どもをめぐる争いが離婚の原因につながっているということは結構多く、あながちこの子どもの感覚というのは間違っていなかったりするのですが、必要以上に自分のせいだと思い込みやすいというところがあるということです。両親ともに裏切れないと

いう忠誠葛藤を抱きやすいということもあります。子どもが、お父さんにはこういうことを言い、お母さんにはこういうことを言い、というように対応者によって言動が異なるということを申し上げましたが、その裏にはこのような忠誠葛藤があるのではないかということが言えると思います。

②の学童後半（12歳まで）ですが、両親間の紛争に巻き込まれやすく、忠誠葛藤を抱きやすい、また、一方の親に過剰に感情移入して同一化してしまい、他方の親が全て悪いと考えて他方の親に対して敵意を示すことが多いということがいわれています。

もう少し上になって、③の思春期（15歳まで）になりますと、行動の統制がうまくできず、子どもがいろいろな問題行動を起こしてしまうということが出てきます。長期的には、両親の不和というものを経験し、自分の将来の異性関係に対して不安を抱き始めるということもいわれています。

このようなことをバックグラウンドとして持っておきながら、子どもから表明される意思、あるいは表明され得なかった意思というものを評価していくということが求められます。

3 報　酬

(1) 国選の手続代理人

国選の手続代理人の報酬は、裁判所が金額を決定することになっています（23条3項）。

この報酬というのは、手続費用に含まれます。ただ、手続費用に含まれるためには、子どもが現実にその報酬を手続代理人に支払ったか、あるいは手続救助を受けてその支払を猶予されていることが必要です。これは、民事訴訟費用等に関する法律2条10号で、手続費用に含まれるのは「民事訴訟等に関する法令の規定により裁判所が選任を命じた場合において当事者等が選任した弁護士又は裁判所が選任した弁護士に支払った報酬及び費用」となっており、原則としてまず支払ったことが必要とされているからです。ただ、子どもが費用を支払う資力というのは一般的にはないわけですから、手続救助を申し立てて猶予を受けておく必要があるということがこの規定から導かれるわけです。その際の参考書式をレジュメ12頁に資料として載せていますので、活用していただければと思います。

子どもが手続救助を受け、支払を猶予されますと、それが手続費用になるということですが、次にその手続費用は誰が負担するかという問題になります。28条1項で「手続費用及び家事調停に関する手続の費用は、各自の負担とする」となっています。「各自の」ということは、子どもの手続代理人については子どもが負担するという原則になっています。しかし、子どもは通常資力がありません。2項を見ますと、「裁判所は、事情により、前項の規定によれば当事者及び利害関係参加人がそれぞれ負担すべき手続費用の全部又は一部を、その負担すべき者以外の者であって次に掲げるものに負担させることができる。　一　当事者又は利害関係参加人」とありますので、子どもが負担すべきものを「当事者」であるお父さんとお母さんに負担させることができることになっています。

　現実にも子どもに負担を命じたケースというのはおそらくなく、一般的に、（割合は半々であったり、傾斜をつけたりしていますが）両親の負担とされているといってよいと思います。ただ、親にも資力がない場合があります。その場合、親が法テラスの民事法律扶助を使っているという場合に限られますが、一定の手当てがされています。すなわち、親自身の立替援助の中で、「その他実費」という項目があります。国選の子どもの手続代理人の報酬は「その他実費」に含まれるという運用になっていますので、親が自分の代理人を付ける立替援助の中で、子どもの手続代理人の報酬ももらえるということです。実際の流れでいえば、親の代理人が終結報告書を出して、その実費分も含めて親の代理人が一旦受け取り、親の代理人から、子どもの手続代理人にその報酬部分が支払われるということになります。ちなみに、「その他実費」というのは、全体で30万円です。例えば、他に鑑定費用等がかかっていればそれも含めて上限が30万ということです。親の代理人が終結報告書を提出する前に、親の代理人から法テラスに申請してもらっておくという必要がある点がポイントです。この流れについては、レジュメ9頁に「報酬認定及び回収のプロセス」をまとめておきました。

　では、親に十分な資力はないが法テラスを使うほどではないという場合はどうかといえば、これはなかなか難しいです。認定はされたが、それを任意で払ってもらわないといけない、しかしお金がないとなると、最悪取りっぱ

Ⅰ 「子どもの手続代理人」の実務

ぐれるというケースもあり得ます。あるいは、親が法テラスを使っていても、立替援助ですから後に親は法テラスから償還を求められるわけです。ですから、「法テラスを使うっていったって、後から返さなきゃいけないんでしょ。そんなの絶対嫌だから、払わない」という親御さんもいるかもしれません。ですから、報酬問題というのは非常に難しく、何とかしなくてはいけないということで、今、「とにかく一旦は国が手続代理人に対して報酬を払いましょう。資力のある親の場合には、法テラスが後から親に求償すればよいでしょう。とにかく一旦払うということを公費でやってください」という運動をしており、日弁連から意見書も出ているところです[9]。

ちなみに、実際の報告を聞いておりますと、皆さん一生懸命されていて、両方の親からも信頼を受け、たとえ自分の意に沿わない結論だったとしても、その親からも払ってもらっているというケースが多いようです。先ほどのお話の中で触れましたが、両方の親からの信頼を受けるということが、最後の報酬という場面でも必要だと言えるのではないかと思います。

(2) 私選の手続代理人

この場合の報酬は子どもとの委任契約によります。子どもが単独で民事法律扶助が使えるかということですが、子ども単独での契約は認められていません。そこで、日弁連が自主事業としてやっている「子どもに対する法律援助」（事務手続は法テラスに委託していますので、「委託援助」という言い方をしたりもします）が使えるか、です。この制度では、援助対象を「児童虐待その他の事由により人権救済を必要としている子どもで、親権者及び親族から協力を得られない場合」と定めていますので、子どもが利害関係参加をして代理人を付けるという場合にも、親が協力的でない場合には使えなくはないと思われますが、現状ではなかなかストレートには対象になってこないようです。ただし、今後正面から利用可能とするべく検討がなされていますので、今後の動向を注視していただければと思います。

それに対して、子どもが虐待親に対して親権停止の審判を申し立てる事案というのがあります。最初のほうで、手続参加にはいろんな形態があり、事

---

9 日弁連「子どもの手続代理人の報酬の公費負担を求める意見書」（2012年9月13日）。

32

件を申し立てる場合があると述べました。その場合に付く手続代理人もいわゆる子どもの手続代理人なのですが、この場合には要するに親権者からの虐待があり、親権者がその救済に協力しないわけですから、まさにこの法律援助の対象になってきます。このケースでは使えます。

　そのようなことで、私選の手続代理人については、より手当てが薄い状況となっており、制度設計の改善が非常に望まれているところです。弁護士の生活がかかっているというだけの話であればまだよいのですが、やはり子どもにしわ寄せがいくわけですよね。親が払ってくれない、その手当てがなされない、資力がないのに親が自分で払わなくてはならない。「そんなことなら、もう使わないよ」と、本当に必要な事案なのに事前に利用が制限されてしまうというのが一番よくないわけです。法的援助を必要としている子どもにその援助が及ばないというところがやはり一番の問題だと考えています。

　それでは、子どもの手続代理人制度の仕組みについてのご説明と子どもの手続代理人の実際の活動についての説明をしてまいりましたが、この辺りで私の話を終わりにしたいと思います。ご清聴どうもありがとうございました。

レジュメ

Ⅰ 「子どもの手続代理人」の実務

弁護士　池田　清貴

第1 子どもの手続代理人制度について

1 はじめに

子どもの手続代理人制度の現状は「あけぼの」
- 子どもたちの最善の利益の一助となるこの制度が確かな一歩を踏み出し、光明が差し始めたことに対する希望
- 制度開始から3年以上が経過しているが、活用例は約20例にすぎず、まだ夜が明け切らないのかというもどかしさ

2 子どもの手続代理人制度とは

家事法によって子どもに手続行為能力が認められた家事事件について、意思能力ある子どもが、当該事件を申し立て、又は当該事件に利害関係参加するなどして、手続に参加（広義）する場合に、弁護士が子どもの手続代理人となる制度

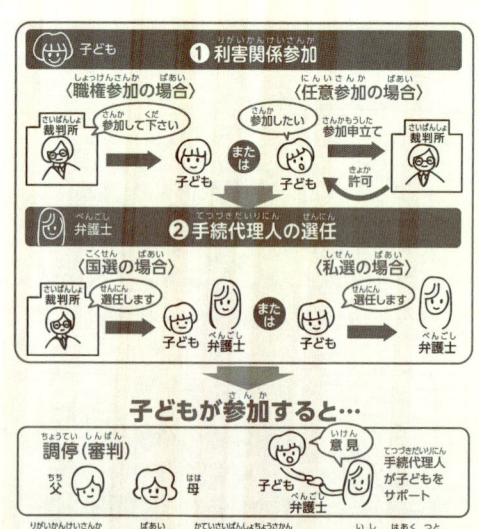

（日弁連リーフレットより）

(1) 子どもの意思の把握
➢ 総則的規定（65、同条を準用する258Ⅰ）
　・子どもの権利条約12条
　　1　締約国は、自己の意見を形成する能力のある児童がその児童に影響を及ぼすすべての事項について自由に自己の意見を表明する権利を確保する。この場合において、児童の意見は、その児童の年齢及び成熟度に従って相応に考慮されるものとする。
　　2　このため、児童は、特に、自己に影響を及ぼすあらゆる司法上及び行政上の手続において、国内法の手続規則に合致する方法により直接に又は代理人若しくは適当な団体を通じて聴取される機会を与えられる。
　・子どもの年齢に制限はない。
　・子どもの発達段階によっては非言語的コミュニケーションによる意思の把握も求められる。
　・子どもの年齢及び発達の程度に応じて考慮する義務→即時抗告の対象ともなり得る
➢ 個別の陳述聴取の規定（但し15歳以上）
　・子の監護に関する処分の審判・保全（子の監護に要する費用の分担に関する処分の審判を除く）（152Ⅱ、157Ⅱ）
　・親権喪失、親権停止、管理権喪失の審判等（169Ⅰ）
　・親権者の指定・変更の審判・保全（169Ⅱ、175Ⅱ）
　・児童福祉法に規定する審判（但し18歳未満の児童）（236Ⅰ）　等

(2) 前提としての手続参加（広義）
　子どもは、受動的に意思を把握されたり、陳述を聴取されたりするに止まらず、一定の要件を満たす場合には自ら主体的に家事事件の手続に関与することができる。
　子どもの手続代理人は、手続に参加した子どもに付されるものであるから（23条）、子どもの手続参加は子どもの手続代理人制度の不可欠の要素である。
　① 手続行為能力
　　　手続上の行為をすることができる能力(17)
　　➢ 事件類型
　　　・原則　未成年者になし（17、民訴28、31）
　　　・例外　以下の事件類型には未成年者にも認められる
　　　　118を準用する審判事件
　　　　子の監護に関する処分、親権喪失、親権停止、管理権喪失、
　　　　未成年後見関連、児福法28事件等
　　　　252Ⅰの列挙する調停事件

I 「子どもの手続代理人」の実務

　　　　　子の監護に関する処分、親権者の指定・変更、離婚調停等
　　➢ 意思能力
　　　・事件類型として手続行為能力が認められていても、当該子どもに手続行為能力が認められるためには、意思能力が必要（当然の前提）
　　　・調査官調査の実施
　　　・年齢
　　　　東京家裁
　　　　　小学校高学年はもちろん、中学生であってもその有無を慎重に検討・判断すべき（判タ1396号38頁）
　　　　日弁連
　　　　　中学生以上はもちろん、小学校高学年以上であれば原則として意思能力を認めてよい（子どもの手続代理人マニュアル11頁）
　　　　実例
　　　　　9歳女児が2件認められている
　　　・考え方
　　　　✓家事法は、行為能力の制限を受けた者による手続追行上の困難については、手続代理人の選任によって補うという手当（23条）
　　　　✓手続代理人による情報提供や相談などが随時行われることを前提に、ある程度の伸びしろを想定してよいのではないか
　　　　✓問題となっている事項について、大人との間で言葉による意思疎通ができ、ある程度の促しにより判断できる能力があればよいのでは？
　　　　✓微妙な年齢の場合、しっかりと主張
② 手続参加
　➢ 参加の態様
　　事件の申立て（実体法によって決まる）
　　当事者参加（41）
　　利害関係参加（42）
　　即時抗告（172①〜③）等
③ とりわけ利害関係参加について
　➢ 判断の権限
　　審判―家庭裁判所（42）
　　調停―調停委員会（260 I ⑥）
　　　cf.調停委員会の決議は過半数の意見による（248Ⅲ）
　➢ 任意参加（42Ⅱ）
　　・子どもが自ら参加する場合

—3—

- 子の監護に関する処分の事件等における子どもは、「審判の結果により直接の影響を受けるもの」として、家庭裁判所の許可が必要（42Ⅱ）

【参考書式1―利害関係参加許可申立書】
- 家庭裁判所は、子どもの年齢及び発達の程度その他一切の事情を考慮して、手続に利害関係参加することがその子どもの利益を害すると認めるときは、申立てを却下しなければならない（42ⅴ）。
- 「高葛藤」は却下事由となるか
  ✓ 「父母の対立が激しいため、手続に参加することで子どもがよりその対立に巻き込まれ、親への忠誠葛藤が増幅するおそれがある場合や、親の一方との関係を修復不可能な程度にまで損ないかねないような場合」を却下事由とする見解あり（金子逐条解説141頁）
  ✓ しかし、父母の高葛藤ゆえにこう着状態に陥っているような事案でこそ、子どもの手続参加が父母が真摯に子どもの利益に向き合うきっかけとなり、合意による紛争解決を促進し、子どもの利益を増進することが期待できる
- 「親からの促し」は却下事由となるか
  ✓ 「父または母が子を利用して自己に有利な意思の表明をしてもらうために子に参加を促しているような場合」も却下事由とする見解あり（金子逐条解説143頁）
  ✓ しかし、親から子どもに対し、何らかの情報提供や促しがあるのはむしろ一般的。却下事由とすべきでない。
  ✓ 「強要」に立ち至っている場合には却下事由となりうる。
- 却下決定に対しては即時抗告ができない（42ⅵ）
  決定の理由や手続に明らかな違法がある場合、家事法81条（調停においては家事法258条1項により準用する同条）の準用する同78条1項によって、決定の取り消し又は変更を促すことになろうか
- 却下事由のないことはしっかりと主張する！
➢ 職権参加（42Ⅲ）
- 家庭裁判所が相当と認めるときは、職権で子どもを利害関係参加させる

(3) 子どもの手続代理人の選任
① 国　選
➢ 手続参加（広義）した子どもに、必要があると認めるときは、裁判長（調停の場合は裁判官）が、申立て又は申立てによらずに、弁護士を手続代理人に選任することができる（23ⅠⅡ）
➢ 弁護士会推薦型

—4—

I 「子どもの手続代理人」の実務

- 裁判所が弁護士会に推薦依頼し、推薦された弁護士を選任するパターン
- 東京では、東京家裁と東京三会で、東一東二の順で推薦依頼
➤ 候補者型
- 子どもがすでに相談している弁護士を候補者として選任申立てを行い、裁判長が候補者を選任するパターン

【参考書式2—手続代理人選任申立書】
- 一方の親の代理人と同じ事務所の弁護士や、かつて一方の親の代理人であった弁護士などは適格性を欠くことになろう（中立性）

② 私　選
➤ どもが自ら手続代理人を選任することもできる（私選）
➤ 手続代理人として、利害関係参加許可申立てを行う。この場合は、選任→参加の順番となる。
➤ ただし、親権者による委任契約の解約の問題と報酬の問題あり

③ 特　徴
➤ 代理人である—子ども自身のすることができる手続行為に限る
➤ 資格要件は弁護士

(4) どのような事案で有用か
① 日弁連「子どもの手続代理人の役割と同制度の利用が有用な事案の類型」(2015年7月31日)（「有用な類型」）
➤ 日弁連と最高裁で協議した結果を整理
➤ 最高裁から各家裁へも参考送付されている

② 「有用な類型」における有用事案類型
➤ 詳細は、日弁連子どもの権利委員会「『子どもの手続代理人の役割と同制度の利用が有用な事案の類型』の解説」(2015年11月13日)

---

① 事件を申し立て、又は手続に参加した子どもが、自ら手続行為をすることが実質的に困難であり、その手続追行上の利益を実効的なものとする必要がある事案
② 子どもの言動が対応者や場面によって異なると思われる事案
③ 家裁調査官による調査の実施ができない事案
④ 子どもの意思に反した結論が見込まれるなど、子どもに対する踏み込んだ情報提供や相談に乗ることが必要と思われる事案
⑤ 子どもの利益に適う合意による解決を促進するために、子どもの立場からの提案が有益であると思われる事案
⑥ その他子どもの手続代理人を選任しなければ手続に関連した子どもの利益が十分確保されないおそれがある事案

③ 「有用な類型」の活用
　➤ 子どもの手続代理人の選任を見越した職権参加の相当性判断（42Ⅲ）、子どもの手続代理人選任の際の必要性判断（23Ⅰ）の参考資料として
　　cf. 任意参加（42Ⅱ）は却下事由（42ⅴ）ない限り許可
　➤ 裁判官、調査官、調停委員、相手方代理人との協議のツールとして
(5) どのような契機で就任するのか

【架空の事例】子の引渡し審判
　別居中の父母間の子A男（小6・12歳）は、父と同居している。父母間で離婚調停が係属し、A男の親権が争われていた。ある日、A男が無断で父宅を家出し、母宅に行ってしまった。そこで、父は母に対し子の引渡し審判・保全処分を申し立てた。母によれば、A男は父宅には絶対に帰りたくないと言っているが、父は母がA男にそのように言わせていると主張している。家裁調査官がA男の監護状況の調査をしたところ、A男は苛烈な言葉で父を非難するが、それを根拠づける具体的エピソードは聴取できなかった。また、A男は父からの連れ戻しを恐れ、母宅からは通学できていない。

➤「有用な類型」の⑤の類型として、子どもの手続代理人の選任が検討されるべき事案
➤ 子どもの手続代理人は、子どもの利益のために、当面の通学、居住場所に関する父母間の暫定的合意を促し、子の引渡し審判の手続促進にも寄与することを目指すこととなろうか
➤ 就任に至るルートの例
　・調査官調査を受けて、裁判所はA男を職権で利害関係参加させ（42Ⅲ）、裁判長が弁護士会の推薦した甲弁護士をA男の手続代理人に選任する（23Ⅱ）。
　・A男が、母の代理人が紹介した甲弁護士と会い、甲弁護士の援助を得て、利害関係参加の申立て及び甲弁護士を手続代理人の候補者とする手続代理人選任の申立てを行う。裁判所はA男の利害関係参加を許可し（42Ⅱ）、裁判長が甲弁護士をA男の手続代理人に選任する（23Ⅰ）。
　・父が裁判所に対し、A男を職権で利害関係参加させ、手続代理人を選任するよう職権発動を促す。裁判所はA男を職権で利害関係参加させ（42Ⅲ）、裁判長が弁護士会の推薦した甲弁護士をA男の手続代理人に選任する（23Ⅱ）。

Ⅰ 「子どもの手続代理人」の実務

第2 子どもの手続代理人の活動
1 子どもの手続代理人の役割
(1) 日弁連「有用な類型」における整理

> ① 子どものための主張及び立証活動
> ② 情報提供や相談に乗ることを通じて、子どもの手続に関する意思形成を援助すること
> ③ 子どもの利益に適う合意による解決の促進
> ④ 不適切な養育等に対する対応

(2) 家裁調査官との差異
  ➢ 「有用な類型」の①、②が手続代理人固有の役割
  ➢ 「有用な類型」の③、④が家裁調査官との協働となる役割

2 実際の活動
  ➢ 順を追って（弁護士会推薦型を念頭に）
  ・裁判所、調査官との協議
  ・関連記録の閲覧・謄写
  ・現監護者との連絡
  ・子どもとの面会
  ・関係者との連携
  ・裁判所・調査官との連携
  ・福祉・医療関係者との連携
  ・当事者との関係
  ・情報収集
  ・子どもの意思の手続への顕出
  ・紛争解決に向けた調整活動
  ・ペアレンティングプランの提示など
  ・随時の子どもからの相談対応
  ・事件終了後の対応
  ➢ 子どもの意思の評価
  ・表明されたこととされえなかったこと
  ・意見の裏にある子どもの気持ちを想像することが必要
  ・ただ、聴く側の思い込みの可能性については自覚的であること

（松谷克彦医師）

レジュメ

両親の別居等に対する子どもの反応の基礎知識

① 学童期前半（～9歳）
- ✓ 両親の問題と自分の問題を分けて考えることができない
- ✓ 両親の不和を自分のせいだと感じやすい
- ✓ 両親とも裏切れないという忠誠葛藤を抱きやすい

② 学童期後半（～12歳）
- ✓ 両親間の紛争に巻き込まれやすく、忠誠葛藤を抱く
- ✓ 他方の親が全て悪いと考えて、他方の親に対して敵意を示すことがある

③ 思春期（～15歳）
- ✓ 親の養育力が弱まり、子の行動の統制がうまくできない
- ✓ 両親の不和により、自身の将来の異性関係に不安を抱く

（小澤真嗣「家庭裁判所調査官による『子の福祉』に関する調査」家月61巻11号1頁（14頁）を参考に作成）

3 報酬

(1) 国選の手続代理人
- ➢ 裁判所が報酬を認定（23Ⅲ）
- ➢ 報酬は手続費用（民訴費2⑩）
  ただし、現実に「支払った」か、手続救助による猶予（32Ⅰ）が必要
  【参考書式3 手続上の救助申立書】参照
- ➢ 子ども負担が原則（28Ⅰ）、親負担もあり（28Ⅱ）。親負担が一般的。
- ➢ 親が民事法律扶助を利用している場合
  - ・「その他実費」として、国選の子どもの手続代理人の報酬が追加費用支出の対象となる
  - ・「その他実費」全体の上限額は30万円
  - ・親の代理人が終結報告書を法テラスに提出する前に、親の代理人から法テラスに申請してもらう必要がある（別紙「報酬認定及び回収のプロセス」）

(2) 私選の手続代理人
- ➢ 子ども自身の負担
- ➢ 民事法律扶助
  - ・子ども単独での契約を認めていない
- ➢ 日弁連の「子どもに対する法律援助」
  - ・援助対象—児童虐待その他の事由により人権救済を必要としている子どもで、親権者及び親族から協力を得られない場合
  - ・子どもが虐待親に対して親権停止の審判を申し立てる事案では利用できる

以上

I 「子どもの手続代理人」の実務

(別紙)

報酬認定及び回収のプロセス

① 申立て又は職権により、子どもが家事事件手続に利害関係参加し、裁判長が弁護士を国選代理人として選任する。

⬇

② 国選代理人が速やかに、裁判所に対し手続上の救助を申し立て、裁判所が手続上の救助の裁判を行う

⬇

③ 審判又は調停において、手続費用を親に負担させる旨の判断又は合意がなされる

③' 当該親が法テラスを利用している場合、国選代理人は、親の代理人に対し、法テラスへの終結報告前に、報酬額を追加費用(上限30万円)として法テラスに申請してもらいたい旨依頼する

⬇

④ 裁判所が職権で国選代理人の報酬額を認定し、国選代理人に通知する(国選代理人は活動報告書を速やかに提出し、報酬認定の職権発動を促す)

⬇

⑤ 国選代理人が、親に対し上記④で認定された報酬額を請求する。

⬇

⑥ 報酬が親から国選代理人に対して支払われる。又は、法テラスから親の代理人を通じて支払われる。

⬇

⑦ 上記⑥が任意に実現しない場合、費用確定処分の申立てを行い、裁判所書記官の費用確定処分を受けて、親から強制的に取り立てることができる(実費の精算が必要な場合に、費用確定処分を受けた上で、任意に親に請求することも)

【参考書式1　利害関係参加許可申立書】

平成　　年（　）第　　号　　　　　申立事件
申立人
相手方

収入印紙
500円

利害関係参加許可申立書

東京家庭裁判所　御中

平成　　年　　月　　日

氏名＿＿＿＿＿＿＿＿＿＿

1　参加の趣旨
　　頭書事件について、利害関係参加をしたいので、許可下さるよう申し立てます。

2　参加の理由
　(1)　生年月日・年齢　＿＿＿＿年＿＿月＿＿日生　　＿＿＿＿歳

　(2)　当事者との続柄　　□子　□その他＿＿＿＿＿＿＿＿＿＿

　(3)　学年　□小学校　□中学校　□高等学校　＿＿年生　□その他＿＿＿＿＿＿＿＿

　(4)　裁判所からかけてもらっていい電話番号＿＿＿＿＿＿＿＿＿＿

　　　この電話番号は、□父　□母　□私　□その他＿＿＿＿＿＿＿＿＿＿の電話番号です。

　(5)　私が参加したい理由は、以下のとおりです（答えは2つ以上あってもかまいません）。
　　　□　私もいっしょに話し合いをしたい。
　　　□　私の考えをみんなにしっかりと伝えたい。
　　　□　私の考えをふまえた結論にしてほしい。
　　　□　その他
　　　　（自由に書いてください）

＿＿＿＿＿＿＿＿＿＿＿＿＿＿＿＿＿＿＿＿＿＿＿＿＿＿＿＿＿＿＿＿＿＿＿＿＿＿
＿＿＿＿＿＿＿＿＿＿＿＿＿＿＿＿＿＿＿＿＿＿＿＿＿＿＿＿＿＿＿＿＿＿＿＿＿＿
＿＿＿＿＿＿＿＿＿＿＿＿＿＿＿＿＿＿＿＿＿＿＿＿＿＿＿＿＿＿＿＿＿＿＿＿＿＿
＿＿＿＿＿＿＿＿＿＿＿＿＿＿＿＿＿＿＿＿＿＿＿＿＿＿＿＿＿＿＿＿＿＿＿＿＿＿
＿＿＿＿＿＿＿＿＿＿＿＿＿＿＿＿＿＿＿＿＿＿＿＿＿＿＿＿＿＿＿＿＿＿＿＿＿＿

※大人の方へ〜この書式は子ども本人が記入するものですが、子どもの相談に乗りながら、書き方などを教えてあげて下さい。

Ⅰ 「子どもの手続代理人」の実務

【参考書式2 手続代理人選任申立書】

平成　年（　）第　　号　　　　申立事件
申立人
相手方

手続代理人選任申立書

東京家庭裁判所　御中

平成　年　月　日

☐ 申立人
☐ 当事者参加人
☐ 利害関係参加人　氏名＿＿＿＿＿＿＿＿＿＿＿＿＿＿＿印

1　申立ての趣旨
　頭書事件の追行に必要ですので、私のために手続代理人の選任を申し立てます。
　☐　手続代理人には、以下の候補者を選任して下さい。
　　　候補者の氏名
　　　事務所の住所
　　　電話番号
　　　ファックス番号

2　申立ての理由
　私が手続代理人選任を求める理由は、以下のとおりです（答えは2つ以上あってもかまいません）。
　　☐　私一人では自分の気持ちをうまく伝えられないから。
　　☐　私一人では裁判所の手続が分からないから。
　　☐　私のいろいろな相談に乗って欲しいから。
　　☐　その他
　　　　（自由に書いてください）

※大人の方へ〜この書式は子ども本人が記入するものですが、子どもの相談に乗りながら、書き方などを教えてあげて下さい。

—11—

【参考書式3　手続上の救助申立書】

平成　　年（家　　）第　　　号

手続上の救助申立書

東京家庭裁判所　御中

平成　　年　　月　　日

利害関係参加人〇〇〇〇
手続代理人弁護士　〇　〇　〇　〇　印

　頭書事件において、利害関係参加人は　　歳であり、独自の収入及び資産がなく、本件の手続の準備及び追行に必要な費用を支払う資力がないため、手続上の救助を付与されたく申し立てる。

I 「子どもの手続代理人」の実務

子どもの手続代理人の役割と同制度の利用が有用な事案の類型

平成27年7月31日

1 子どもの手続代理人の役割
　① 子どものための主張及び立証活動
（補足説明）
　子どもは、事件の申立て、当事者参加、利害関係参加等を通じて手続の主体となり、自己の権利の行使として手続行為を行う。子どもの手続代理人は、こうした子どもの権利及び正当な利益の実現のために、主張及び立証活動を行う。
　その際、子どもの手続代理人は、依頼者である子どもの意思を尊重して職務を行い（弁護士職務基本規程22条1項）、子どもがその意思を十分に表明できないときは、適切な方法を講じてその意思の確認に努める（同2項）。また、主張・立証のための頻繁な打合せを通して、代理人は子どもの意思を継続的に把握する特徴がある。このことは、子どもにとっては、手続主体として意思表明を行う手段の多様性が確保されるという意義がある。
　家庭裁判所にとっても、子どもの意思の多面的な発露（家裁調査官が子どもの言動に影響を及ぼしている要因を分析して子どもの意思を的確に把握するにあたって、子どもが自己の代理人との打合せにおいて示す言動等も参考となりうる）を踏まえて、子どもの意思の把握の精度を向上させることが可能となるという意義があるものと思われる。
　② 情報提供や相談に乗ることを通じて、子どもの手続に関する意思形成を援助すること
（補足説明）
　上記①の活動を行うにあたっては、㋐子どもに対して、手続の進行状況に関する情報、審判・調停の結論の見通し、結論それ自体、その他子どもが手続行為を行う際の判断の基礎となる情報（たとえば、今後の生活状況や通学に関する情報など）を分かりやすい言葉で提供したり、㋑手続に関し、子どもが意思を定めかねているような場合や、子どもが一定の意思を示しているが、なお働きかけの余地があるような場合等において、子どもの相談に乗ったりすることにより、子どもの手続に関する意思形成を援助する必要があることも多い。
　なお、子どもの示した手続に関する意思がその客観的利益に反すると認められるような事案や子どもの手続に関する意思に反した結論が見込まれる事案等において選任された手続代理人の役割について付言すると、子どもの手続代理人は、依頼者である子どもの意思を尊重して職務を行うこととされているから（弁護士職務基本規程22条1項）、子どもの意思を変えさせる役割を担うものではない。しかし、子

—13—

どもに対し、その客観的利益や結論の見通しについて情報提供したり、相談に乗ることを通じて一定の働きかけをしたりすることは、子どもがその後の手続、ひいては結論に対して納得感を持つことができるという意味で有益であるとともに、結論の実効性を高め、紛争の再発を防止する効果もあるものと思われる。

③ 子どもの利益に適う合意による解決の促進

（補足説明）

子どもが父母間の紛争に利害関係参加する場合には、子どもの立場から、父母に対して、離別後の子どものより良い養育のあり方について積極的な提案を行い、子どもの利益に適う合意による解決を父母に働きかける。また、上記①の活動に関連する子どもを巡る突発的な事態が手続係属中に生じたような場合などには、父母に対し、子どもの利益に適う暫定的な合意を促すなど、適宜の対応を行う（たとえば、子の監護者指定の事案で、子どもが同居親宅から家出し、別居親宅に行ってしまった等の例が考えられる）。

一方、家裁調査官も、調査面接における働き掛けや、（調査報告書の閲覧、調停期日におけるフィードバックによる）調査結果の父母との共有等を通じて、父母が子どもの利益の視点に立って解決策を考えることを促す活動を行っている。そのため、子どもの手続代理人は、家裁調査官とそれぞれ本来の役割を果たしつつ協働することとなる。

④ 不適切な養育等に関する対応

（補足説明）

事件を申し立て、又は手続に参加した子どもについて、同居親による養育に問題がある等、子どもの日常生活に支障があるときは、必要に応じて児童相談所その他の関係機関と連携することがある。

一方、家裁調査官も社会福祉機関との連絡その他の措置をとることができるため（家事事件手続法（以下「家事法」という。）59条3項）、子どもの手続代理人は、家裁調査官とそれぞれ本来の役割を果たしつつ協働することとなる。

こうした活動は、子どもの最善の利益を確保するためのものであるが、子どもの手続代理人にとっては上記①の活動を行うための前提条件を確保するという意義がある。また、子どもの手続代理人がそのような活動を行う場合には、家庭裁判所にとっても、子どもの意思の把握その他の手続上の関わりを行うための前提条件を確保するという意義があるものと思われる。

2 子どもの手続代理人制度の利用が有用な事案の類型

（補足説明）

以下の①から⑥までの類型化は、子どもの手続代理人選任を見越した職権参加の

Ⅰ 「子どもの手続代理人」の実務

相当性判断（家事法42条3項）、又は事件を申し立て、若しくは参加が認められた子どもに手続代理人を選任するかどうかの必要性判断（家事法23条1項）の際に参考になるものと思われる。

なお、家事法の立法趣旨の一つである子どもの手続保障という観点からは、子ども本人がした任意参加許可の申立てが相当でないとして許可されないということは、家事法42条5項において想定している場面を除けば少ないものと思われる。

① 事件を申し立て、又は手続に参加した子どもが、自ら手続行為をすることが実質的に困難であり、その手続追行上の利益を実効的なものとする必要がある事案
② 子どもの言動が対応者や場面によって異なると思われる事案

（補足説明）
1①に記載したように、子どもの言動は対応者や場面によって異なることがありうること、主張・立証のための頻繁な打合せを通して、代理人は子どもの意思を継続的に把握する特徴があることなどを踏まえると、子どもの手続代理人の活動は、家裁調査官が子どもの意思の把握の精度を向上させるためにも有用であると考えられる。

③ 家裁調査官による調査の実施ができない事案

（補足説明）
たとえば、同居親又は子ども自身が調査を拒否し、あるいは拒否的であるなどの理由により、家裁調査官による調査が行えない場合などが考えられる。

④ 子どもの意思に反した結論が見込まれるなど、子どもに対する踏み込んだ情報提供や相談に乗ることが必要と思われる事案

（補足説明）
上記1②参照。

⑤ 子どもの利益に適う合意による解決を促進するために、子どもの立場からの提案が有益であると思われる事案

（補足説明）
上記1③参照。

⑥ その他子どもの手続代理人を選任しなければ手続に関連した子どもの利益が十分確保されないおそれがある事案

以上

資　料

子どもの手続代理人関連条文集

【家事事件手続法】
　（当事者能力及び手続行為能力の原則等）
第十七条　当事者能力、家事事件の手続における手続上の行為（以下「手続行為」という。）をすることができる能力（以下この項において「手続行為能力」という。）、手続行為能力を欠く者の法定代理及び手続行為をするのに必要な授権については、民事訴訟法第二十八条、第二十九条、第三十一条、第三十三条並びに第三十四条第一項及び第二項の規定を準用する。
2　略
3　略
　（裁判長による手続代理人の選任等）
第二十三条　手続行為につき行為能力の制限を受けた者が第百十八条（この法律の他の規定において準用する場合を含む。）又は第二百五十二条第一項の規定により手続行為をしようとする場合において、必要があると認めるときは、裁判長は、申立てにより、弁護士を手続代理人に選任することができる。
2　手続行為につき行為能力の制限を受けた者が前項の申立てをしない場合においても、裁判長は、弁護士を手続代理人に選任すべき旨を命じ、又は職権で弁護士を手続代理人に選任することができる。
3　前二項の規定により裁判長が手続代理人に選任した弁護士に対し手続行為につき行為能力の制限を受けた者が支払うべき報酬の額は、裁判所が相当と認める額とする。
　（手続費用の負担）
第二十八条　手続費用（家事審判に関する手続の費用（以下「審判費用」という。）及び家事調停に関する手続の費用（以下「調停費用」という。）をいう。以下同じ。）は、各自の負担とする。
2　裁判所は、事情により、前項の規定によれば当事者及び利害関係参加人（第四十二条第七項に規定する利害関係参加人をいう。第一号において同じ。）がそれぞれ負担すべき手続費用の全部又は一部を、その負担すべき者以外の者であって次に掲げるものに負担させることができる。

—16—

Ⅰ 「子どもの手続代理人」の実務

　一　当事者又は利害関係参加人
　二　前号に掲げる者以外の審判を受ける者となるべき者
　三　前号に掲げる者に準ずる者であって、その裁判により直接に利益を受けるもの
3　前二項の規定によれば検察官が負担すべき手続費用は、国庫の負担とする。
（手続上の救助）
第三十二条　家事事件の手続の準備及び追行に必要な費用を支払う資力がない者又はその支払により生活に著しい支障を生ずる者に対しては、裁判所は、申立てにより、手続上の救助の裁判をすることができる。ただし、救助を求める者が不当な目的で家事審判又は家事調停の申立てその他の手続行為をしていることが明らかなときは、この限りでない。
2　民事訴訟法第八十二条第二項及び第八十三条から第八十六条まで（同法第八十三条第一項第三号を除く。）の規定は、手続上の救助について準用する。この場合において、同法第八十四条中「第八十二条第一項本文」とあるのは、「家事事件手続法第三十二条第一項本文」と読み替えるものとする。
（利害関係参加）
第四十二条　審判を受ける者となるべき者は、家事審判の手続に参加することができる。
2　審判を受ける者となるべき者以外の者であって、審判の結果により直接の影響を受けるもの又は当事者となる資格を有するものは、家庭裁判所の許可を得て、家事審判の手続に参加することができる。
3　家庭裁判所は、相当と認めるときは、職権で、審判を受ける者となるべき者及び前項に規定する者を、家事審判の手続に参加させることができる。
4　前条第三項の規定は、第一項の規定による参加の申出及び第二項の規定による参加の許可の申立てについて準用する。
5　家庭裁判所は、第一項又は第二項の規定により家事審判の手続に参加しようとする者が未成年者である場合において、その者の年齢及び発達の程度その他一切の事情を考慮してその者が当該家事審判の手続に参加することがその者の利益を害すると認めるときは、第一項の規定による参加の申出又は第二項の規定による参加の許可の申立てを却下しなければならない。
6　第一項の規定による参加の申出を却下する裁判（前項の規定により第一項の規定による参加の申出を却下する裁判を含む。）に対しては、即時抗告をすることができる。
7　第一項から第三項までの規定により家事審判の手続に参加した者（以下「利害関係参加人」という。）は、当事者がすることができる手続行為（家事審判の申立ての取下げ及び変更並びに裁判に対する不服申立て及び裁判所書記官の処分に対する異議の取下げ

を除く。)をすることができる。ただし、裁判に対する不服申立て及び裁判所書記官の処分に対する異議の申立てについては、利害関係参加人が不服申立て又は異議の申立てに関するこの法律の他の規定によりすることができる場合に限る。

第六十五条　家庭裁判所は、親子、親権又は未成年後見に関する家事審判その他未成年者である子（未成年被後見人を含む。以下この条において同じ。）がその結果により影響を受ける家事審判の手続においては、子の陳述の聴取、家庭裁判所調査官による調査その他の適切な方法により、子の意思を把握するように努め、審判をするに当たり、子の年齢及び発達の程度に応じて、その意思を考慮しなければならない。

（手続行為能力）

第百十八条　次に掲げる審判事件（第一号、第四号及び第六号の審判事件を本案とする保全処分についての審判事件を含む。）においては、成年被後見人となるべき者及び成年被後見人は、第十七条第一項において準用する民事訴訟法第三十一条の規定にかかわらず、法定代理人によらずに、自ら手続行為をすることができる。その者が被保佐人又は被補助人（手続行為をすることにつきその補助人の同意を得ることを要するものに限る。）であって、保佐人若しくは保佐監督人又は補助人若しくは補助監督人の同意がない場合も、同様とする。

一　後見開始の審判事件

二　後見開始の審判の取消しの審判事件（別表第一の二の項の事項についての審判事件をいう。）

三　成年後見人の選任の審判事件（別表第一の三の項の事項についての審判事件をいう。）

四　成年後見人の解任の審判事件（別表第一の五の項の事項についての審判事件をいう。第百二十七条第一項において同じ。）

五　成年後見監督人の選任の審判事件（別表第一の六の項の事項についての審判事件をいう。）

六　成年後見監督人の解任の審判事件（別表第一の八の項の事項についての審判事件をいう。第百二十七条第五項において同じ。）

七　成年被後見人に関する特別代理人の選任の審判事件（別表第一の十二の項の事項についての審判事件をいう。）

八　成年後見の事務の監督の審判事件（別表第一の十四の項の事項についての審判事件をいう。）

九　第三者が成年被後見人に与えた財産の管理に関する処分の審判事件（別表第一の十五の項の事項についての審判事件をいう。第百二十五条第一項及び第二項において同じ。）

Ⅰ 「子どもの手続代理人」の実務

（手続行為能力）
第百五十一条　第百十八条の規定は、次の各号に掲げる審判事件及びこれらの審判事件を本案とする保全処分についての審判事件（いずれの審判事件においても、財産上の給付を求めるものを除く。）における当該各号に定める者について準用する。
　一　夫婦間の協力扶助に関する処分の審判事件　夫及び妻
　二　子の監護に関する処分の審判事件　子
（手続行為能力）
第百六十八条　第百十八条の規定は、次の各号に掲げる審判事件（第三号及び第七号の審判事件を本案とする保全処分についての審判事件を含む。）における当該各号に定める者について準用する。
　一　子に関する特別代理人の選任の審判事件（別表第一の六十五の項の事項についての審判事件をいう。）　子
　二　第三者が子に与えた財産の管理に関する処分の審判事件（別表第一の六十六の項の事項についての審判事件をいう。第百七十三条において同じ。）　子
　三　親権喪失、親権停止又は管理権喪失の審判事件（別表第一の六十七の項の事項についての審判事件をいう。）　子及びその父母
　四　親権喪失、親権停止又は管理権喪失の審判の取消しの審判事件（別表第一の六十八の項の事項についての審判事件をいう。）　子及びその父母
　五　親権又は管理権を辞し、又は回復するについての許可の審判事件（別表第一の六十九の項の事項についての審判事件をいう。）　子及びその父母
　六　養子の離縁後に親権者となるべき者の指定の審判事件（別表第二の七の項の事項についての審判事件をいう。）　養子、その父母及び養親
　七　親権者の指定又は変更の審判事件（別表第二の八の項の事項についての審判事件をいう。）　子及びその父母
（手続行為能力）
第二百五十二条　次の各号に掲げる調停事件（第一号及び第二号にあっては、財産上の給付を求めるものを除く。）において、当該各号に定める者は、第十七条第一項において準用する民事訴訟法第三十一条の規定にかかわらず、法定代理人によらずに、自ら手続行為をすることができる。その者が被保佐人又は被補助人（手続行為をすることにつきその補助人の同意を得ることを要するものに限る。）であって、保佐人若しくは保佐監督人又は補助人若しくは補助監督人の同意がない場合も、同様とする。
　一　夫婦間の協力扶助に関する処分の調停事件（別表第二の一の項の事項についての調停事件をいう。）　夫及び妻
　二　子の監護に関する処分の調停事件（別表第二の三の項の事項についての調停事

—19—

52

資　料

件をいう。）　子
三　養子の離縁後に親権者となるべき者の指定の調停事件（別表第二の七の項の事項についての調停事件をいう。）　養子、その父母及び養親
四　親権者の指定又は変更の調停事件（別表第二の八の項の事項についての調停事件をいう。）　子及びその父母
五　人事訴訟法第二条に規定する人事に関する訴え（第二百七十七条第一項において単に「人事に関する訴え」という。）を提起することができる事項についての調停事件同法第十三条第一項の規定が適用されることにより訴訟行為をすることができることとなる者
2　略

（家事審判の手続の規定の準用等）
第二百五十八条　第四十一条から第四十三条までの規定は家事調停の手続における参加及び排除について、第四十四条の規定は家事調停の手続における受継について、第五十一条から第五十五条までの規定は家事調停の手続の期日について、第五十六条から第六十二条まで及び第六十四条の規定は家事調停の手続における事実の調査及び証拠調べについて、第六十五条の規定は家事調停の手続における子の意思の把握等について、第七十三条、第七十四条、第七十六条（第一項ただし書を除く。）、第七十七条及び第七十九条の規定は家事調停に関する審判について、第八十一条の規定は家事調停に関する審判以外の裁判について準用する。
2　前項において準用する第六十一条第一項の規定により家事調停の手続における事実の調査の嘱託を受けた裁判所は、相当と認めるときは、裁判所書記官に当該嘱託に係る事実の調査をさせることができる。ただし、嘱託を受けた家庭裁判所が家庭裁判所調査官に当該嘱託に係る事実の調査をさせることを相当と認めるときは、この限りでない。

（調停委員会等の権限）
第二百六十条　調停委員会が家事調停を行う場合には、次に掲げる事項に関する裁判所の権限は、調停委員会が行う。
一　第二十二条の規定による手続代理人の許可等
二　第二十七条において準用する民事訴訟法第六十条第一項及び第二項の規定による補佐人の許可等
三　第三十三条ただし書の規定による傍聴の許可
四　第三十五条の規定による手続の併合等
五　第二百五十五条第四項において準用する第五十条第三項及び第四項の規定による申立ての変更
六　第二百五十八条第一項において準用する第四十一条第一項及び第二項並びに

—20—

53

I 「子どもの手続代理人」の実務

<u>第四十二条第一項から第三項まで及び第五項の規定による参加</u>、第四十三条第一項の規定による排除、第四十四条第一項及び第三項の規定による受継、第五十一条第一項の規定による事件の関係人の呼出し、第五十四条第一項の規定による音声の送受信による通話の方法による手続並びに第五十六条第一項、第五十九条第一項及び第二項（これらの規定を第六十条第二項において準用する場合を含む。）、第六十一条第一項、第六十二条並びに第六十四条第五項の規定並びに同条第一項において準用する民事訴訟法の規定による事実の調査及び証拠調べ（過料及び勾引に関する事項を除く。）。

2　調停委員会が家事調停を行う場合には、<u>第二十三条第一項及び第二項の規定による手続代理人の選任</u>等、第三十四条第一項の規定による期日の指定並びに第二百五十三条ただし書の規定による調書の作成に関する裁判長の権限は、当該調停委員会を組織する<u>裁判官が行う</u>。

【民事訴訟費用等に関する法律】
（当事者その他の者が負担すべき民事訴訟等の費用の範囲及び額）
第二条　民事訴訟法（平成八年法律第百九号）その他の民事訴訟等に関する法令の規定により当事者等（当事者又は事件の関係人をいう。第四号及び第五号を除き、以下同じ。）又はその他の者が負担すべき民事訴訟等の費用の範囲は、次の各号に掲げるものとし、その額は、それぞれ当該各号に定めるところによる。
十　民事訴訟等に関する法令の規定により裁判所が選任を命じた場合において当事者等が選任した弁護士又は裁判所が選任した弁護士に支払った報酬及び費用　裁判所が相当と認める額

II 親権・監護権の実務

弁護士 掛川 亜季

Ⅱ　親権・監護権の実務

　ご紹介いただきました弁護士の掛川と申します。本日は2時間程度の講義ですがよろしくお願いいたします。さて、今回のテーマとしては親権、監護権ということで、レジュメのタイトルは「親権、監護権の実務」といたしましたが、事前のオーダーは広くこの辺りということで、親権、監護権、面会交流のことや、子どもの引き渡しのことなども適宜含むというような形でいただきました。実は非常に論争がありますし、今実務の動きもホットなところですので、一つ一つお話ししようと思いますと、到底2時間では足りません。また、この講座を受講されている皆さまについても、おそらく専門的になさっている方もいればあまりやっていないという方もいらっしゃるかと思いますので、専門的になさっている方にとっては少し物足りない部分があるかもしれませんが、その点はご容赦いただきたいと思っております。

第1　親権・監護権にかかわる法制度概観

1　離婚前

⑴　監護者指定・子の引き渡し（・人身保護請求）

　まず紛争が発生したときに、「監護者指定・子の引き渡し」ということが問題になってくることがあります。これは具体的にはどういう場合かというと、「夫婦が不仲になってしまい、ある日お父さんが家に帰ってみたら、お母さんが子どもを連れてどこかに出掛けていてそのまま戻ってこなかった。慌てていろいろな所を探してみたら、実家に子どもを連れて戻っていた。『もう私はあなたとやっていくつもりがありません。子どもは自分がしばらくの間育てますので』と言われた」というようなときです。今の例でいうならば、お父さんが「いや、子どもは自分が当面育てていきたいし、お母さんに子どもを育てるのを任せることはできない」と考えたとすると、子の監護者指定や引き渡しということがまず争点として出てきます。

⑵　面会交流

　そうはいってもお子さんは生身ですから、一緒に生活をしていない側のほうの親御さんと子どもがどのように交流するのかということが問題になってきます。この辺の紛争については、監護者指定、子の引き渡し、それから面会交流と、全部一括して申立てをするというようなケースも間々あるところ

です。
2 離婚時
(1) 親権指定

　続いて、話が進んで離婚という話になったときにはどうなるかということですが、このときはもちろん親権の問題があり、今度は親権者を誰にするのかということを決めなくてはなりません。皆さまご承知のとおり日本は単独親権制をとっていますので、離婚のときに親権者をどちらと決めないとそもそも離婚ができないと解釈されています。したがって、親権指定でかなり激しい争いになるということもよくあります。

(2) 面会交流

　同じく、離婚後もどうやって面会するのかということを協議する必要がありますので、その辺りが問題になってきます。

((3) 養育費)

　なお、養育費は経済的な部分であり、親権や監護権そのものではないということでレジュメでは括弧書にしました。ただ、実際上は子どもが生活するにおいてお金というのは非常に大事なものですから、お金が払われていない、あるいはお金は一応払われているが、払っている非監護親や非親権者の方の生活水準からすると圧倒的に低い金額しか払っていないということになると、子どもにとっては、「果たしてこの人は私を愛してくれているのだろうか」という大きな疑問とともにやはり面会交流等に影響してくると思っています。したがって、「養育費はお金の問題だから、そこはちょっと切り分けて……」というように考え過ぎてしまうと、やはり全体的な子どもの利益というところではマイナスになってきてしまうと考えています。そこで、ここに挙げておきました。ただ、今日の講義では養育費についてどのように算定するかといったところまではお話ができません。養育費についてはいろいろな論考等がありますので、それは適宜ご参照いただければと思います。

3 離婚後
(1) 面会交流

　離婚が成立し、どちらかの親のもとで子どもが生活しているという状態で、紛争として出てくるのは面会交流がうまくされていないということです。あ

るいは、離婚のときは何も決めなかったが、やはり後で面会交流をしたいということで、面会交流の条件についていろいろ決めていきたいというようなご相談が来ることがあるかと思います。

(2) 親権変更・子の引き渡し

それから、親権者を例えばお母さんと決めたが、やはりお父さんのほうが親権者として適切だと思うので、親権者を自分（お父さん）に変更したいというご相談が来るというようなこともあります。このときに、もしまだお母さんのもとにお子さんがいるということになれば、子の引き渡しの手続も一緒にとる必要があるということになります。

(3) 人身保護請求

一方、逆に離婚のときにお母さんが親権者と決められたにもかかわらず、面会交流のときにお父さんがお子さんを連れ去ってしまってそのまま返してくれなかった、つまり、親権者ではないほうの親御さんがそのまま子どもを確保してしまったという場合に出てくるのが人身保護請求ということになります。「離婚前」のところでも、括弧書で「(・人身保護請求)」と書きました。この関係性については、後ほど講義の中で触れます。

((4) 養育費)

離婚後も、養育費が不払いになってしまった、もともと決めていないというようなことで問題になったり、あるいは減額してほしい、増額してほしいというようなことがあったりします。

4 その他

ここでは親権喪失等を挙げました。「親権・監護権にかかわる法制度」ということで、かなり強い手続なのですが、親権をなくしてしまう親権喪失、親権を止める親権停止や、管理権喪失、あとは親権・管理権を辞任するというようなものです。そのようなことで、あるいは親御さんが死亡して親権者がいないということになると、今度は未成年後見の問題になったり、あるいは、例えばおばあさんと養子縁組を組んで養親がおばあさんになったりというようなことがあります。また、母の再婚相手と養子縁組を組むといういわゆるステップファミリーというようなことがあり、一方で、例えばそこで虐待が起きたので離縁の手続をとるというようなこともあり得ます。

ただ、この「その他」の部分につきましても、おそらく最終回の「児童福祉」で少し関連してきますのでお話があるかと思いますし、未成年後見につきましては第4回の講義の中で十分お話がされるかと思います。ですから、今日はこのような制度があるということを頭にとどめていただく程度で解説はいたしません。

第2　監護者指定・子の引き渡し

さて、離婚の前、離婚の時、離婚の後という時の流れで法制度を切り分けてみましたが、皆さまのところにご相談が来るレベルや時期というのももちろん区々なわけですよね。「離婚を検討しているが、この場合、私は親権者になれるのでしょうか」というようなご相談や、「自分は親権者にはなりたくない、あるいはならなくてもよいが、面会交流についてはどのような条件を決めたらよいのでしょうか」というようなこともあると思います。「もう調停中だが、あるいは、調停がもう不成立になってしまったが、この先どのようになっていくのだろうか」「調停でうまく話が進んでいかないので、途中から弁護士を代理人に立てたい」というような場合もあれば、離婚後に先ほど申したような面会交流が止まってしまい「もう一回やりたいのだが」というような話、「親権を変更したいのだが」というような話など、いろいろな場面ごとの利益考量ということが必要になってきます。

本日は、実務の状況を文献等も引きつつご説明しますが、「子どもをめぐる」、そして「子どもにとって」と考えたときに、今日覚えていただきたい、一番皆さまにお持ち帰りいただきたいのは二つです。子どもの利益ということを必ずいつも考えていただきたいということが一つ。それから、もう一つは子どもにとっての「時」ということ、成長、発達していく存在としての子ども。今この瞬間だけで決めればよいという問題ではなく、その後の人生にわたる影響というものも考え、あるいはこのときだけ乗り切れば大丈夫というようなものではなく、それぞれのときに応じて気持ちも変化してくるし、子どもの状況も変化してくる。つまり、時の流れに応じて変わっていく可能性があるものだということを是非意識していただければと思います。

今日お伝えしたいことはまさにこの2点に尽きるということになります

が、では、具体的な事件の内容、類型ごとにお話ししていきたいと思います。

1 相談時の検討事項

　冒頭に例としてお話ししたように、この手の相談のときは相談者の方が慌てふためいていらっしゃるということが結構多いです。つい昨日、つい3日前に「家を出られてしまったのだが」というようなことで、ご本人の心も混乱しているということが多いですし、事実関係の把握に少し時間がかかるという場合もあります。ところが一方で、子どもにとってどこで生活しているのかということ、それから後で述べる監護者指定のところで監護の現状が結構見られるというようなこともあるので、「では、次の回にいろいろと詳しい内容を伺って、その次にどういう方針でこの手続を進めていくかを考え、その先で調停の申立てをしましょうか」などと言っているうちに、監護の状況が固定化してしまうという可能性があります。

　したがって、監護者の指定を本当に相談に来られた方が望まれているか、そしてそれが子どもにとっても適切と考えられるかどうかということを初回の相談時からある程度見極めていただきたいと思うのです。その方が監護者となることはある程度適切であろうということであれば、速やかに監護者の指定の調停なり、審判なり、それと合わせての保全処分なりを申し立てておいたほうがよいのではないかと個人的には思っています。この辺は人によってお考えが違うかもしれませんが、子どもにとっては、もし不適切な監護下にあるということであればできるだけ速やかにその状況は解消してあげる必要があると思われますし、その監護状況が固定化してしまうと後に親権指定で争おうとしてもなかなか厳しいという現状がありますので、迷ったら早めに動くほうがよいかと思います。

　そのようなわけで、保全処分を出すかどうかということは速やかに検討されたほうがよいかと思います。ただし、一般民事の保全処分とはスピード感が全然違います。なさったことがある方はお分かりかもしれませんが、一般民事の仮処分や保全では、最初は保全処分のほうが非常に先行するわけですよね。例えば、申立てをしてから発令まで1週間以内でパッと決まるというようなことが多いかと思うのですが、家事事件における保全処分というものは、簡単にいうと、申し立てない場合に比べて（例えば審判と審

判前の保全処分を一緒に出した場合ですが)、例えば第1回審問期日が普段より若干早まって入り、そして結論については、1回、2回と審問期日を重ねたところくらいで保全処分としては出すか出さないかという形になります。ですから、「保全処分を出したら多分すぐに戻ってきますからね」というのは、アドバイスとしては間違っているということになってしまいますのでお気を付けください。

　保全処分をすることで、本案の審理、審問が少し早まったり、調査官調査を入れていただく時期がその分早まったりということがありますので、それによって全体の手続の進行が早まるという効果があり得ます。それから、監護者指定や親権指定の場合もそうですけが、全部確実に決めるということまでは時間がかかるかもしれないが、それより前の数か月というレベルで取りあえず仮の形で決まるということはあり得るというような説明になろうかと思います。

　ただ、本当に難しいのは、ここでやはり少し早めに争っておかないと、例えば当初の連れ去りのところで何かいろいろ課題があると思ったとしても、なかなかその後でひっくり返せないというようなこともあります。現実には、この後申し上げますとおり、今までの監護状況が非常に重視されますので、例えばお父さんのほうが「お母さんが連れて行ってしまったから取り戻したい」と言ったときに、それが通るというのは例としては多くはないだろうと思います。ただ、そこの実務をどう変えていくのか、あるいは変える必要があるかというところは、今後の実務の動きに関わるのであろうと思っています。

　もう一点、先ほど申し上げたこの相談にいらっしゃった方が、「自分の手元に引き取りたい」と言ったとしても、そもそもの監護体制、すなわち、子どもが戻ってきたときに、「私は仕事でいつも夜9時まで働いていますので、10時に帰ってきます。子どもは小学生ですが、学童には行かせて7時ぐらいには帰ってきます」ということであれば、「では、晩ご飯をどうしますか。留守の間、誰か面倒を見てくれる人はいるのですか」ということになってきます。そこが手当てできないということであれば、そもそも監護者指定を申し立ててもほぼ通らないだろうと思われますし、通ったとしても、子どもにとってはネグレクト状態ではないかということで、不適切な監護環境である

と思われます。

したがって、初回の相談の段階で、「監護者指定の手続をとるのであれば、ご自分が面倒を見られない時間帯をどう手当てしますか。シッターさんを雇うのか、おじいさん、おばあさんのご協力を願うのか、現実的にそういった方策がとれないということになるとちょっと厳しいですね」というお話をせざるを得ませんし、子どもにとっても過酷ではないかということになります。ですから、その辺をまず聴き取っていただく必要があるかと思います。

2　実務上の判断要素
(1)　子の利益の優先

まず、条文でいえば民法766条1項が根拠ということになり、「子の利益を最も優先して考慮しなければならない」とはっきり書かれました。ですから、やはり子どもにとってどうなのかということを慎重に検討する必要があります。

では、具体的に実務上どういうものが見られているのかということをレジュメに書いてあります。「従前の監護状況、現在の監護状況や父母の監護能力（健康状態、経済状況、居住・教育環境、監護意欲や子への愛情の程度、監護補助者による援助の可能性等）、子の年齢、心身の発育状況、従来の環境への適応状況、環境の変化への適応性、父又は母との親和性、子の意思等、父母の事情や子の事情を実質的に考慮して」というようなことです。『法曹時報』の論考によるものであり、実務上結構参考にされるというところかと思います。

その中で分析されている指摘として、「最近の裁判例では、過去の監護実績をまず確定し、現在の監護状況や子の意思、互いの監護能力や監護態勢とも検討した上、これらの要素を踏まえ、子の福祉の観点から、父母のいずれを監護者とするのが適当かという検討が行われている」とありました。つまり、「過去」というのは、要は同居していた当時ということになります。同居してお父さんもお母さんもいたときに、どちらがどのように面倒を見ていたかということがまず見られ、そして、（連れていってしまっているわけですから、これは今育てている側の問題になってくるわけですが）今どうしているかということです。

そして、先ほど申し上げた互いの監護能力や監護態勢です。例えば、お父さんが「私は自営だからいつでも見られます」と言ったとしても、「今までずっと妻にご飯の支度もお掃除も洗濯も全部任せていましたが、今からは私がやります」と言ったとしても、現実の能力としてどう考えてもこの人にはちょっと難しいという場合には、やはり監護はなかなか難しいというようなこともあり得るわけです。

　そのようなことで、この裁判例の動向からすると、今まで何をやっていたのかというのが相当重視されてしまうように思います。

(2) 個別課題
① 主たる監護者の考え方と反発

　過去の監護実績については、どちらがメインで監護を担当していたかというのが主たる監護者という概念と考えていただければと思います。皆さまのご想像のとおり、大概お母さんがそのような役割を担っていることが多いですよね。圧倒的多数だと思います。それはどうしてなのかと考えると、例えば、夜9時までとは言わないまでもフルタイムで働いていたらやはり終わるのが5時、6時、家まで帰ってきて7時という企業文化の中で、両親ともそういう生活をしているご家庭であれば、もしかするとイーブンの関係かもしれません。しかし、お父さんはフルタイムで働いているが、お母さんはパートタイム勤務や派遣型の勤務で、例えば5時きっかりで上がって保育園にお迎えに行くというような方が非常に多いのではないでしょうか。そうすると、どうしてもやはり子どもの監護を今まででメインに担当していたのはお母さんとなる可能性が高いです。

　ただ、ではお母さんがどんなにひどくても、例えば不貞をして子どもを連れて不貞相手のところに一緒に行ってしまったというようなときでもだめなのでしょうか。あるいは、お父さんはお父さんなりに短い時間だが愛情を持って濃厚に接しており、オムツ替えもしていたし、離乳食を作って食べさせたりもしたし、ミルクも飲ませたし、保護者会なんかにもできる限り参加して自分のできることは全てやっていた、普通の家庭としてはかなり密接に関わっていたという場合に、「でも主たる監護者となるとお母さんだから」という話になってしまうと、それはやはりどうなのかということがあります。

この最近の裁判例の流れはあるとしても、やはり今後このようにしていけるということや、そもそもどうして監護者を決めなくてはならないような別居の生活に至るようになったのかというようなところもかなり加味して考えないとおかしいのではないかという気はしています。

② 監護の継続性と子の奪い合い

「別居時点での「連れ去り」や、別居前後の子への説明」と書きました。これもまた皆さまご承知のとおりかと思いますが、やはり監護者の指定のときに、現実に育てている側のほうが有利になりやすいということがあると思うのです。最近の裁判例でも、現在の監護状況を見られますし、実際に子の意思を問うというときに、子どもは育ててくれている側の気持ちを忖度してしまうということも十分あり得るわけです。ただ、それはもちろん非難に値することではありません。そういうものだというように見ないといけないと思いますが、そうとすると、やはり今育てていることが大事だということで、冒頭申し上げたような別居の時点で片方の了解を得ずに連れていってしまうということだったり、その後連れて行ったのを無理やり奪い返そうと頑張ってみたりというような、子の奪い合いの紛争が実力行使のような形で出てきてしまう可能性があります。

また、別居前後に、連れていくほうの親が子どもにも大概何か説明をすると思うのですが、あるいは何も説明がないかもしれないのですが、子どもにとっては自分の預かり知らぬところでいきなり環境の変化にさらされるということになりますので、この点はやはり日本の法制としての問題点ではないかと私は思っているところです。

3 子の意思の把握

前記2でも「子の意思」というのは出てきました。第1回の子どもの代理人制度の講義でこの条文の辺りはご覧になったのではないかと思いますが、家事事件手続法の65条と258条1項が重要です。「子の陳述の聴取、家庭裁判所調査官による調査その他の適切な方法により、子の意思を把握するように努め、子の年齢及び発達の程度に応じて、その意思を考慮しなければならない」とされています。

子の意思というのは、レジュメでその下の「*」で書いているとおり、「申

立ての趣旨に対して言語的表現によって表明される意思のみならず、置かれている状況に対して示される認識や挙動に現れる非言語的表現を含むものである」とされています。つまり、言葉だけではないということ、要は表情であったり身ぶりであったりといったようなことも含まれると言っており、ある意味当然のことだと思うのですが、ただ、その子の意思を把握した上で「非監護親と子の関係、子の年齢や心身の状況等、事件類型に応じた諸事情を総合的に考慮して、子の福祉に適うように、「子の意思」を反映させていく」ということです。子の意思を把握した上で、それを子どもの福祉に適うように実際の判断に反映させていくというのは、それはそうだろうとは思うのですが、では、「総合的に考慮」というのはどういうことなのかということがありますし、「子の意思」だと裁判所が見るものが本当に適切に把握されている意思なのかということがやはりここでは問われると思います。したがって、代理人の活動としては、子の意思として裁判所が解釈しているもの、例えば、調査官調査の報告書によって子の意思がこうだと思われると書いてあったが、それはこちらの認識とは異なるということが具体的な根拠に基づいてあるのであれば、そこは過たず主張すべきであろうと思います。

　ただ、この「何を子どもの意思と考えるのか」ということは非常に難しいと思っています。普段、離婚事件等を担当しているときに、皆さまが子どもさんご本人に会われるということは実はあまり多くないのではないかと推測します。いかがでしょうか。例えば、乳幼児であれば、打合せの際にお母さんが抱いて来られて、そのときに顔や言動を見るというようなことはあり得ます。

　それから私の場合は、例えば高年齢のお子さん、大体中学生以降くらいで親御さんの間にどのような紛争が起きているかを察している、あるいは説明を受けており弁護士から話を聞きたいと思うお子さんについては、そういうお話をする日を設けるようにしています。やはりお子さんの考えていることと依頼者（親御さん）が考えていることは若干ずれることもありますし、そういったずれているときに子どもさんの意思を無視して決めてしまわず、少なくともきちんと説明をした上で決めたほうがよいだろうと思うのです。ですから、無理やり話を聴き出すということはしませんが、今こういう状況に

あるという説明をしたほうがよいというお子さんについては説明をするようにしていますし、そのときに出てきた意見については、お子さんに確認の上で、「お子さんはこういうふうに考えているようですから、ここの主張をこういうふうに少し変えてみるということはどうでしょうか」と依頼者にフィードバックするようにしています。養育費の額や面会交流の条件といったことなどです。

　このように、子の意思の把握というのは非常に難しく、まさに時の流れによって変わってくるものです。手続代理人の講義の中であったかもしれませんが、そのときそのときで子どもの意思というのは変わってき得るわけです。例えば、監護者指定の中でも、半年間この手続が続いていれば最初の1か月目のときに言っている内容と3、4か月経ってから話を聴いたときの内容とが変わってくるという可能性は十分あるわけで、手続代理人がもし活用されていれば、そこの部分を経時的にフィードバックしながら聴いていけるのではないかと思っています。ただ、現実には、今の監護親の顔色あるいは雰囲気を見ながらなかなか言えないし、あるいはもうご本人の意思がそういう形で形成されていますから、何か言わされているということではなく、「この子自身としては、今この環境においてはこういうふうに思うのがある意味当然なのだろうな」ということもあります。

4　子の引き渡しの執行方法の課題

(1)　間接強制

　「引き渡すまで1日当たり金〇〇円を払え」というような間接強制の形で命じてもらうということはあります。ただ、私も以前これをやりましたが、お金は払わない、引き渡しもしないということで、お金を持ってない人にとっては間接強制というのはあまり意味がありません。そのときは実質的に自営の方だったので、差押えができようもなく、これでは効果がないということで、一応間接強制はかけましたが、速やかに直接強制の申立てもしました。

(2)　直接強制

　直接強制で子の引き渡し専用の条文というのは、民事執行法では作られていません。ハーグ条約実施法の関係では少し特別規定が置かれたところではありますが、民事執行の場面では子どもを動産扱いにするのです。動産に準

じて執行するというような格好ですので、子どもに十分な意思能力が生ずるまで成長した場合は執行できないと理解されています。大体小学生の低学年くらいまでという感じですが、低学年でも相当しっかりしている子であればできないかもしれません。また、例えば執行官が「子どもさんを渡してください」ということを非監護親（引き渡しを求められた親）に言うわけですが、「絶対に渡しません」と抱きかかえてしまい、子どもも「行きたくない」と泣き叫んでいるという状態になった場合は、執行不能ということになります。そういう修羅場のような状況で無理やり引き離すと子どもの心に傷を残してしまうからというのが一応の論理ということで、今の運用としては執行不能ということになります。

　では、間接強制にも従わず直接強制にも応じずという場合、結局、監護者指定、子の引き渡しの手続をとっても権利が実現されないということが懸念されるわけですし、懸念は現実化もしている場面もあるところです。

5　ハーグ条約の批准と国内事件への影響

　ハーグ条約というのはご存じのとおりたくさんありますが、ここで書いてあるのは「国際的な子の奪取の民事上の側面に関する条約」であり、平成26年4月1日から日本国内で適用されるようになりました。諸外国から批准への圧力があったと聞いておりますが、決まった事柄について強制力がないということはどうなのか、実質上の強制力がないのはどうなのかということはやはり問われていると思います。

　また、先ほどのように、別居時点での連れ去りの当初のところで、合意なしに連れ去っていくということについて、ハーグ条約の建て付けというのは、そのような合意のない形のものはだめだというのが基本ですので、今後の監護者指定の実務に影響してくるということは十分あるかと思います。今のところ、私の何となくの感覚では、ハーグ条約が批准されてそういう考え方だから国内の実務も変わってきたということはまだありませんが、年数が経過して事例が積み重なっていったり、あるいはやはりそういった合意のない連れ去りというのはだめなのではないかという世論になってきたりすると、ここは変わるかもしれません。ただ、それはよいのかという問題についてはまた別途考える必要があります。合意ができないという状況についてどのよう

Ⅱ　親権・監護権の実務

に考えるかという課題ですが、ここでは問題提起にとどめておきます。

第3　人身保護請求

　レジュメの第1の1(1)に、括弧書で「人身保護請求」と書きました。昔は、例えば子の連れ去りがあった案件で、別居中のご夫婦の間でこの人身保護請求がよく使われていたようです。これも皆さまにはわりと知られているかと思いますが、最高裁の判例の内容からすると、基本は今までにご説明した監護者指定と子の引き渡しの手続であり、それが功を奏さない場合やそれを待ってはいられないというようなケースに子の人身保護請求ということになります。すなわち、簡単にいうと最後の頼みの綱というのが離婚前の時点の人身保護請求の活用の仕方です。

1　枠組み

(1) 共同親権下の夫婦間

　詳しくは最高裁の判例が書いてありますので、それを見ていただければと思います。①において、夫婦の一方が他方に対し、人身保護法に基づき子の引き渡しを求めたというときに、「拘束の違法性」というのが人身保護請求のときの要件であるわけです。それが「顕著である」というためには、「拘束している親の監護が子の福祉に反することが明白であるということを要する」というように明白性の要件というものを立てました。

　そして、②に書いてある「明白であるとは、以下のとおり」ということで、「一方の親の親権の行使が家庭裁判所の仮処分又は審判により実質上制限されているのに当該親（拘束者）がこれに従わない場合」が何かというと、今までご説明していた監護者指定のことです。本案あるいは保全が出ているのにそれに従わない場合です。それから、「＊」で書いた「裁判所が関与した合意に反する明白な手続違反を犯した場合も顕著な違法性ありとされた」という判例があります。具体的には、面会交流について調停の途中で中間合意のような形で、「面会交流を行うが、ただし、実施したときには必ず今生活している方に必ずお返しする」ということを約束していたにもかかわらず、面会交流の実施のときに子ども返さなかったという事案です。正確には『家裁月報』を見ていただければと思いますが、裁判所が関与してこのような形で必

ず返すということを約束したにもかかわらずそれを破ったという場合も顕著な違法性があるということになりますので、こういった事案のときには監護者指定を経由してやるかどうか、あるいは人身保護請求でとにかく急いでやるというようにするか、その事案ごとの中身を見つつご検討いただければと思います。

　二つ目は、「拘束者の子に対する処遇が親権行使という観点からみてもこれを容認することができないような例外的な場合」という少し抽象的な表現ですが、例えばいわゆる重大な虐待をしているということが明らかであるといった場合だと思われます。多少不適切なのではないか、あるいは虐待の疑いがあるというくらいであれば、おそらくこの「例外的な場合」には当たらないとされ、「監護者指定でやってくださいよ」と言われるかと思います。これが共同親権下にあるときの判断の枠組みです。

(2)　離婚後の夫婦間

　「親権または監護権を有する親の親権の行使または監護が子の幸福の観点から著しく不当なものでない限り、親権または監護権を有しない親による拘束の違法性は顕著であるとされる」と書いてあります。単独親権制ですから、親権者が決まる、あるいは（親権者と監護者がもし違うという形で決めたとしても）監護権者はこちらというように離婚の段階で決めたとすると、その人の元にいるということが子の幸福の観点から著しく不当と言えない限りは、もう一方の非親権者（あるいは非監護親）のほうに子どもが行ってしまっているということは拘束の違法性が顕著である、つまり人身保護請求が使えるということになるわけです。ですから、レジュメの第1の3の離婚後については、人身保護請求が括弧書にはなっていません。非親権者が勝手に連れていったというような場合はこちらに当たるからです。

2　手続の特徴

　普段皆さまは、人身保護請求を使うということはあまりないかと思いますが、手続の特徴としては、非常に迅速に行うことが法律でも決められています。これは、やはりそもそも人権侵害のときに、早急にその人権侵害状況を回復するというものだからです。それから、「人身保護の命令に従わないとき、裁判所は拘束者を勾引・勾留並びに過料に処することができる」という罰則

がありますので、「人身保護の審尋期日に、必ず子どもを連れてきなさいよ。連れて来なかった場合にはこういうことが起きますよ」という威嚇効果になり、実効性を担保する手続になっています。ちなみに、この人身保護請求のときには子どもに必ず代理人が付きます。弁護士代理人が付くということになりますので、実質手続代理人ではありませんが、同じような活動をするということが今までもありました。ただ、そのときにやはり子どもの代理人は、今の手続代理人と同じく「子どもの意思とは何だろうか」ということに非常に悩み、苦しむということをしてきたわけです。

このようなことで、人身保護請求は別居段階のご夫婦の間では最後の最後で出てくるものだと思っていただければと思いますし、離婚後もめったに使うことはないがこういう制度もあるということを頭に入れておいていただければと思います。

第4　親権指定・親権変更

先ほど述べたとおり、親権指定は離婚のとき、親権変更は離婚後に変えたいという場合です。

1　はじめに

(1)　親権とは

民法のおさらいみたいなことになりますが、「未成年の子の監護及び教育をし、財産を管理するために父母に与えられた権利・義務の総称」と講学上はいわれています。

(2)　改正民法第820条

この改正民法というのは、いつ改正されたか皆さまご存じでしょうか。平成23年に児童虐待の防止に関する部分ということで改正され、平成24年4月1日から施行されています。もともとは波線が引いてある「子の利益のために」という文言がなかったのですが、これが入れられました。子の利益のためにということなので、子どものための権利、義務というものであって、どちらかというとやはり義務性のほうが強いと、親の義務である側面が多いと考えていただいたほうがよいかと思います。権利という意味でいうならば、対外的と、対社会的、あるいは国家に対して「自分が親権者であるので子ど

もに対する不当な侵害は許しませんよ」というようなことを言ったり、第三者に対してそのように言ったりということはあると思いますが、子どもに対しては義務と思っていただいたほうがよいです。離婚や何かの相談で依頼者がいらっしゃったときも、「親権が取れますか」「親権は私のものですよね」などとおっしゃるのですが、「親権といいますけど、大体義務のほうが多いですからね。お分かりですか」ということはやはり念押しをします。そうでないと、何となく子どもは自分のものみたいな発想をされてしまうことが少し怖いと思っておりますので。

(3) 単独親権制

　先ほどから申しておりますように、日本の民法は、離婚後は単独親権制をとっていますので、どちらかを親権者として定めなくてはなりません。ただ、親であるということには変わりないということで、基本的には親権者にならなかったほうも引き続き子どもの人生に関わり続けるということを、その親権者にならないであろう方にも、それから親権者になるであろう方にも理解していただきたいと思いますし、このことは皆さまがいろいろなご説明をされる中でも是非言っていただきたい、強調していただきたいと思います。

　「単独親権だから親権を取った側は何でも決められるんでしょう？　あちらの口出しは一切ないってことですよね」ということをおっしゃる方がいますが、そうなってしまうことがやむを得ないというケースはあるかとは思います。激しいDVがあってもう連絡の取りようもなくどうしようもないということはあるかもしれませんが、ほとんどのケースはやはり何らかの形で関わっていただくのがよいと思っています。ただし、子の利益がやはり一番ですから、その観点から直接的な関与が望ましくないと思われるケース、つまり子どもさんが例えば今も「お父さんが怖い」と言っており、直接の面会交流を実施してしまうとより子どもがおびえてしまったり傷ついてしまったりするのではないかということが具体的に懸念されるという場合は、直接的な交流はしばらく控えていただくこともあります。あるいは、「残念ながらかなり深い傷を残してしまったので、もう直接の交流は難しいかもしれない。ただ、例えば養育費という形できちんとこの子に対して親としての存在というのを知らせてあげてほしい」というようなときはあり

ます。写真なりお手紙なりというような間接の形でいずれ連絡が取れるということもあるかと思いますので、離婚したら全てが切れるという前提でのお話というのは、事案にもよりますが、一般的にはやはりしないほうがよいのではないかと思います。

⑷　親権・監護権の分属について

分属というのは、親権者ではない人が監護権者になるということを話し合って決めるということです。「親権者は絶対に私だ」と双方が主張して折り合わず、このままでは離婚ができないというときに、「では、親権者は例えばお父さんでいいです。ただ、現実に一緒に生活して世話（監護）をするのはお母さんで」という形で妥協的にそのようにしたという事案が以前あったかと思いますし、今もあるかもしれません。

ただし、やはり親権と監護権というのは、本来密接に関わっていると思うのです。普段の生活の世話をしている人だからこそ、この子に一番適した対外的な活動はこうであるということを判断しやすいということもあるわけですし、逆にだからこそ、親権者にならなかった方に対しても子どもを育てる情報を適切に提供し、例えばこのような学費がかかるといったお話を両親でしたほうがよいのではないかと思います。妥協の産物としての親権と監護権の分属というのは消極説が多いですし、実務上もやはり調停等でどちらかからこういった話題が出ても基本的には認めない、また、調停委員会も消極であることがほとんどだと思います。

ただ、単独親権制の弊害を解消するために、離婚後の共同監護の実現という形で積極的に、あえて戦略的に使うほうが、お互いもう関係ないというようなことが避けられてよいのではないかという考え方も最近出てきています。その場合でも、分属することが子どもの利益に反する場合はだめであろうということで、そこはやはり子どもの利益を再優先で考えるということになります。

2　実務上の判断要素

以上が法制上の問題でしたが、では、実務上どのような判断がされているのかということです。「親権指定も、監護者指定の判断要素と同様の事項を総合考慮」することになりますので、やはり監護者指定が前もって争われて

いると、それが前哨戦みたいな形にはなるかと思います。

3　留意点

　先ほどの繰り返しになりますが、「親権について、親にどのように説明するか」。義務性が高い部分だというようなことです。また、「非親権者と子との関わりについて、どのように考えればよいか」ということです。それから、「非親権者・非監護親と長期的な子との関係を見据えて説明」をしてもらいたいということです。

　今この時点では会わせるとか、今この時点で何か関わりを持ってもらうというのは、親権を希望される方の精神的な抵抗感が非常に高いというところはあるかと思います。ただ、私がよくお話しするのは、例えば、2歳、3歳から小学生くらいの小さなお子さんの場合ですと、「まだこの子の進路などは分からないですよね。それから、いつ具合が悪くなってしまうかも分からないですよね。でもそのときに、お父さんとあるいはお母さんと、要は一緒にいない側と情報共有ができておらず交流も途切れてしまっていると、いざ困ったから助けてほしいと言ったとしても、それはなかなか難しいですよね」ということです。「例えば、私学に通うことになったから学費が必要になった場合、養育費の取決めのときには考えていなかったことなので、「養育費を増額したい」とそこでいきなり言い出しても、「いや、俺は今までそんなことは聞いていないよ」ということになり、結果として、私学に行けなくなってしまう、あるいは中途退学しなくてはいけなくなってしまうかもしれない。そうなると、それは子どもにとってはかえってマイナスにもなるし、極端な話でいうと、途中でもしあなたが死んでしまった場合、残されたほうの親御さんと交流は続いていればそちらが引き取るということはあるかもしれないけれども、もう関係が全く切れてしまっているとなったら、お子さんはどうなるでしょうか」などとお話しします。

　かなり感情的な反発が厳しいときであれば、「だったらうちの実家に送りますので大丈夫です」などと言われてしまうのですが、「今この時点だけではなく、10年後、15年後、お子さんともう片方の親御さんとがどういう関係でいてもらいたいですか」というようなこともありますし、それから、お子さんにとって例えばその交流を持たないほうの親御さんにマイナスイメージばか

りを植えつけてしまうと、「そんなひどい親の血を受け継いでいる自分も劣った存在である」というような感覚を子どもさんが抱いてしまいがちだと思うのです。「どんなにあなたにとっては嫌な、耐えがたいという方であったとしても、子どもにとってお父さん、お母さんであることは変わりありません。子どもにとっては、その血を受け継いでいるということはどうしようもないことだし、それはむしろ否定の形ではなく、あなたのおっしゃるように現実にひどい人だということであるならば、その姿を生で見ていただいたほうがいいんじゃないですか。それで子どもさん自身が大きくなってくれば、自分で判断していくようになるわけですから」と言って、できるだけ交流は切らさないようにとは思っています。やはり、決める瞬間だけではなく将来的なことも含めて考えていこうという発想が必要ではないでしょうか。

4　親権者変更
(1)　手　続
　調停・審判ということですが、なぜかというと、親権者変更というのは普段皆さまあまりタッチされることがないので、いきなり「親権者を変えたいのですが」と言われたときに、「はて、どの手続だったかしら」ということになると思うのです。これはお互いの協議の合意ではできません。家庭裁判所の調停か審判か、どちらかを踏む必要があります。

(2)　考慮要素
　では、どういう場合に親権者の変更が認められるのかということですが、最高裁判所の考え方がウェブサイトに載っていましたので、そのまま引用しました。「親権者の変更は、子どもの健全な成長を助けるようなものである必要があるので、調停手続では、申立人が自分への親権者の変更を希望する事情や現在の親権者の意向、今までの養育状況、双方の経済力や家庭環境等の他、子の福祉の観点から、子どもの年齢、性別、性格、就学の有無、生活環境等に関して事情を聴いたり、必要に応じて資料等を提出してもらうなどして事情をよく把握し、子どもの意向をも尊重した取決めができるように、話合いが進められます。なお、話合いがまとまらず調停が不成立になった場合には自動的に審判手続が開始され、裁判官が、一切の事情を考慮して、審判をすることになります」と書かれています。

(3) 子の意思の把握

ここも子どもの意思の把握ということは大事になってくるのですが、では、その親権者変更の申立てがされて、現実にどのくらい変わるものなのだろうかというところはあるかと思います。

(4) 判断基準

ここも先ほどのように、「子の利益の観点から判断されるが、父母双方の事情の比較考量に加えて、父母の一方による実際の監護の実績を踏まえて、親権者を変更すべき事情の有無を検討して判断すべきものとされている」ということです。

私自身が代理人として関与したというのは、大概はもう高年齢のお子さんのケースばかりです。親御さんご本人が親権者変更の調停の申立てを何度かして、不可とされてというようなことを何度か繰り返しているというのは見たことがありますが、私が関与してというのは、やはり中学生以降くらいで、お子さん自身がもともと一緒に住んでいた親権者さんの元を離れてもう片方の親御さんのところに来てしまったというケース。あるいは、例えば面会交流をしている際に「もう絶対にあの家には帰りたくない」と泣いて訴えており、実際に話を聴いてみると、お父さんの態度がひどいとか、お母さんがご飯も作ってくれないとか、それなりに合理的な理由があるという場合に、そこの親御さんのほうが「じゃあもう帰らなくていいよ」と受け入れ体制があるときは、「この子の親権者の変更手続をやっていただきたい」ということでご相談に見えることがあります。この場合はかなり認められます。なぜかというと、子どもさん自身が自発的な意思で来たり、「もう帰らない」という意思を表明したりしているときに、それと反するような内容で従前の親権者のままでといっても、もう戻らないだろうということもありますので、戻らないということにある程度合理的な理由があるときは、家裁はそれを尊重するのではないかと思います。

ただ、小さなお子さんの場合などで、「以前決めたが、やはり心配だから変えたい」というようなときは、なかなか認められていないという様子を見ます。小さなお子さんの場合は、自分が代理人として関与したことがないので、主張の仕方など拾うべき事情がきちんと拾えていないということがある

のかもしれませんが。

　さて、そこで「＊面会交流の拒否と親権者変更」というものが、今注目の裁判例といった感じになっています。詳細は『判例時報』に載っていますので見ていただければと思います。これもかなりの高葛藤ケースといいますか、紛争がずっと続いているような形で、面会交流、監護者を離婚前に片方で決め、その後に親権者変更なので離婚したのでしょう。その後も面会交流は続いていたのですが、途中で距離が遠くなったということもあり、また、子どもが嫌がるようになったということで面会交流がストップしてしまいました。事案を見ると、その親権者のほうも相当頑張ってやろうとしていた様子も見えなくはないのですが、結果としてはもうできなくなり、認定としても、面会交流を実質上その親権者のほうが拒否したという形に見られるということになりました。実は、監護権は変更前の親権者に残したままにして、親権だけを今までの非親権者のほうに動かしたのです。それでお互いもう少し子どものことについていろいろと協力し合ってやっていってほしいというような形でしょうか。

　ですから、これは親権者と監護者が分属した形の最終結果になっています。ただ、面会交流の拒絶ということになると、親権者の変更という格好で現実に影響してくるということがあり、これをどう捉えるべきか、このような流れが実務としても定着していくのか、それともこれは事例判決であって、ケースごとでやはり違うということになるのでしょうか。私はどちらかというと後者ではないかと思ってはいますが、ただ、やはり今、面会交流について実施すべきという考え方が家裁実務で相当強いので、こういう流れもあるといろいろ影響してくるかなと思っています。今回、ここはまさにある意味で一番ホットなところかと思いましたので、今後の動向を見る必要があり結論は出せませんが、皆さまもこういう面会交流の拒否がある場合や親権者変更といったことを扱われるときには、そのときの裁判例の状況、審判例といったものもよくご覧いただいたほうがよいかと思います。

第5　面会交流

　さて、ここまでで親権、監護権関係の部分がひととおりお話しできたと思

われますが、大きな論点の面会交流がまだ残っています。面会交流は、本当にこれだけでも相当なボリュームのある部分ですし、皆さまも実務の中で、離婚、親権までは何とか合意したが面会交流の条件がなかなか折り合わずに何回も調停期日を重ねるというようなことがあったり、あるいは調査官が関与する形、試行面会をやってみたりというようなことで、ご苦労されることも多いかと思います。面会交流だけが単発で切り出されて、調停・審判になっていることもありますね。

1 面会交流概観

(1) 面会交流とは

さて、面会交流と一口でいうものの、「非監護親と子が直接会うこと（直接交流）や、手紙、電話、メール、写真等で連絡を取り合う（間接交流）こと」というように、直接交流、間接交流の両方を含む概念かと思いますが、一般的に面会交流というと、やはり直接交流のほうですよね。ただ、実務上、特にDVがあるケースや虐待があるケースですと、離婚の場合の取決めとしては、間接交流の形での取決めをするということもそこそこ多いかと思います。

(2) 面会交流の啓発・促進の動き

先ほど申し上げた平成23年の民法改正において、766条も「父母が協議上の離婚をするときは、子の監護をすべき者、父又は母と子との面会及びその他の交流、子の監護に要する費用の分担その他の子の監護について必要な事項は、その協議で定める」となりましたが、この中の「父又は母と子との面会及びその他の交流」や「子の監護に要する費用の分担」といったことは以前の条文に書かれていませんでした。「子の監護について必要な事項」に含まれると解釈はされていましたが、条文には明示されていなかったのです。そこを明記してきちんと決めて親子がいろいろと交流できることがひいては虐待の防止につながるという理由付けにより、なぜか平成23年の民法改正で入れられたのですが、実際は児童虐待防止の関係ではなく、ずっと前の法制審でこれは実務に合わせる形で改正すべきだとは議論されていたものがついでに入ったというようなものです。

ただ、これで面会交流についてきちんと実施するような体制を整備していかなければならないというようなことが附則で定められたりもして、この平

成23年の改正後は、ここに書いてあるように、法務省のパンフレットだったり最高裁のビデオだったり、明石市の取り組み（面会交流にも限りませんし、必ずしも23年の法改正があったからではなく市長さんがとても熱心な方なのでというところはありますが）だったりと、いろいろな動きが出てきました。

　皆さまもご相談に当たられていて、昔に比べると、面会交流のことや養育費のことが相談者自身から話題に出てきたり、「面会交流ってやらなきゃいけないものなんですよね。養育費ってやはり払うべきものなんですよね」というように意識が変わってきたりということがあるのではないでしょうか。ただ、それでもまだ具体的にどういうものなのかということがやはり正確に理解されていないということがあるかと思います。「面会交流って心理的な抵抗感があって、やはり会わせたくないんです」というようなことをおっしゃったり、「養育費を払ってくれなきゃ嫌です」とか、逆に、「私は養育費を払っているのに会わせてもらっていないのでそれはおかしい」とおっしゃったり、当事者としてはいろいろと思われることがあります。

　今日の資料（13頁）として、実際に見ていただくのがよいかと思い、既にご覧になっている方も多いかもしれませんが、法務省のパンフレットのコピーを付けておきました。比較的分かりやすく書かれていますし、例えば「なぜ、面会交流が子どものために大切なの？」とか、その上で「両親の離婚（別居）に直面した子どもたちは、どんなことを思っているのでしょうか」といったことも書いてありますので、面会交流をやらなくてはいけないというお気持ちにすぐにはなりにくい方にこういうものをお渡しし、「こういった意味合いがあるものだし、またよく考えてみてくださいね」というような啓発活動をすることにより、事案の解決にも子どもの利益にもつながっていくということでご紹介しました。これは法務省のウェブサイトからダウンロードできますので、カラーで印刷してお渡しするとより分かりやすいかと思います。

　少し余談になりますが、本来は、子どもがいる世帯が離婚を考えられているときに、国として、こういう面会交流のことや養育費のこと、そもそも親権とはどういうことかということなど、離婚に当たって子どもをめぐって取り決めなくてはいけないことをきちんと両親に分からせる必要があると思う

第5　面会交流

のです。世にいう「親教育」とかいろいろと言い方はありますし、明石市で一部そういう取り組みもしているようですが、現実に日本は、協議離婚という裁判所が全く関与しない、公的機関が全く関与しない形で、お互いの合意で離婚できてしまうという、外国と比較するとかなり特殊な制度の中にあり、かつ、離婚に当たって子どもたちにどういう影響が及び、どういうことを取り決めておいたほうがよいとか、逆にこういうことをしてしまうとマイナスだといったことは、義務的に勉強するという機会がありません。知識を入れる機会がないのです。そうだとすると、相談に来てくださった方に対して、このようになっているということを個別に説明するというのが、私たちにできるせめてものことになります。もし皆さまがお近くで例えば離婚について一般市民の方に向けてお話をされるというときがあれば、こういった資料も活用いただいて、こういう中身だということを皆さまにご理解いただく、あるいは「離婚のときにこうやって決めなきゃいけない。それがやはり子どもの今後にもつながっていくのだ」ということを認識していただくとよいのではないかと思っています。

　また、レジュメにリンクが張ってある最高裁判所のビデオは、実際に面会交流を行う段階になったとき、私は、親御さんに「これを先に見ておいてください」とご案内することがあります。最低限やってはいけない対応といったことが分かりやすく説明されており、パンフレットの文字を読むのが少し苦手な方でも、映像であれば比較的見やすいということもありますので。

(3)　事件の増加

　これは東京家裁の数値ですが、皆さまの実感としても面会交流のことが争われているという案件、あるいは子どもに関する事柄、監護に関する全般のことがかなり今は争われる状況にあるということは感じておられるのではないかと思います。

　それから、これもまた少し余談になるかもしれませんが、昔は、調停手続ですと特に代理人が付いていない当事者は結構多かったですし、今ももちろん一定割合はそうなのですが、昔に比べると弁護士が代理人として付いている、関与しているというケースは増えていると思われます。その一方で、家事事件の手続について十分にご存じでないとか、やはり家庭の事件というのの

79

で一般訴訟とは少し違う考量（例えば先ほど述べたように時の流れに従って変わってき得ることもあるし、完全な勝ち負けというレベルの問題ではなく、いかに今後も含めてそれぞれの方が新しい人生を、あるいは幸せな生活をしていくためにどうしていくかというような発想）がある程度必要だと思うのですが、そういった発想がなく本当にこの手続とこの手続とこの手続をやって主張をこういう形でガツンとぶつけてというように裁判と同じような形でなさる方がいて、そのために紛争が激化してしまったり長期化してしまったりというようなことがあると感じています。ですから、皆さまはそんなことはないと思われますが、もし向こうの代理人さんがあまりお詳しくない方であろうという推測があるときには、こちらのほうで紛争を激化させないために工夫できることをします。例えば、依頼者にはここの部分は少し婉曲に丸めてご説明したほうがよいのではないか、あるいは書面を見せる時期や説明の仕方を工夫したりして、「これは弁護士の主張としてはこうなるけれども、実際にご本人が思っておられる内容としては少しずれるかもしれないですよね」といったご説明をするようにしています。

2　権利性をめぐる議論

　これは少し講学上の話であり、「「面会交流権」とよくいいますが、本当に面会交流の「権利」なんでしょうか」ということがずっと言われているわけです。実は、先ほど申し上げた平成23年の民法改正でも、権利なのかどうなのかということや、その性質、内容は明らかにされなかったというのが一応の考え方です。これで権利性が認められたという主張をされている方もいらっしゃいますが、明らかにはされてないというのが通常の考え方なのではないか、面会交流については、協議や調停、あるいは審判がされて初めて具体的な権利として形成されるものだというのが通説的な考え方ではないかと思います。

　ただ、いずれにしても子どもの利益が最優先だということは、どの説に立ったとしてもそれほど異論はなく、あまり難しく考えずに、子どもの利益最優先というところをまずご理解いただきたいです。ところが、「子の利益」とは何なのかということについては、皆さまの意見がやはり分かれるところで、そこで激しく紛争性が出てきてしまっているというところです。

3　取決め方法

協議でも問題ありませんが、協議が調わない場合は、調停、審判もできるということです。

4　実施の可否をめぐる議論

(1)　面会交流原則実施論

これは『法曹時報』から引用しましたが、その前に『家裁月報』という家庭裁判所の実務をいろいろと紹介していた雑誌があり、そこで裁判官の方が書かれた論考でこの基本的な考え方というのが示され、それが今も続いているという感じです。

「東京家裁においては、子の福祉の観点から、面会交流の実施がかえって子の福祉を害するといえる特段の事情が認められない限り、面会交流の円滑な実施に向けて調整を進めることを基本方針としている。これは、家庭裁判所の実務において広く共有されている考え方」であるとされています。つまり、基本的には実施すると言っているわけです。そして、特段の事情としては、『法曹時報』の「面会交流の調停・審判事件の審理」では、以下のものが挙げられていました。

① 子の連れ去りのおそれがある場合

これは工夫により払拭ができる場合もあります。例えば、私たちが関与する場合、双方代理人が立会いの形で「じゃあ面会交流をやりましょうか」とか、先ほどの人身保護請求のところであったように、例えば中間合意みたいな形で、「裁判所が関与して決めたんだから、連れ去って行ってしまったら人身保護請求でも絶対引き渡せという話になるからだめですよね」といった形をきちんと作ってやったりだとか、あるいは面会交流の支援機関を入れてやったりといったことがいろいろと考えられるわけです。ただ、やはり相談者は心配されますし、係争中は「きちんと親権が決まらないとなかなか……」とおっしゃる方がとても多いです。現実に工夫をいろいろと考えてもなかなかうまくできず、結局離婚が成立するまではできないというケースも残念ながらあります。

② 非監護親が虐待していた場合

これはもっともだというところです。ただ、私は児童相談所の仕事もして

おりますが、虐待があったからといって、全て永遠に面会交流ができないのか、しないのかといえば、やはりそうでもありません。虐待を受けて一旦施設に入所して生活をしてもらうという子どもの場合でも、親御さんが考えを変えたり、いろいろと環境を調整して家に戻したりということもケースとしてはあるわけで、その前の段階、家に戻す前には当然のことながら面会交流をしているわけです。離婚の場合であったとしても、虐待をしていたからずっと会わせられないというケースばかりなのかというと、そうとも言えません。小さいときに殴ったりなどしてしつけていたが、お父さんもそういうことについてはすごく反省をしたし、子どもさんも5年ぐらい経って「自分のほうが体格も大きくなってきたしもう怖くない」「誰か一緒にいてくれるんだったらお父さんに会ってみたい」という気持ちになることは十分あり得ますので、これも時に応じて絶対にできないというものでもないと思っていただければと思います。ただ、性虐待の場合などは結構きついものがあるだろうと思いますので、やはりケース・バイ・ケースかと思います。

③　監護親が非監護親からDVなどを受けていた場合

　これは結構現実に皆さまが事件の中で出会うものではないかと思います。括弧書の中を論考から引いているのですが、「子が非監護親と親和し、その面会交流を望んでいる場合もあり、その場合には適切な第三者・第三者機関が関与することによって面会交流が実現する可能性が検討されるべきとされる。また、可否の判断には非監護親の監護親に対する暴力の有無、程度、当事者と子の意向、子の年齢、発達段階、心身の状況、親族の協力の有無、第三者機関の利用可能性等を検討・認定する必要がある」とされています。

　お母さんに対してお父さんが暴力を振るっていたとしても、子どもには優しかったからお父さんによい印象もある、でもお母さんに暴力を振るう面は嫌だったというような場合もあります。そういう場合は、この子に危害が加えられず、そしてお母さんにも危害が加えられず、お母さんの精神的動揺もできるだけ抑えられ子どもの養育に影響しないという形がとれるのであれば、やってもよいのではないかという話になりますが、やはりこのときは子どもさんの受け渡しのときに親同士が会うということはもう難しいと思いますし、連絡調整の取り方というのも相当難しいということがあるので、第三

④　子の拒絶

　「年齢が高い子の場合には、原則として、その意思を尊重するのが一般的だが、年齢がそれほど高くない子の場合には、慎重に子の発言内容の意味を分析し、子の福祉を害する事情があるかを慎重に判断する必要があるとされる」と書いてあります。

　子どもが「嫌だ」と言っているという中にも、いろいろな理由があると思うのです。既に面会交流をやっていたのだが、そのときに非監護親側がとった言動、あるいは面会交流の内容がその子の気持ちに添わないものだったので、「あんなのだったら嫌だ」という場合もあるかもしれません。その場合であれば、やり方を工夫すればよいという話になります。ところが、「もう怖いから嫌だ」とか、「理由はあんまりはっきり言えないけれど嫌だ」ということもあり得るわけです。この辺は、片親引き離し症候群（いわゆるPAS）と呼ばれている議論が相当アメリカ等でされているところですが、まさに「子の意思とは何か」ということが、ここでもやはり問題になります。

　ただ、額面どおりそのまま「子どもが嫌がっているからもうやりません」とすぐに動くというよりは、「この子はどうして嫌だと言っているのか」というところをまず探ることになるわけです。そうしたときに、どちらかの親御さんにその「嫌だ」という要因がありそうだということであれば、そこを何とか変えられないかということになります。面会交流をしている側の親の場合、面会交流中の時間がつまらないということであれば、「ではつまらなくならない方法にしてあげましょう」という提案をしますし、面会交流に送り出す側の親の場合、面会交流から帰ってくるといつも不機嫌な感じだったり、「勝手にすれば」的な感じで対応していたりするので、子どもが遠慮して「いつも（面会交流から）帰ってくると怖い雰囲気になるから嫌だ」と言っているのであれば、「そこら辺の雰囲気を変えましょう」と提案をしますが、そうはいってもなかなか難しいです。

　特に、このような紛争に巻き込まれているお子さんは非常に敏感ですので、「親がどういうふうに思っているのだろうか」「私はこの時期、このときにどう振る舞えばいいんだろうか」ということを（無意識のうちに考えている面も

あるかもしれませんが）一所懸命いろいろと考えて振る舞っているわけです。そこで、「君は、本当はこうなんじゃない？」というのはなかなか難しいところがありますし、押しつけてはいけないとも思います。その子がこのように言っていることの背景には何があるのかというのは、やはり大人の側が慎重に見ていかなければいけないと思いますし、両親は紛争当事者なので客観的にものを見ることができなくなっています。ですから、それこそやはり代理人としての出番であり、親御さんの代理人であったとしても子どもの代理人であったとしても、どちらの立場でもできる限り客観的に状況を捉えるようにして、「この子が今こういう発言をしている意味、内容はどういうことか。そして、この子は今後この両親と関係を築いていくにはどういう形が望ましいだろうか」と客観的に考えつつ、子どもの意思をどの程度尊重して、発達年齢に応じてどのくらい考慮して考えていくのかというのは大人の責任だと思いますので、その辺のバランスは非常に難しいしやりがいでもあると思われます。

⑤　監護親、非監護親又は双方が再婚した場合

「直ちには禁止・制限自由に当たるとは考えられていない。もっとも、父母の再婚は子に少なからず動揺を与える場合があり、特に、監護親が再婚したときは、子と再婚相手の関係、再婚家庭における子の生活面の安定等への配慮が一定程度必要になるだろうとされる」と書かれていました。

昔は、再婚していわゆるステップファミリーを形成するので、非親権者は面会交流を控えるべきだというような審判もされていたようですが、やはりこれで全面制限になってしまうのはやはりバランスが悪いと思われます。今は家族の形も多様化しているので、再婚があるからといって必ずしもそれだけでもう一切できないというようには、家裁の実務としてはなかなかなり難いのではないかと見てはいます。ただ、やはり子どもの状況についてはしっかり把握した上で、どのくらいの回数で、どういう条件でやるのがよいかというのは、そのときそのときで場合により見直す必要があるのではないかと思います。

⑥　監護親の拒絶

これもまた実務上でよく見るところです。ただ、「これ自体では禁止・制

限事由があるとすることは相当ではない。個々の事案で、面会交流の実施が子に具体的にどのような影響を与えるかを実質的に検討した上で、面会交流を実施することがかえって子の福祉を害するような事情があるかを慎重に判断する必要があるとされる」と書いてあります。

実務上結構出てくるのが、例えば、「面会交流が嫌だ」と監護親が言っていたが、「会わせなさいよ」と言って頑張って会わせたところ、子どもの具合というより監護親の具合が非常に悪くなってしまい、その結果として子どもの適切な世話ができなくなったような場合、あるいはそれが相当の確率で見込まれる場合です。親御さんのほうが精神的な課題を抱えておられるとか、病気を抱えておられるというような場合には、この辺も見る必要があります。やはり子どもにとっては、一緒に暮らしている親が健康で精神的にも安定しているということが非常に大事なので、これは監護親の側のわがままじゃないか、身勝手だというようなこともよく言われる内容ではありますが、しかし一方で、子どもに実質的に与える影響を考えたときに無視はできない要素だとも思っています。それぞれのケースで、この場合はどういう状況を整えたら大丈夫そうか、あるいはどういう状況を整えてもちょっと今は難しそうかという辺りを見ていく必要があるのかと思います。ただ、先ほど申し上げたように、相談の最初の段階では結構皆「嫌だ」と言うことが多いので、それで、「嫌ですよね。じゃあやらないようにしましょう」というのはあり得ません。「そのお気持ちは分かりますが、子どものこと、子どもともう片方の親御さんとのご関係を長い目で見ていってくださいね」ということをやはり言ったほうがよいと思います。

(2) 原則実施論に対する疑念

レジュメに「殊に弁護士代理人が関与して激しく争われている事案においては、必ずしも原則実施論は当てはまらないのではないか」と書いています。原則実施するのは子どもの福祉にとって望ましい、子どもの利益になるという考え方が本当に正しいのだろうか、むしろそこまで激しく争われている案件でも原則実施ということで、子どもさんをある程度無理をさせて会わせるということはかえってマイナスなのではないかという疑念です。また、そういう「高葛藤状態に子どもを長期間さらすことのリスク」ということがやは

り心配されるわけです。参考文献として掲げた『子ども中心の面会交流』という本がありますが、この原則実施論に対する疑念を抱いておられる方々が基本的に執筆されていると理解しておりますので、興味のある方はご参照いただければと思います。

「高葛藤状態に子どもを長期間さらすことのリスク」というのは、私も強調したいところです。やはり子どもにとっての1年というのと大人にとっての1年というのは、全く違うと私は思っています。子どもにとってみると、両親がどうも自分のことで何やら角突き合わせて争っているらしい、そして調査官という人が自分にも会いに来たりだとかするし、お父さんあるいはお母さん（一緒に住んでいる側の親御さん）が1か月に1回くらいどこかへ行って遅くまで弁護士さんと相談していて帰って来ないということになる。それは自分のことがどうも関わっているみたいで、時々チラッと親御さんからも「パパと会ってみたい？」などと聞かれたりするわけです。このようなことがあると、「ああ、自分のせいなのか」と、子どもは年齢にもよりますがどうしても自分が原因ではないだろうかと認識してしまうということがありますし、本当はそうでなかったとしても、殊に親権や面会交流など自分に関する事柄で両親が争っているということがはっきりしていると、「ああ、自分のせいで両親を苦しめている」ということで、子どもの精神的な不安定にもつながりますし、そんな中では生活は落ち着いてできませんよね。

ですから、面会交流を実施すべきだとか、とにかく頑張り続けるとやっているときに、子どもがすごく疲れているという様子が見られたときには、一旦休戦というのも選択肢として私はあってもよいのではないかと思うのです。そこで無理をして、何か審判等をもらっても、やはり相互の協力がなければなかなかうまくいかないというのはもう皆さまお分かりのとおりだと思います。子どもが苦しんでいるということであれば、そんな苦しむようなことは取りあえず今は置いておき、会えないかもしれないけれども、まずは子どもさんに安定してもらうほうが大事ではないかというのも本当に言いたいところでもありますし、言うときもないわけではないですが、なかなかそれは耳を傾けてもらえないことが残念ながら多いようにも思います。親御さんのほうも必死だからというのはありますが。

⑶ 面会交流支援事業

「いくつかの支援機関の存在」というのは、先ほど第三者機関などと言っていたものです。昔は全然なかったのですが、いわゆるFPIC（家庭問題情報センター）が先駆的になさり、今は特に東京周辺ですといくつか支援機関ができている状態です。ただ、やはり支援機関の拠って立つスタンスというのはそれぞれの設立の理念といったものが違っていますから少しずつずれはありますし、提供するサービス、支援の内容についても、ずっと付き添いの支援をするのか、受け渡しのところだけの支援なのか、いろいろな違いがありますので、利用を考えられるときは事前にきちんと調査をし、事前相談の要否を確認し、必要だということであれば、たいがい代理人が行くのでは足りず、ご本人が行っていただく必要があります。

また、東京都で知っておいていただいたほうがよいと思うのは、ひとり親家庭支援センター「はあと」での面会交流支援事業というもので、資料の17頁に簡単な支援のフロー図があります。その上に「支援対象者」という記述があり、これらの要件を満たす人が使えるということです。父と母の双方が児童扶養手当受給相当の年収であるということで、どちらかは上回っていることが多いので相当厳しいのですが、例えば両方ともお体の加減が悪くて生活保護を受けていらっしゃるという方の場合であれば、こういうものは十分利用可能と考えられますので、知識として頭に入れておいていただければと思いご紹介しました。

5　間接強制の可否

これも一時期かなり話題になりましたので皆さまもご存じではないかと思いますが、レジュメに書かれているように面会交流の日時、頻度、各回の面会交流時間の長さ、子の引き渡しの方法などが具体的に決まっており、給付の特定に欠けるところがない場合にはこの間接強制の決定をすることができると最高裁は判断しました。しかし、気を付けていただきたいのはその前提として、「面会交流について定める場合、……柔軟に対応することができる条項に基づき、監護親と非監護親の協力の下で実施されることが望ましい」と述べているのです。紛争性が高くなっておりこういうかっちりした形で決めなくてはならず、かつ、それも守られなかったという場合には間接強制も

あり得るという話なのですが、原則は柔軟に決めるということを考えてほしい、つまり、この間接強制型のかっちりした条項を最初から決めるということは普段はあまり考えないでほしいというメッセージに読み取れます。

皆さまもおそらく現実には、面会交流が問題になっているような案件で、何時から何時までで具体的に引き渡しの方法なども全部細かく決めた条項というのは、初めからは作らないのではないかと思います。大体月1回や2回程度、双方の協議の上で具体的な方法等については定めるという、いわゆる抽象的な条項が多いかと思います。それでもできない、あるいは当初からもうそれでは全然無理という場合には、具体的にかっちりと決めるという話になりますが、例えば相談者がこの間接強制ができるという最高裁判例をご存じですと、きちんとこれができるように条項を決めてもらいたいと言ってこられる方もいらっしゃるかもしれません。そのときには、もし本当にもうそれしか決めようがないという場合は、粛々とそのようにしましょうということになりますが、大概の場合、子どもというのは熱を出すこともあれば、学校の行事が入ってくることもあれば、お友達と遊びたいと言って、例えば第2日曜日のどうたらこうたらと決めてもなかなかそのままだとうまくいかないということもあります。そういうときは「じゃあ第3日曜日にしようか」とか、「時間帯も午後1時から5時と普通はしているけれども、この日は夏祭りがあるから夕方4時から8時までとする」というように、やはり適宜柔軟に決められるほうがよいでしょうし、裁判所もよほどの事情がない限りは最初からかっちり決めるという形のことをやりたがるとは思えないので、基本的にはまず柔軟性を持たせるということを考えたほうがよいかと思います。

6　取決めの内容

(1)　頻度、方法

レジュメに挙げた棚村先生の本によりますと、「月1回以上が多く、月1回以上の場合は宿泊ありが8割近くとの報告」だそうです。私は、かなり良好な関係性のとき以外はあまり宿泊付きの経験はないのですが、このようなことが言われています。

(2)　留意事項

特に協議や調停の場合ですと、オーダーメイド、つまりそのご家庭、その

子どもに合った形で作るわけですから、「通常こうだから」ということや理想論、例えば絶対に子どもとお父さんあるいはお母さん（非監護親）とは毎週末会うべきだという確固たる信念みたいなものが代理人にあって、これが認められない限りは絶対に応じないというようにしてしまうと、どんどん紛争が高度化してしまいますし、面会交流がいつまでたっても実施できません。その結果、子どもの心はどんどん離れていってしまうということがありますので、理想論にとらわれ過ぎたり、「通常月1回だから月1回でいいんじゃないの」と安易に言ったりするのではなく、そのご家庭の今までの子どもとの関わりの経過といったものも見て、このご家庭の場合だったら例えば月に2回とか、あるいは宿泊付きで2泊3日を何回というような形でもできるかなとか、いろいろと考えることはあり得ると思います。

　したがって、そういうことを常にこちらは意識しておくということ、そして、一般的な取決め方をした場合であっても、また、年齢や時期に応じて変わっていき得るということです。保育園の段階のお子さんと小学校に上がられてからのお子さんの生活スタイルはやはり違っており、面会交流をずっと同じ形で実施しようとしても無理があるという場合はありますし、さらに中学校、高校と上がっていけば部活だのなんだのでお子さん方の事情も当然変わってきますので、そのままではおかしいということは十分お分かりいただけるのではないかと思います。

　なお、高年齢になると、もうお子さんの意思に任せるということで、「親権者（監護親側）は子どもが非親権者と交流することを妨げない」という形の条項だけにすることも結構多いです。

7　その他の課題

(1)　離婚前後の取決めだけで足りるのか

　前記6⑵の留意事項とまさに重複するところです。本来は、適時適切に見直されるべきなのではないかと思います。また、両親間の葛藤が高い事案ですと、離婚のときは一番その葛藤が強い時期だと思われますので、そのときに果たして適切な条件を決めることができるのだろうか、むしろ数年経って（数年まで経たなくてもよいかもしれませんが）新しい生活をスタートさせ、落ち着いた生活ができていく中で、ではどのように他の親と会うかということ

でゆっくり考えていくほうが、子どもにとってよい条件で設定できるのではないかということはあります。

(2) 子どもの意思の把握は適切か

先に述べたことと同様ですが、非常に難しいということで、この辺は本当にいろいろな文献がありますけれども、取り急ぎ2点を挙げました。

(3) 試行的面会交流について

家裁は行き詰まってくると、「まずは1回会わせてみて、その状況を見てまたちょっと考えましょう」と言うのですが、その「まずは1回会わせてみて」というところのリスク、子どもさん側はそれをどう捉えるかというようなことだったり、やはり子どもの査定がきちんとできてない段階でパッとそういうことを言われだしたりするので、むしろそれは子どもの調査や意向の把握をまず先行させるべきではなかろうかと思います。そう言うと、調査官の方は「いや、やる前に必ずその子どもには説明しますので」と言うのですが、説明する前にまずやるかどうかを決めるときに子どもが今どういう状態なのかということを先に把握するべきなのではないかと思うのです。ただ、最近でも「まずは1回会わせてみて、ちょっとこの事態を何とかできないでしょうか」という感じで結構無理押しをされることが多いです。それについて、やはり代理人は断るべきときは断るなり、協力するにしてもきちんと配慮事項を考えるなりする必要があるということです。

(4) 子どもの手続代理人の活用

非常に活用が考えられる場面かとは思いますが、ただ、高年齢になってくればなってくるほど先ほどのように子どもの自由に任せるしかないというのが面会交流の性質の大きなところです。親権などよりははるかにそういう要素は強いと思っていますので、手続代理人までは不要とされたり、あるいはそもそも面会交流の申立てがされないということはあるかと思います。

第6 終わりに

今まで申し上げてきたことの繰り返しになりますが、「子どもの最善の利益って何だろう」ということは常に自分に問いかけていただきたいですし、そのことを是非依頼者と一緒に考えていっていただきたいです。依頼者ご自

身が考えられる力を持つことがやはり大事かと思います。そして、子どもや家庭は一つ一つ違うのでそれぞれの事案に則した個別的な検討というのがやはり必要であり、類型化をあまり進めすぎてはいけないと思います。

　紛争の葛藤状態に長く子どもをさらすというのは適切ではないので解決は迅速である必要があるとは思いますが、一方で、拙速であって子どものことを考えない内容では意味がないと思います。拙速は避けつつ迅速に解決するということと、子どもの将来、中長期的な関わりというのは必ず視野に入れて活動していただきたいと思っております。

レジュメ

Ⅱ 親権・監護権の実務

弁護士 掛川 亜季

第1 親権・監護権にかかわる法制度概観
1 離婚前
　(1) 監護者指定・子の引き渡し（・人身保護請求）
　(2) 面会交流
2 離婚時
　(1) 親権指定
　(2) 面会交流
　((3) 養育費)
3 離婚後
　(1) 面会交流
　(2) 親権変更・子の引き渡し
　(3) 人身保護請求
　((4) 養育費)
4 その他
　(1) 親権喪失
　(2) 親権停止
　(3) 管理権喪失
　(4) 親権・管理権辞任
　((5) 未成年後見)
　((6) 養子縁組・離縁)

第2 監護者指定・子の引き渡し
1 相談時の検討事項
　・従前の主たる監護者は誰であったか
　・監護者の指定を求める理由／緊急性の度合い
　　→保全処分の検討（家事事件手続法第157条1項3号）
　・今後の監護計画（双方）等

2　実務上の判断要素

(1) 「子の利益を最も優先して考慮しなければならない」（民法766条1項）

・従前の監護状況、現在の監護状況や父母の監護能力（健康状態、経済状況、居住・教育環境、監護意欲や子への愛情の程度、監護補助者による援助の可能性等）、子の年齢、心身の発育状況、従来の環境への適応状況、環境の変化への適応性、父又は母との親和性、子の意思等、父母の事情や子の事情を実質的に考慮して父母のいずれが監護者として適格であるかが検討される（「子の監護者指定・引渡調停・審判事件の審理」石垣智子・重髙啓　法曹時報66巻10号43頁）。

・最近の裁判例では、過去の監護実績をまず確定し、現在の監護状況や子の意思、互いの監護能力や監護態勢とをも検討した上、これらの要素を踏まえ、子の福祉の観点から、父母のいずれを監護者とするのが適当かという検討が行われている検討にあるとの指摘（同論考・47頁）。

(2) 個別課題

① 主たる監護者の考え方と反発
　　現代社会の労働構造とのつながり
　　働き方の多様化、子との関わりの柔軟性

② 監護の継続性と子の奪い合い
　　別居時点での「連れ去り」や、別居前後の子への説明

3　子の意思の把握

家事事件手続法第65条（審判）・258条1項（調停）

「子の陳述の聴取、家庭裁判所調査官による調査その他の適切な方法により、子の意思を把握するように努め、子の年齢及び発達の程度に応じて、その意思を考慮しなければならない」

＊子の意思は、申立ての趣旨に対して言語的表現によって表明される意思のみならず、置かれている状況に対して示される認識や挙動に現れる非言語的表現を含むものであるとされる（「家事事件手続法の趣旨と新しい運用の概要（家事審判事件を中心に）」小田正二　法曹時報66巻4号24頁）。

＊非監護親と子の関係、子の年齢や心身の状況等、事件類型に応じた諸事情を総合的に考慮して、子の福祉に適うように、「子の意思」を反映させていくとされる（同論考）。

　個別具体的な判断であり、当該子の置かれている状況によっては、当該子が表面上表出させる言動だけではなく、子の真意や心情について、前後の事実関係を丹念に整理しつつ合理的に推論・分析し、検討する作業が必要になってくる場合もあるとされる（「子の監護者指定・引渡調停・審判事件の審理」石垣智子・重髙啓　法曹時報66巻10号45頁）。

Ⅱ　親権・監護権の実務

　　⇒何を子どもの意思と考えるか？
　　　総合考慮の内容をどこまで把握・主張できるか？　各事情を総合してどのように評価するか？
　＊子どもの手続代理人の活用を検討
4　子の引き渡しの執行方法の課題
　(1)　間接強制
　(2)　直接強制
　　専門の条文はなく、子どもを「動産」に準じて執行する（民事執行法168条の類推適用）
　　・子の意思
　　・執行不能の判断　→　不能となった場合、権利実現はできないのか？
5　ハーグ条約の批准と国内事件への影響

第3　人身保護請求
1　枠組み
　(1)　共同親権下の夫婦間
　　①　夫婦の一方が他方に対し、人身保護法に基づき子の引渡しを求めた事案で、拘束の違法性が顕著である（人身保護規則4条）というためには、拘束している親の監護が子の福祉に反することが明白であることを要する（最小判平成5年10月19日　民集47巻8号5099頁）
　　②　上記明白であるとは、以下のとおりとされた（最小判平成6年4月26日　民集48巻3号992頁）。
　　　1) 一方の親の親権の行使が家庭裁判所の仮処分又は審判により実質上制限されているのに当該親（拘束者）がこれに従わない場合
　　　　＊裁判所が関与した合意に反する明白な手続違反を犯した場合も顕著な違法性ありとされた（最小判平成6年7月8日　家裁月報47巻5号43頁）。
　　　2) 拘束者の子に対する処遇が親権行使という観点からみてもこれを容認することができないような例外的な場合
　(2)　離婚後の夫婦間
　　親権または監護権を有する親の親権の行使または監護が子の幸福の観点から著しく不当なものでない限り、親権または監護権を有しない親による拘束の違法性は顕著であるとされる。
2　手続の特徴
　(1)　迅速性
　(2)　人身保護命令に従わないとき、裁判所は拘束者を勾引・勾留並びに過料に処

することができる。

第4 親権指定・親権変更
1 はじめに
　(1) 親権とは
　　未成年の子の監護及び教育をし、財産を管理するために父母に与えられた権利・義務の総称
　(2) 改正民法第820条
　　「親権を行う者は、子の利益のために子の監護及び教育をする権利を有し、義務を負う。」
　(3) 単独親権制
　　離婚時には親権者としてはどちらかに決めなければならないとしても、親であることは変わらず、引き続き子どもの人生に関わり続けるとの意識を双方に持ってもらうことが必要。
　　但し、子の利益の観点から、直接的な関与が望ましくないと思われるケースや、直ちに直接的な関与は控えたほうが良いと思われるケースもあり、見極めやケースに応じた配慮が必要。
　(4) 親権・監護権の分属について
　　消極説が強いと思われるが、離婚後の共同監護実現のために積極的に利用する説考え方もある。もっとも、父母間での分属が子の利益に反する場合は認められないとされる。(棚村政行著「子どもと法」75頁・日本加除出版株式会社)
2 実務上の判断要素
　親権指定も、監護者指定の判断要素と同様の事項を総合考慮。
3 留意点
　親権について、親にどのように説明するか。非親権者と子との関わりについて、どのように考えればよいか。
　非親権者・非監護親と長期的な子との関係を見据えて説明を。
4 親権者変更
　(1) 手　続
　　調停・審判
　(2) 考慮要素
　　「親権者の変更は、子どもの健全な成長を助けるようなものである必要があるので、調停手続では、申立人が自分への親権者の変更を希望する事情や現在の親権者の意向、今までの養育状況、双方の経済力や家庭環境等の他、子の福祉の観点から、子どもの年齢、性別、性格、就学の有無、生活環境等に関して事情を聴

Ⅱ　親権・監護権の実務

いたり、必要に応じて資料等を提出してもらうなどして事情をよく把握し、子どもの意向をも尊重した取決めができるように、話合いが進められます。なお、話合いがまとまらず調停が不成立になった場合には自動的に審判手続が開始され、裁判官が、一切の事情を考慮して、審判をすることになります。」（最高裁判所HPより）

(3)　子の意思の把握
　　監護者指定の場合と同様
(4)　判断基準
　　子の利益の観点から判断されるが、父母双方の事情の比較考量に加えて、父母の一方による実際の監護の実績を踏まえて、親権者を変更すべき事情の有無を検討して判断すべきものとされている。
　＊面会交流の拒否と親権者変更（福岡家裁平成26年12月4日決定　判時2260号92頁）　→今後の動向を見る必要あり。

第5　面会交流
1　面会交流概観
　(1)　面会交流とは
　　非監護親と子が直接会うこと（直接交流）や、手紙、電話、メール、写真等で連絡を取り合う（間接交流）こと
　(2)　面会交流の啓発・促進の動き
　　平成23年民法改正により取り組み強化
　　・法務省パンフレット　http://www.moj.go.jp/content/000096597.pdf
　　・最高裁判所ビデオ　http://www.courts.go.jp/video/kodomo_video/index.html
　　・明石市の取り組み（面会交流に限らない）　http://www.city.akashi.lg.jp/seisaku/soudan_shitsu/kodomo-kyoiku/youikushien/youikushien.html
　(3)　事件の増加
　　東京家庭裁判所
　　・平成21年　調停537件　審判99件
　　・平成25年　調停841件　審判123件
　　　＊平成25年は速報値
　　　（水野有子・中野晴行「面会交流の調停・審判事件の審理」法曹時報66巻9号3頁）。
2　権利性をめぐる議論
　　平成23年民法改正においても、権利性の有無等の性質、内容は明らかにされず。協議、調停または審判がされて初めて具体的な権利として形成されるものと解さ

—5—

れる(水野有子・中野晴行「面会交流の調停・審判事件の審理」法曹時報66巻9号3頁参照)
いずれの説を取るとしても、子の利益を最優先するものとされる。
→「子の利益」とは何か?
3 取決め方法
協議によるが、協議が調わない場合は、調停・審判
4 実施の可否をめぐる議論
(1) 面会交流原則実施論
「東京家裁においては、子の福祉の観点から、面会交流の実施がかえって子の福祉を害するといえる特段の事情(面会交流を禁止・制限すべき事由)が認められない限り、面会交流の円滑な実施に向けて調整を進めることを基本方針としている。これは、家庭裁判所の実務において広く共有されている考え方」(上記「面会交流の調停・審判事件の審理」6頁)。
*特段の事情としては、以下のものが挙げられている(同論考)。
① 子の連れ去りのおそれがある場合(工夫により払拭可の場合も)
② 非監護親が虐待していた場合
③ 監護親が非監護親からDVなどを受けていた場合
(子が非監護親と親和し、その面会交流を望んでいる場合もあり、その場合には適切な第三者・第三者機関が関与することによって面会交流が実現する可能性が検討されるべきとされる。
また、可否の判断には非監護親の監護親に対する暴力の有無、程度、当事者と子の意向、子の年齢、発達段階、心身の状況、親族の協力の有無、第三者機関の利用可能性等を検討・認定する必要があるとされる。)
④ 子の拒絶
(年齢の高い子の場合には、原則として、その意思を尊重するのが一般的だが、年齢がそれほど高くない子の場合には、慎重に子の発言内容の意味を分析し、子の福祉を害する事情があるかを慎重に判断する必要があるとされる。)
⑤ 監護親、非監護親又は双方が再婚した場合
(直ちには禁止・制限事由に当たるとは考えられていない。もっとも、父母の再婚は子に少なからず動揺を与える場合があり、特に、監護親が再婚したときは、子と再婚相手の関係、再婚家庭における子の生活面の安定等への配慮が一定程度必要になるだろうとされる。)
⑥ 監護親の拒絶
(これ自体では禁止・制限事由があるとすることは相当ではない。個々の事案で、面会交流の実施が子に具体的にどのような影響を与えるかを実質的に検討した上で、面会交流を実施することがかえって子の福祉を害するような事情があるかを慎

Ⅱ　親権・監護権の実務

重に判断する必要があるとされる。）
 (2) 原則実施論に対する疑念
　　殊に弁護士代理人が関与して激しく争われている事案においては、必ずしも原則実施論は当てはまらないのではないか。
　（参考文献　梶村太市・長谷川京子編著「子ども中心の面会交流」（日本加除出版株式会社）
　　高葛藤状態に子どもを長期間さらすことのリスクも検討する。
 (3) 面会交流支援事業
　　・いくつかの支援機関の存在
　　・東京都ひとり親家庭支援センター「はあと」の面会交流支援事業
　　　収入制限あり
　　　http://www.haat.or.jp/category/1907041.html
　　・支援機関の利用に際しては、支援内容、スタンスを確認し、合意成立前の事前相談の要否等を確認する。

5　間接強制の可否
　　最高裁平成25年3月28日決定（民集67巻3号864頁、家裁月報65巻6号96頁等）
　　監護親に対し非監護親が子と面会交流をすることを許さなければならないと命ずる審判において、面会交流の日時又は頻度、各回の面会交流時間の長さ、子の引渡しの方法等が具体的に定められているなど監護親がすべき給付の特定に欠けるところがないといえる場合は、上記審判に基づき監護親に対し間接強制決定をすることができる。
　　しかし、その前提として、非監護親と子との面会交流について定める場合、子の利益が最も優先して考慮されるべきであり、面会交流は、柔軟に対応することができる条項に基づき、監護親と非監護親の協力の下で実施されることが望ましいとも述べていることに注意が必要。

6　取決めの内容
 (1) 頻度・方法
　　月1回以上が多く、月1回以上の場合は宿泊ありが8割近くとの報告（棚村政行編「面会交流と養育費の実務と展望」p16　日本加除出版　　株式会社）
 (2) 留意事項
　　特に協議や調停の場合、オーダーメイドであることを意識し、「通常こうだから」ということや、理想論にとらわれすぎない。
　　柔軟性を持たせることができる事案は意外にある。一般的な取り決め方であっても、時期に応じて変化しうることの意識を双方親に持たせたい。
　　面会交流にあたっての各親の留意点を解説する。

7　その他の課題

(1) 離婚前後の取決めだけで足りるのか
　子どもの年齢・状況に応じた適時適切な見直しがされることが必要では。また、両親間の葛藤が高い事案では、離婚時には十分な取決めができないこともあるのではないか。
(2) 子どもの意思の把握は適切か
参考文献
　二宮周平・渡辺惺之編著「離婚紛争の合意による解決と子の意思の尊重」(日本加除出版株式会社)
　棚瀬一代「離婚と子ども　心理臨床家の視点から」(株式会社創元社)
(3) 試行的面会交流について
　「まずは1回会わせてみて」という勧めのとらえ方と、実施時のリスク判断
(4) 子どもの手続代理人の活用
　親側代理人となった場合で、子どもが大きな葛藤を抱えていそうな事案等、活用を考える。

第6　終わりに

　子どもの最善の利益とは何か。子ども、家庭は一つ一つ異なり、各具体的事案に即した個別的検討を。
　解決の迅速性と、子どもの将来（中長期的な関わり）を視野に入れた活動を。

資料

資料1　参照条文集
民法
（離婚後の子の監護に関する事項の定め等）
第766条　父母が協議上の離婚をするときは、子の監護をすべき者、父又は母と子との面会及びその他の交流、子の監護に要する費用の分担その他の子の監護について必要な事項は、その協議で定める。この場合においては、子の利益を最も優先して考慮しなければならない。
2　前項の協議が調わないとき、又は協議をすることができないときは、家庭裁判所が、同項の事項を定める。
3　家庭裁判所は、必要があると認めるときは、前二項の規定による定めを変更し、その他子の監護について相当な処分を命ずることができる。
4　前三項の規定によっては、監護の範囲外では、父母の権利義務に変更を生じない。

（親権者）
第818条　成年に達しない子は、父母の親権に服する。
2　子が養子であるときは、養親の親権に服する。
3　親権は、父母の婚姻中は、父母が共同して行う。ただし、父母の一方が親権を行うことができないときは、他の一方が行う。

（離婚又は認知の場合の親権者）
第819条　父母が協議上の離婚をするときは、その協議で、その一方を親権者と定めなければならない。
2　裁判上の離婚の場合には、裁判所は、父母の一方を親権者と定める。
3　子の出生前に父母が離婚した場合には、親権は、母が行う。ただし、子の出生後に、父母の協議で、父を親権者と定めることができる。
4　父が認知した子に対する親権は、父母の協議で父を親権者と定めたときに限り、父が行う。
5　第1項、第3項又は前項の協議が調わないとき、又は協議をすることができないときは、家庭裁判所は、父又は母の請求によって、協議に代わる審判をすることができる。
6　子の利益のため必要があると認めるときは、家庭裁判所は、子の親族の請求に

資　料

よって、親権者を他の一方に変更することができる。
（監護及び教育の権利義務）
第820条　親権を行う者は、子の利益のために子の監護及び教育をする権利を有し、義務を負う。
（居所の指定）
第821条　子は、親権を行う者が指定した場所に、その居所を定めなければならない。
（懲戒）
第822条　親権を行う者は、第820条の規定による監護及び教育に必要な範囲内でその子を懲戒することができる。
（職業の許可）
第823条　子は、親権を行う者の許可を得なければ、職業を営むことができない。
２　親権を行う者は、第６条第２項の場合には、前項の許可を取り消し、又はこれを制限することができる。
（財産の管理及び代表）
第824条　親権を行う者は、子の財産を管理し、かつ、その財産に関する法律行為についてその子を代表する。ただし、その子の行為を目的とする債務を生ずべき場合には、本人の同意を得なければならない。
（親権喪失の審判）
第834条　父又は母による虐待又は悪意の遺棄があるときその他父又は母による親権の行使が著しく困難又は不適当であることにより子の利益を著しく害するときは、家庭裁判所は、子、その親族、未成年後見人、未成年後見監督人又は検察官の請求により、その父又は母について、親権喪失の審判をすることができる。ただし、２年以内にその原因が消滅する見込みがあるときは、この限りでない。
（親権停止の審判）
第834条の２　父又は母による親権の行使が困難又は不適当であることにより子の利益を害するときは、家庭裁判所は、子、その親族、未成年後見人、未成年後見監督人又は検察官の請求により、その父又は母について、親権停止の審判をすることができる。
２　家庭裁判所は、親権停止の審判をするときは、その原因が消滅するまでに要すると見込まれる期間、子の心身の状態及び生活の状況その他一切の事情を考慮して、２年を超えない範囲内で、親権を停止する期間を定める。
（管理権喪失の審判）
第835条　父又は母による管理権の行使が困難又は不適当であることにより子の利益を害するときは、家庭裁判所は、子、その親族、未成年後見人、未成年後見

II　親権・監護権の実務

監督人又は検察官の請求により、その父又は母について、管理権喪失の審判をすることができる。

（親権喪失、親権停止又は管理権喪失の審判の取消し）

第836条　第834条本文、第834条の2第1項又は前条に規定する原因が消滅したときは、家庭裁判所は、本人又はその親族の請求によって、それぞれ親権喪失、親権停止又は管理権喪失の審判を取り消すことができる。

（親権又は管理権の辞任及び回復）

第837条　親権を行う父又は母は、やむを得ない事由があるときは、家庭裁判所の許可を得て、親権又は管理権を辞することができる。

2　前項の事由が消滅したときは、父又は母は、家庭裁判所の許可を得て、親権又は管理権を回復することができる。

家事事件手続法

第65条　家庭裁判所は、親子、親権又は未成年後見に関する家事審判その他未成年者である子（未成年被後見人を含む。以下この条において同じ。）がその結果により影響を受ける家事審判の手続においては、子の陳述の聴取、家庭裁判所調査官による調査その他の適切な方法により、子の意思を把握するように努め、審判をするに当たり、子の年齢及び発達の程度に応じて、その意思を考慮しなければならない。

（陳述の聴取）

第152条

2　家庭裁判所は、子の監護に関する処分の審判（子の監護に要する費用の分担に関する処分の審判を除く。）をする場合には、第68条の規定により当事者の陳述を聴くほか、子（15歳以上のものに限る。）の陳述を聴かなければならない。

（給付命令等）

第154条

3　家庭裁判所は、子の監護に関する処分の審判において、子の監護をすべき者の指定又は変更、父又は母と子との面会及びその他の交流、子の監護に要する費用の分担その他の子の監護について必要な事項の定めをする場合には、当事者に対し、子の引渡し又は金銭の支払その他の財産上の給付その他の給付を命ずることができる。

（婚姻等に関する審判事件を本案とする保全処分）

第157条　家庭裁判所（第105条第2項の場合にあっては、高等裁判所。以下この条及び次条において同じ。）は、次に掲げる事項についての審判又は調停の申立てがあった場合において、強制執行を保全し、又は子その他の利害関係人の急迫の危険を

—11—

l防止するため必要があるときは、当該申立てをした者の申立てにより、当該事項についての審判を本案とする仮差押え、仮処分その他の必要な保全処分を命ずることができる。
三　子の監護に関する処分
(家事審判の手続の規定の準用等)
第258条　第41条から第43条までの規定は家事調停の手続における参加及び排除について、第44条の規定は家事調停の手続における受継について、第51条から第55条までの規定は家事調停の手続の期日について、第56条から第62条まで及び第64条の規定は家事調停の手続における事実の調査及び証拠調べについて、第65条の規定は家事調停の手続における子の意思の把握等について、第73条、第74条、第76条（第1項ただし書を除く。）、第77条及び第79条の規定は家事調停に関する審判について、第81条の規定は家事調停に関する審判以外の裁判について準用する。

児童の権利に関する条約
第18条
1　締約国は、児童の養育及び発達について父母が共同の責任を有するという原則についての認識を確保するために最善の努力を払う。父母又は場合により法定保護者は、児童の養育及び発達についての第一義的な責任を有する。児童の最善の利益は、これらの者の基本的な関心事項となるものとする。
2　締約国は、この条約に定める権利を保障し及び促進するため、父母及び法定保護者が児童の養育についての責任を遂行するに当たりこれらの者に対して適当な援助を与えるものとし、また、児童の養護のための施設、設備及び役務の提供の発展を確保する。

Ⅱ　親権・監護権の実務

資料2　面会交流リーフレット

面会交流 ①
～子どもたちのすこやかな成長をねがって～

これから面会交流の話し合いをされる方へ

夫婦が離婚などにより離れて暮らすことになってからも，一緒に暮らしていない親と子どもが会ったり，電話や手紙などで定期的，継続的に交流を保つことを「面会交流」といいます。

法務省

資料

面会交流 どうして大切なの？

両親の離婚（別居）に子どもたちは……

子どもは、大人が考えている以上に、まわりに起こったできごとについて敏感で、これを自分に結びつけて考えるものです。両親の離婚（別居）に直面した子どもたちは、どんなことを思っているのでしょうか……

- 私が悪い子だから、家族が離ればなれになるのかなぁ
- お父さん（お母さん）が僕のことを嫌いになったから、お父さん（お母さん）と一緒に暮らせなくなったのかな
- どうしてお父さんとお母さんは怒っているのだろう 私が悪いのかなぁ
- だれと相談したらいいんだろう
- これから私はどんなふうに生活することになるのかなぁ
- おともだちはどうなるのかなぁ
- お父さんもお母さんも私のことを大切に思ってくれているのかなぁ

父母の離婚（別居）にかかわらず、子どもが父母のどちらともかかわることのできる環境を作るために父母ができることのひとつが、「面会交流」です。

面会交流は、父母それぞれの立場から、子どもに、「あなたが悪いんじゃないよ。」、「離れて暮らしているけれど、どちらの親もあなたのことが好きなんだよ。」という気持ちを伝えていく一つの方法です。面会交流に決まった方法はなく、面会、宿泊、学校行事への参加、電話や手紙等での交流など、そのときどきの状況により最も適した方法を選択して行います。

なぜ，面会交流が子どものために大切なの？

両親の離婚や別居は、子どもにとってまた、とても大きなできごとです。親としては、子どもがこのできごとを乗りこえてすこやかに成長していけるようにしてあげたいものです。離婚や別居後も面会交流を円滑に行っていくことは、両親の離婚や別居を経験した子どもにとって、とてもいい影響を与えます。

例えば……

- 子どもは、面会交流を通して、どちらの親からも愛され、大切にされていることを実感し、安心感や自信を得ることができます。この安心感や自信は、子どもが生きていく上で大きな力となりますし、父母の離婚（別居）という現実を受け入れる支えにもなります。

- 子どもにとって、親がどんな人かを知ることはとても大切なことです。
実の親がどんな人か分からないと自分の足もとがしっかりと固まらないような不安定さを感じます。子どもにとって自分自身のルーツである「実の親を知る」ことは、子どもが成長していく上で大きな意味があります。

- 子どもにとって、父母は、男性や女性としての身近なモデルです。それぞれの良いところも悪いところも含めて親の姿を直接に見つめ、それらを感じ取り、自分自身の物差しとして取り込みながら、一人の人間として成長していきます。

- 子どもは、基本的に親のことが大切で、親に対して、よい人であってほしいとの素朴な願いを持っています。子どもが離れて暮らす親の好ましい一面に触れる機会を作ってあげることにより、子どもは、離れて暮らす親に対して少しでもよい印象を持って生きていくことができます。

—14—

Ⅱ　親権・監護権の実務

夫婦が離婚（別居）を決意するまでには，大変な道のりがあると思います。
それを乗りこえ，新しい生活を築いていくことは，決してたやすいことではありませんし，
冷静に話し合うことができない場合もあるかもしれません。
しかし，夫婦が離婚（別居）しても，子どもにとっては，お父さんであり，お母さんであることに変わりはありません。
夫婦の別れを親子の別れにせず，子どもが父母のどちらともかかわることのできる環境を作るため，
離れて暮らすことになった後の親と子のかかわり方について，夫婦でよく話し合い，協力していくことが必要です。

子どものための面会交流の実施に向けて

　面会交流は，子どものためのものであり，面会交流の実施については，子の利益を最も優先して考慮しなければなりません（※平成23年の一部改正後の民法第766条第1項参照）。
　面会交流を円滑に行い，子どもがどちらの親からも愛されていることを実感し，それぞれと暖かく，信頼できる親子関係を築いていくためには，父母それぞれの理解と協力が必要です。
　夫婦としては離婚（別居）することになったとしても，子どもにとっては，どちらも，かけがえのないお父さんでありお母さんであることに変わりはありませんから，夫と妻という関係から子どもの父と母という立場に気持ちを切り替え，親として子どものために協力していくことが必要です。

※平成23年の一部改正後の民法（明治29年法律第89号）第766条第1項
（離婚後の子の監護に関する事項の定め等）
第766条　父母が協議上の離婚をするときは，子の監護をすべき者，父又は母と子との面会及びその他の交流，子の監護に要する費用の分担その他の子の監護について必要な事項は，その協議で定める。この場合においては，子の利益を最も優先して考慮しなければならない。2～4（略）

子どもの父，母として

面会交流は，子どものすこやかな成長のために行うものですので，子どもを親同士の争いの間に置いて子どもを苦しい気持ちにさせてしまうことがないように，子どもの目線に立って，お互い協力し合うことが必要です。

例えば……
- 子どもにとってのお父さん，お母さんとして協力し合い，子どもが安心して親子の交流の時間を心から楽しんで過ごせる環境を作りましょう。
- 子どもがそれぞれの親と良い関係を持てるように，お互いが子どものために暖かい気持ちで支え合いましょう。
- 面会交流でお父さんやお母さんとどのように過ごしたらいいのか，子ども自身が理解できるように，子どもにきちんと説明しましょう。また，子どもがどのように過ごしたいのか，子どもの気持ちもきちんと聞きましょう。

家庭ごとに状況はさまざまですので，父母でよく話し合い，
その家庭の状況に合った面会交流の方法を決め，それを続けていくことが大切です。
もっとも，時間の経過とともに，子どもは成長し，養育環境も変化しますので，
状況に応じて方法を柔軟に変えていくこともまた必要です。

面会交流 Q&A

Q 離婚（別居）をすることになりました。子どもにはどのように説明すればよいのでしょうか？

A 子どもは、その年齢なりに家族の状況を理解しているものです。落ち着いた状況で、離婚（別居）をするのはお子さんのせいではないこと、離婚（別居）したとしてもどちらも親であることに変わりなく、今後も協力し合っていくことをお子さんにも分かりやすく伝え、安心させてあげましょう。

Q 子どもが「会いたくない」というときは会わせなくていいのですか？

A 子どもが「会いたくない」というときは、その理由をよく聞いてみましょう。子どもの気持ちをどのように受けとめるのがよいかは、子の年齢によって異なりますが、子どもが面会交流に気が乗らなかったり、負担に感じたりしているような場合には、それまでのお互いの面会交流に対する態度を振り返ってみましょう。
また、子どもが話した理由を口実にして、面会交流を一方的にやめてしまうことは、新たな争いを生むだけでなく、子どもを親同士の争いの間に置き、とても苦しい気持ちにさせてしまいますので、親同士で冷静に話し合いましょう。

Q 父母だけでは面会交流の方法について合意できない場合は、どうしたらいいのでしょうか？

A 信頼できる第三者を介して話し合ってみてはいかがでしょうか。また、家庭裁判所に面会交流の調停を申し立てて、家庭裁判所の調停手続の中で話し合うこともできます。

Q 離婚（別居）前に家庭内で暴力があった場合でも面会交流をしなければならないのですか？

A 過去の家庭内での暴力がどのようなものであったか、面会交流の場面で子どもへの暴力の危険があるかどうか等の事情によって、面会交流を控えるべき場合もありますし、実施する場合にもどのような方法によるのがよいかが異なります。
このような事情がある場合に、当事者間で話合いができないときは、家庭裁判所の調停手続を利用するなどして、双方が納得の上で問題が解決できるよう助言やあっせんを得るのがよいでしょう。
なお、調停手続を利用した場合、合意ができないときは、審判で決定されることになります。

問い合わせ先

法的な問題全般についてのお問い合わせは
日本司法支援センター（愛称：法テラス）
ナビダイヤル 0570-078374
http://www.houterasu.or.jp/

申立てを行うための手続、必要書類、費用等については
裁判所ウェブサイト　http://www.courts.go.jp/
● ファクシミリ機能付き電話の方は
家事手続情報サービス　ナビダイヤル 0570-031840
▶音声案内に従って次のコード番号をプッシュしてください。
面会交流（案内）5514／（申立書・記入例）7514

http://www.moj.go.jp
法務省民事局参事官室
TEL 03-3580-4111

II　親権・監護権の実務

資料3　面会交流支援の流れ（東京都ひとり親家庭支援センター　はあと）

東京都ひとり親家庭支援センター　はあと

「面会交流支援事業」を利用される父母へのご案内

支援対象者
- 中学生までの子どもがいる
- 子どもと同居している親が都内に住所を有している
- 父と母の双方が児童扶養手当受給相当の年収
- 過去に本事業を利用していないこと
- 子どもの連れ去り、配偶者暴力などの恐れがないこと

※上記の条件を全て満たしている方が申込書を提出できます。さらに父母間で**東京都の面会交流支援を受け、面会を行う**との合意が必要です。

面会交流支援事業は、ルールに則り、決められた支援内容に沿って行います。
支援の流れと支援内容（下記）を必ず父母双方でご確認ください。

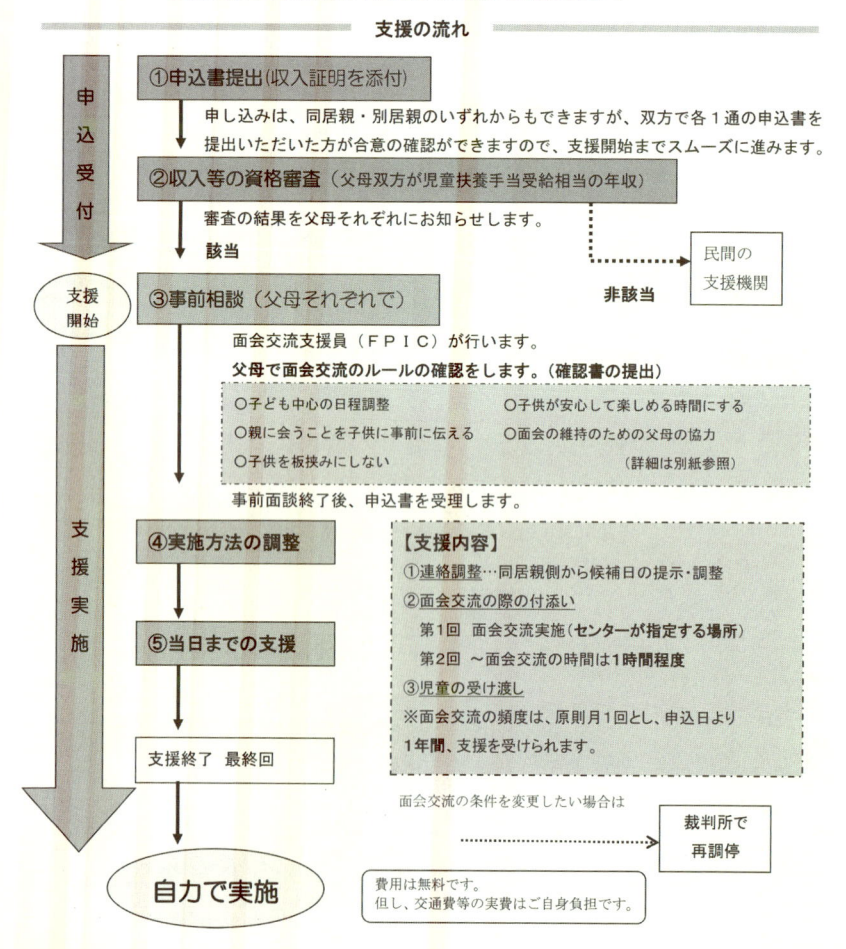

支援の流れ

申込受付

①申込書提出（収入証明を添付）
申し込みは、同居親・別居親のいずれからもできますが、双方で各1通の申込書を提出いただいた方が合意の確認ができますので、支援開始までスムーズに進みます。

②収入等の資格審査（父母双方が児童扶養手当受給相当の年収）
審査の結果を父母それぞれにお知らせします。

該当 → **支援開始**
非該当 → 民間の支援機関

③事前相談（父母それぞれで）
面会交流支援員（FPIC）が行います。
父母で面会交流のルールの確認をします。（確認書の提出）
- 子ども中心の日程調整
- 子供が安心して楽しめる時間にする
- 親に会うことを子供に事前に伝える
- 面会の維持のための父母の協力
- 子供を板挟みにしない
（詳細は別紙参照）

事前面談終了後、申込書を受理します。

支援実施

④実施方法の調整

【支援内容】
①連絡調整…同居親側から候補日の提示・調整
②面会交流の際の付添い
　第1回　面会交流実施（センターが指定する場所）
　第2回　～面会交流の時間は1時間程度
③児童の受け渡し
※面会交流の頻度は、原則月1回とし、申込日より**1年間**、支援を受けられます。

⑤当日までの支援

支援終了　最終回

面会交流の条件を変更したい場合は → 裁判所で再調停

自力で実施

費用は無料です。
但し、交通費等の実費はご自身負担です。

―17―

108

Ⅲ 学校問題

弁護士 **三坂 彰彦**

III　学校問題

はじめに

　「子どもをめぐる法律問題」の中の「学校問題」ということで、2時間という限られた枠ではありますが、できるだけ大筋をお話しできればと思います。

　最初に資料の説明をしますと、まず脚注付きのレジュメがあります。基本的にはこれに沿ってお話をしたいと思っています。また、添付資料がありますが、ここにはまず学校問題に関する設例を載せています（資料19頁）。これは主に東京弁護士会の子どもの人権110番という電話面接相談に来る典型的な相談を多少修正した形でまとめ、事例形式にしたものです。その次に、この子どもの人権110番の電話相談の集計を載せています（資料21頁）。併せて下のほうには面接相談の数も載っています。こちらの資料は、子どもに関するどんな相談が電話相談に来ているのかという全体の集計となっています。やや文字が小さくて見づらいと思いますが、概要だけご紹介しますと、110番に来ている相談は、学校関係が大体4割くらいです。今集計ができている最新の2013年度では、年間で1,300件、月100件強です。その中の40件くらいが、大体学校関係ということになります。

　本日は学校の問題を取り上げますが、学校の相談の中ではいじめ関連の相談が圧倒的に多いです。月に100件のうち、大体20件や30件くらいの数の相談が来ています。その他に管理・懲戒処分、いわゆる退学や停学などといった処分を受けたということでの相談があります。学校事故についてはずっと一貫して、一定の数の相談が来ています。また、この間に増えてきたものとして、教師とのトラブル事案の相談があります。そのほか、体罰など学校関係の様々な相談が来ているということになります。もちろん一般の法律相談の中でも、子どもに関する相談が来ることもあると思いますので、本日の研修で学校分野の概要をつかんでいただいて、そういった相談が来たときに是非対応をしていただければと思います。

第1 総 論

1 学校問題と本研修の視点

(1) 学校（法律）問題の射程

それでは早速中身に入りますが、レジュメに沿ってお話をしていきたいと思います。学校問題といっても非常にいろいろな切り口がありますし、実際には取り上げ方によって範囲も広がります。

(2) 本研修の視点と概観

ア 本研修の視点

本日の研修では、「子どもを中心として、学校をめぐる関係当事者で生じる法律問題」のうち、「子ども（とその保護者）の立場から学校生活で遭遇する様々な法的トラブル（法的側面を含むトラブル）とその特徴」という形でお話をしたいと思います。逆に、学校の視点に立つと、全く違った問題が出てきたりもしますが、そこは本日取り上げる余裕はありません。学校問題としては、管理職と教職員のトラブルなども本当は入ってくるのですが、これも本日は取り上げません。あくまでも、子どもとその保護者の立場から、学校生活でこういうトラブルに遭った際にどう対応したらよいかという形の問題を取り上げたいと思います。

イ 子どもが学校生活で遭遇する法的トラブルの概観

その問題は更に次の五つに大きく分けられます。

a 学校教育自体において子どもに起きるトラブル

一つ目は学校教育自体から生じるトラブルです。これは、一般的には教育裁量といわれているものが働く余地が大きく、なかなか弁護士が関わるのは難しいところがあるのですが、それでも成績評価や原級留置（いわゆる留年）の問題などで相談が来ることがあります。

b 生活指導・学校懲戒に関するトラブル

これは先ほども紹介しましたが、退学や停学処分を受けた、あるいは体罰でけがをしたといったトラブルです。もう少し広げると、丸刈りにされるなど校則が少し厳しすぎるのではないかといった様々なトラブルの相談が来ます。

c 学校教育に伴って子どもに生じる事故

いわゆる学校事故といわれている分野です。この中には子ども同士のトラ

Ⅲ　学校問題

ブル、けんかなども含まれます。

　　d　子ども相互間トラブルのうち、特に「いじめ」

　これは先ほど申し上げたように非常に相談も多く、学校に関わる子どもに関する相談としては非常に深刻ですので、別に取り上げました。ご承知のとおり、2013年にいじめ防止対策推進法という法律ができましたので、これに沿った相談対応が求められることになります。

　　e　教育情報の開示

　最後に、a～dのような学校教育の分野ごとの分類ではないのですが、この全てに関わって教育情報の開示の問題が出てきます。例えば、学校でけがをした場合に、どういう事故が起きたのかを外から知るための一つの手段が、この情報開示ということになります。こうした側面の問題について、法律問題として一連のものがありますので、これを別分野にしています。

　資料には事例を四つ用意したのですが、このa～eの中で、aの学校教育自体におけるトラブルは除き、その他については事例として取り上げるつもりでいます。

2　学校問題（特に子どもに関する）の特徴

　学校問題の特徴については、各論の中で一つ一つ触れつつ、最後にまとめたいと思いますが、他の法律相談と違う顕著な特徴がいくつかあるので、ここに挙げています。

⑴　相談者と相談対象者の不一致　→　方針策定のスタンス

　多くの場合、親が相談に来るのですが、当事者は子どもです。ですから、そこのずれがある場合が多いという問題があります。そのときに、どのように方針を立てるのかというのが問題になるということです。

⑵　子どもに関するトラブルにおける、リーガルサポートとソーシャルワーク的サポート

　子どもに関するトラブルでは、子どもが非常に傷ついているケースが多いです。いじめもそうですし、退学処分もそうです。弁護士が関わる場合も、単にリーガルサポートだけでは十分なサポートにならず、レジュメには「ソーシャルワーク的サポート」と書いていますが、そういった意識も必要になってくるケースが多いという特徴があります。

(3) 時間の壁、教育裁量の壁（とりわけ訴訟）

これは特に訴訟で顕著に出てくるのですが、子どもの問題を解決するときには、時間が非常に大事です。子どもの問題を1年、2年かけて解決しようとしても、例えば中学生ならもう卒業してしまうなど、あっという間に次のステージに行ってしまうわけです。ですから、短期に解決しなければそもそも解決と言えないというようなことがあります。

また、裁判の場合に特に顕著なのが教育裁量の問題です。裁判所は、教育に関して専門家である教師の裁量というものを非常に尊重しがちです。これもケース・バイ・ケースなのですが、そこが非常に大きな壁になる場合があります。先ほど申し上げた学校教育自体の問題では特にそうです。原級留置の適法性、要するに留年が適法だったかどうかなどは、そもそも司法審査の対象になるのかという問題も以前はあったのですが、そういったものについては、今は司法審査の対象にはなるにしても裁量が広いという問題はまだ変わっていません。こういう問題点も特徴の一つということになります。

3 就学・入学と在学関係の法律構成
(1) 在学関係の発生
(2) 在学関係の法律構成

こうした特徴に触れつつ、個別の問題に入りたいと思いますが、就学・入学と在学関係の法律構成については、本日は時間がないので細かく触れられません。基本的に、私学は在学契約という構成をとることになります。公立の場合、今のところ判例では、契約というよりは公法上の特別の法律関係という位置付けをする場合が多いです。ただ公立の場合、これはいくつか分かれますが、どの立場をとるにしても結論がそれほど大きく変わらないので、本日はあまり触れないでおきます。

(3) 在学関係を規律するもの

在学関係を規律するものとして、各種法令については一言触れておく必要があります。憲法や教育基本法というのはもちろんありますが、一番よく出てくるのは学校教育法、その施行令、そして施行規則の三つです。学校教育法は学教法、施行令は学令、施行規則は学規と略します。これが具体的な事件で一番関わりがあるということになります。また、先ほど申し上げたいじ

Ⅲ　学校問題

め防止対策推進法が2013年に制定され、施行になりましたので、いじめ問題ではこれが一番よく出てきます。

(4) 義務教育における就学義務

第2　学校事故（学校生活における子どもの安全）

　学校事故は、弁護士が関わる一般の法律問題と一番共通しているので、まずここから取り上げたいと思います。資料19頁に設例1がありますが、どういう事例かというと、学校の休み時間に校庭でサッカーをしていた際、公立小学校6年生で12歳の男の子が蹴ったボールがゴールポストの上にそれ、体育館と校舎をつなぐ渡り廊下を歩行中だった小学3年生の女子Aさんのところまで転がりました。Aさんがこれをよけようとしたところ、転倒し、頭部外傷を負い、Aさんの両親から相談が来るというものです。

　こういったケースは学校事故の一つの典型的な例なのですが、こういった場合にどのような点について考えながら対応すればよいかというのがここでの問題になります。こういう相談が来たとき、どういったことを検討するだろうかと思い描いていただきたいのですが、まずこの学校事故の例に関しては、蹴った生徒とその保護者への責任追及ということがあります。また、学校への責任追及はどうかということも問題としてもう一つ考えるところだと思います。

1 この場面での学校の法的義務

　まずこの分野では、学校は安全配慮義務（あるいは安全保護義務）という義務を負います。生命・身体・精神の安全に配慮すべき条理上の義務が判例上認められている義務です。

　この義務の発生する範囲は、学校教育活動やこれと関連する活動に伴って起きる事故全般といわれています。これについてはそれほど大きな問題ではないと思います。

　また、義務の水準というものがあり、一般的には、通常人に課される義務よりも、学校教師には高度の義務が課されるといわれています。平成18年に最高裁から出たサッカー落雷事故の判例がありますが、普通の人は遠くでゴロゴロ鳴っているくらいだと、まだ大丈夫だろうという感覚で、スポー

ツ指導者もそうした一般的な感覚を持っているのですが、それでは足りないという判断をしました。当時入手できる落雷に関する知見からすれば、ゴロゴロ鳴っているのが聞こえるだけでも、その次に落雷が起きる危険性があるということが、図書館の文献などでも数多く出ていたわけです。それを指摘し、入手できる科学的知見からすれば予見すべきであったという判断をしました。生徒を預かっている学校教師は、高度の注意義務が課されているという考え方です。

　落雷というのは少し特殊な事故のように思えますが、この考え方が他の分野にもおそらく当てはめられることになると思います。最近よく起きている事例でいうと、柔道事故や熱中症の事故、あるいはプール事故など様々な学校事故があります。そういったそれぞれの分野で、学校として入手可能な科学的な知見、対応すべき義務や予見すべき義務がどのようなものかということが確定されれば、それを行っていたかどうかということで学校の責任が問われる可能性はあるということになると思います。一般的には、その賠償責任の判断は、学校に当該事故の予見可能性があったのか、それから結果回避の可能性があったのかという枠組みで判断をされているということです。その判断の基準として、今申し上げたように科学的知見が問われるということになるわけです。これが、学校の責任の一般的な考え方になっています。

2　学校事故と補償・賠償
(1)　学校共済保険（日本スポーツ振興センター法）

　ただ、学校事故の問題で大前提として一つ考えなければならないのが、学校共済保険という制度の存在です。日本スポーツ振興センター法という法律があり、学校の99.9％がこの保険に入っています。保護者と学校が折半で保険料を負担し、保険加入をしています。学校で起きた事故の場合には、この学校共済保険が使えるかもしれないということを相談のときに必ずアドバイスをされるとよいのではないかと思います。

　この制度の特徴は、要件が「学校の管理下」のみということです。当該事故が学校の管理下で起きれば必ず保障の対象になるということです。これについてはレジュメ10頁に注7を付けており、日本スポーツ振興センター法16条に災害共済給付の基本規定があり、細かい部分については施行令5条

III　学校問題

に規定があります。例えば5条1項1号を見ると、「児童生徒等の負傷でその原因である事由が学校の管理下において生じたもの」が保障の対象になる災害とされています。ですから学校の管理下であれば、他の要件はなくても保障対象になります。また、4号を見ていただくと、「児童生徒等の死亡でその原因である事由が学校の管理下において生じたもの」とあり、死亡も同様ということです。

　その次の2項で、「学校の管理下」の定義を定めています。1号から4号までありますが、まず授業を受けている場合に起きたものは管理下ということです。課外指導を受けている場合も管理下です。3号はかなり限定した書き方になっているのですが、「前二号に掲げる場合のほか、児童生徒等が休憩時間中に学校にある場合その他校長の指示又は承認に基づいて学校にある場合」です。学校にいる間に起きた事故は全てこれでカバーされ、管理下ということになります。したがって、先ほどの設例の休み時間中の事故は、当然管理下ということになるわけです。また、4号を見ると、「児童生徒等が通常の経路及び方法により通学する場合」とあり、学校外ですがこれも管理下であるということになります。

　この管理下の要件はかなり広いので、学校で起きた事故や通学途上の事故は全部これでカバーされると考えてよいと思います。生徒同士の故意の暴行事件なども学校の管理下に入ります。ですから、治療費など様々な実費的なものについては、基本的には災害共済給付でカバーできます。ただ実際には、これを教えていないような非常に不親切な学校が散見され、そういったケースがあるので、相談を受けるということになります。これを知らなかったというケースも結構な数あります。

　それからもう一つ、この災害共済給付には、治療費だけではなく後遺症の場合の見舞金の制度があります。後遺障害見舞金と死亡見舞金の制度があり、後遺障害見舞金の場合は1級から14級の認定に応じて最大で3,770万円という額が決められています。死亡見舞金では2,800万円です。ですから、大きな学校事故で訴訟を起こすかどうか迷っているようなケースでは、まずこの見舞金請求を行ってある程度の費用を確保してから訴訟をするかどうかを検討するということが結構あります。私も何度も利用したことがあります。

116

学校で起きた事故については、まずこの災害共済給付というものが使えないかどうかを考える必要があります。

ただ、このスポーツ振興センター法の災害共済給付は最低限の治療費と見舞金です。見舞金にも限度があるのでこれで様々な慰謝料などは賄えませんし、後遺障害の損害賠償としては逸失利益などもっと様々に賄い切れないものが出てきます。そういった場合に他の責任追及が問題になってきます。その一つが、先ほど申し上げた学校の法的責任ということになります。

(2) 学校側に安全配慮義務違反がある場合 → 賠償責任

学校に安全配慮義務の違反がある場合の賠償責任については、公立の学校の場合と私立の学校の場合とで、当然、法律構成が違います。ここは一般的な民法の話になるのであまり詳しくお話しする必要はないかと思いますが、公立の場合は国家賠償法の問題になり、私立の場合には民法の損害賠償責任の問題ということになります。

(3) 教師の行為による場合

これと関連して、教師の行為によって事故が生じている場合について時々問題になるのは、公立の場合、教師は公務員ですから個人責任がないということです。そこは注意が必要です。私立の場合は一般不法行為ですので、教師個人の法的な責任が生じ得るのですが、そこが公立とは異なります。

(4) 施設の瑕疵による場合

施設の瑕疵による事故の場合も、根拠条文が違う関係で公立と私立とでは少し範囲が違うといわれています。公立の場合は公の営造物責任という構成になるので、民法の土地の工作物よりは広いのではないか、いわゆる土地の固定性が要らないのではないかというような議論がされています。設例1に戻って考えますと、一般的な学校の事故に対する予見可能性や結果回避可能性ももちろん問題になりますし、ゴールポストの設置位置と渡り廊下の位置の関係の辺りも多分問題になるだろうと思います。もしそういう議論になった場合、私立だとゴールポストは工作物かどうかといったところで、少しハードルが上がるという問題があるのかもしれません。

(5) 生徒間事故の場合

生徒間事故も学校事故の中に入るのですが、この生徒間事故の場合にも、

III　学校問題

もちろん学校の責任が問題になります。よくあるのが、子ども同士がぶつかりやすい構造になっている廊下などの場合です。この場合、学校に予見可能性と結果回避可能性があれば、子ども同士の衝突事故も当然学校の責任ということになってきます。生徒間事故の場合は、それ以外に加害生徒と被害生徒という構図が入ってくるので、加害生徒への責任追及ということが別途問題になります。設例1はまさにそういう生徒間事故としての側面を持っているということになります。ですからこの事例については、加害生徒の保護者への責任追及と学校への責任追及のそれぞれを検討する必要があります。

加害生徒への責任追及という点について、平成27年の4月に最高裁の判例が出ていますので紹介したいと思います。レジュメ11頁をご覧ください。平成27年4月9日の最高裁判決、いわゆるサッカーボール事故訴訟といわれている事件の判決であり、設例1はこれを参考にして作りました。概要としては、11歳の男の子が放課後校庭に設置してあるサッカーゴールに向かってフリーキックの練習をしていたところ、そのボールがそれて門の外まで行き、道路を通行していたバイクにぶつかりそうになり、バイクに乗車されていた方が転倒し最終的に亡くなったという事故でした。

この事例の場合は11歳だったのですが、従来より、12歳未満の子どもが起こした事故については、子ども自身には民事の責任能力はないという前提があります。712条の条文の「自己の行為の責任を弁識する能力のない子ども」という文言について、12歳未満がこれに当たるといわれています。その場合は714条の1項で、その責任無能力者を監督する義務者（いわゆる監督義務者）が無条件で責任を負うととれる条文があったわけです。ただこの条文には、監督義務者が義務を怠らなかった場合や、義務を怠らなかったとしても損害が生じたであろう場合などは免責できるという規定が付いているのですが、これまで裁判所はほとんどこの免責を利用してきませんでした。ですから、ほとんど無条件の無過失責任といわれていたのが、この責任無能力者の監督義務者責任だったわけです。私たちも、生徒間事故が起きると、子どもが小学生5年生ぐらいまでであれば保護者の責任は追及できるというアドバイスをしていました。

ところが、この最高裁判決でそれはかなり限定されたということになりま

す。これを読むと、「通常は人身に危険が及ぶものとはみられない行為によってたまたま人身に損害を生じさせた場合は、当該行為について、具体的に予見可能であるなど特別の事情が認められない限り、子に対する監督義務を尽くしていなかったとすべきではない」としています。そして、本件では上告人らは危険な行為に及ばないよう日頃から通常のしつけはしていたので義務を怠らなかったとして免責を認めたわけです。

　これは、基準としてはまだ分かりにくいといわれている部分もありますが、ポイントになるのは、「通常は人身に危険が及ぶものとはみられない行為」という部分です。行為の態様とそれを取り巻く状況についてみたときに、通常は危険がないようなことをやっていて偶然に事故が生じてしまったようなケースについては、それまでの無過失責任的な判断から外すというのがこの判例の理解の仕方だろうといわれています。そのため監督義務者の責任を使える場合というのは、もともとかなり危険な行為をしていて結果が生じたような場合に限定されることになるだろうといわれているわけです。

　設例1は最高裁の判例を意識して作っていますが、ボールがゴールポストの上にそれたといっても、もともと休み時間でサッカーができる状態であり、学校が設置したゴールの位置でボールを蹴ってそれが転がり、渡り廊下を歩行中の生徒が転ぶという事故態様にしています。最高裁の基準からすると、この事案では保護者の責任が認められない可能性も十分にあります。そうすると、学校の責任がどうかという問題になると思います。その場合は、学校としての予見可能性あるいは結果回避可能性の関係で、過去に同種の事故が起きていたかどうかといったことが問題になると思いますので、その辺りが検討の余地のある部分になると思います。こうした点が、学校事故で生徒間事故であるケースの検討すべきポイントということになります。

第3　学校における教科教育・生活指導（懲戒処分）等

　まず事例の紹介です。資料19頁の設例2です。公立高校2年生の男子B君が女子更衣室の覗き行為の見張りに加担したという理由で退学処分を通告されたということで、保護者から相談があったというケースです。弁護士会の子どもの相談窓口には、月に数件くらいという結構な割合でこの手の相談が

III　学校問題

来ています。一般のご相談の中で出会う可能性もないわけではないだろうと思います。

こちらについては小問も付けています。退学の問題について一般的な相談が来たとき、どういう視点、基準で考えればよいかご紹介したいと思います。

1　学校教育活動

退学をはじめとする懲戒の問題の位置付けについては、学校の生活分野を分けて見ています。学校教育活動は、まず教科教育が中心です。それから、生活指導という分野があります。さらに特別活動、課外活動と、大体このように分類されています。特別活動や課外活動は、さらに細かく部活や児童会・生徒会活動などに分かれるのですが、大きくは4分野ということです。

2　教科教育

教科教育については、先ほども申し上げたとおり、教師の専門性がもっとも働く分野なので広範な教育裁量が認められています。司法審査の対象になるとしても、この教育裁量が広く認められることが多いです。レジュメ12頁の注9で、原級留置（いわゆる留年）に関するリーディングケースといわれている裁判例を紹介していますが、裁判所はかなり教育裁量を働かせて判断しています。

3　校則・生活指導・懲戒

これから問題にしようとしているのは、教科教育ではなく生活指導といわれる分野です。まず日常的な対応としては、校則を使った一般的な生活指導が行われています。そして生徒の問題行動が起きたときに、特別指導と懲戒が発動されるという関係になります。特別指導というのは、校則違反などの問題行動があった当該生徒への特別な指導という意味です。それでも駄目なときに懲戒が問題になるのですが、この懲戒としては、停学、退学です。訓告というものもありますが、主に問題になるのは停学と退学です。一番深刻なのは退学処分あるいは退学勧告です。ですから設例には退学の事例を挙げましたが、この覗きの見張りに加担したことによる退学通告というのは、詳しくはここには入れていないものの、実はこの夏に来た相談で私も代理人になった事案です。この手の相談は結構な数が来ており、最近増えている感じもします。

第3　学校における教科教育・生活指導（懲戒処分）等

　退学処分については法律の規定があります。レジュメ12頁注11の学校教育法11条、学校教育法施行規則26条をご覧ください。
　まず学校教育法11条は、懲戒の一般的な規定です。教育上必要があるときは懲戒を加えることができますが、体罰を加えることはできません。これが体罰禁止規定といわれている条項です。体罰についての規定はこれだけです。後で体罰の事例も出てきますが、このように体罰については定義がないので、何が体罰かをめぐってはいろいろな裁判例が出てきたということになります。
　これを受けて、施行規則26条に懲戒の細かい規定があります。この26条の3項が退学に関する要件規定といわれています。細かく読みだすと分かりづらくて時間もかかってしまいますが、一番ポイントになるのは3項の1号から4号で、こういう場合に退学処分にできるという要件が定められています。ただ、要件といっても読んでいただくとお分かりだと思いますが、4号に、「学校の秩序を乱し、その他学生又は生徒としての本分に反した者」という最も一般的な規定があります。この4号が理由で退学処分とされることが一番多いのですが、非常に漠然としており、これでは学校の裁量が広すぎます。ですから、裁判所で争われた例が非常に多く蓄積されてきています。条項だけではどこまでが許される退学処分なのかがはっきり分かりません。
　これに関する裁判例を次の注12（レジュメ12頁）で紹介しています。本当はもっと事案を細かく分けた上でのほうがよいのですが、退学処分に関してはこの東京高裁の修徳学園バイク退学事件という裁判例がリーディングケースといわれてきました。この学校はバイク乗車を禁止する校則を設けており、違反した生徒を退学処分にしたのですが、事後的にこれが違法だということで損害賠償請求をした事案です。当事者はこの校則の違法・無効も争っていたのですが、裁判所はバイク乗車を禁止する校則は無効ではないとしました。
　退学処分については注12の下線部がポイントですが、「当該生徒に改善の見込みがなく、これを学外に排除することが教育上やむを得ないと認められる場合に限って認められる」べきであるという基準を立て、本件はこの要件を満たしておらず裁量の範囲を超えた違法なものであるとして、損害賠償請求を認めました。ですから、先ほどの施行規則の要件をさらに絞って、実体

Ⅲ 学校問題

要件として改善の見込みがないかどうか、また、学外に排除することが教育上やむを得ないと認められるかどうかということを付けたということになります。

これだけでは分かりづらいかと思いますが、これを踏襲したこれまでの裁判例からみると、例えばたばこを1回吸っていきなり退学処分などといった場合は、改善の見込みがないかどうかの判断が十分になされていないだとか、学外に排除することが教育上やむを得ないという判断が十分にされたと認められないということで、退学自体が無効という判断をしている裁判例が結構な数出ています。それまでの処分歴があるのかないのか、過去に訓告や停学処分を受けているかどうか、なおかつまた問題行動を起こしたかどうか、また、学校として今回の当該行為についての反省をさせる作業をやっているかどうか、その生徒がどういう反省をしていてそれを見て改善の見込みを判断したかどうかといった辺りがポイントになってきます。退学に関する裁判例もこういった点を検討する例が多いです。

設例2の場合でも、覗き行為の見張りに加担したということで、迷惑防止条例等に当たる可能性も高いですし、学校側も犯罪に加担しているではないかというようなことを言ってくる可能性があります。しかしながら、この夏の事案もそうだったのですが、それだけで退学処分の判断はできないということになると思います。それまでその子にどういう問題行動があったのかなかったのか、学校がその指導をしてきたのか、学校として当該行為について反省をさせるためにどういう教育的な手段をとったのか、反省がどの程度されたのかといった辺りを問題にしていくことになると思います。

また、この設例2の④のように、学校からは退学処分ではなく自主退学の勧告がされており、本人達はこれに応じて学校に退学届を出してしまっているという相談が来るケースもあります。自主退学の勧告をされて届けを出してしまったが納得いかない場合、もう争えないのかというと、結論的にいえば争う余地があるということになります。

それを示した最高裁の判例が、レジュメ13頁の注13です。「自主退学勧告」とタイトルを付けていますが、これは先ほどのバイク退学事件と全く同じ学校の別の事件で、「修徳学園パーマ退学事件」と呼ばれることが多いです。

第3　学校における教科教育・生活指導（懲戒処分）等

　この学校はバイクだけでなく、パーマをかけることも禁止する校則を設けていました。それに違反したということで、高校生の女子生徒に対して、退学したらどうかと自主退学の勧告をしました。それに応じて退学届を出してしまった後で争った事案です。裁判所は、パーマをかけることなどを禁止した校則についてこの校則自体は違法、無効ではないと判断しました。その上で、自主退学の勧告と退学届については、自主退学勧告は退学処分に準じた事実上の懲戒処分として違法となる場合があるという判断をしました。

　どういう場合に事実上の懲戒処分として違法となるのかというと、この勧告に従わなければ退学処分にするという形で告げられているようなケースが典型例だといわれています。そのような告げ方の自主退学勧告は、退学処分に準じた事実上の懲戒処分とされます。そうすると、先ほどのバイク退学事件と同じような実体的な基準で判断をすべきとされ、司法審査の対象になるということになります。

　この最高裁もその判断基準をとりましたが、本件は、処分権者の裁量範囲を超えた違法なものとはいえないという判断になりました。この評価については分かれているのですが、裁判所はそういう判断をしたということです。ですから、自主退学で届けを出してしまっても後で争う余地はあるということになります。その場合は、例えば違法な自主退学勧告に基づいて出された退学届は無効であるというような争い方をしていくことになります。

　実際は、ほとんどの事案でこの自主退学勧告が行われています。というのも、学校は退学処分にすると争われる可能性が高いと分かっているので、「納得して退学届を出したでしょう」という一番争われにくい形に持っていきたいわけです。どのように言うかというと、「お宅のお子さんについては、学校としては実はもう退学処分に決まりました。ただ、退学処分にしてしまうとお子さんの経歴に傷が付いてしまうので、お子さんの将来を考えて、教育的な配慮で自主退学の勧告にとどめます。ですから、退学届を出されて転校するのであれば協力します」というような話をしてくるわけです。ほとんどの例でそうです。そうすると、保護者も本人も仕方がないと思い、「退学処分になるくらいだったら自主退学勧告のほうがまだましだろう。転校もできるかもしれない」ということで応じてしまう場合が非常に多いです。ですか

123

III　学校問題

ら、弁護士会の相談などでも、本当は退学処分としては通りそうもないようなケースなのに自主退学勧告でやめさせるような事案が来たりします。

　自主退学勧告の相談で結構切迫しているのは、設例2の⑤の「自主退学の勧告を受けており1週間以内に退学届けを出さない場合は退学処分となる旨告げられている段階」で来るものです。これは弁護士としても非常に悩ましい選択になります。争う余地があるのかないのか、争ったときに覆せる余地があるのかないのかを見通し、どういう方針を立てるかの判断を迫られます。転校方向で説得したほうがよいのか、あるいは自主退学勧告を無理やり押し通そうとしている事案なのか、先ほどの要件に照らし、退学処分として無理があるかどうかの見極めが必要になります。迷ったときは、過去にこういった経験のある弁護士と相談しながら対応したほうがよいかもしれません。

　ここで退学処分等の争い方について簡単に紹介しておきます。

　まず学校交渉があります。これは少し無理があるのではないかということで退学処分にされてしまった場合でも撤回を求めるケースもありますし、自主退学勧告の段階で交渉する場合もあります。また、学校の態度が固い場合には、通常、監督機関への是正の申入れを考える必要があります。監督機関というのは、公立の学校の場合は教育委員会です。義務教育を退学にしてしまうとどこでも勉強できなくなってしまうので、学習権保障のために、公立の小中学校では退学処分ができないと条文上の定めがあります。しかし、公立の高校（東京都でいえば都立高校）は退学処分ができるので、その場合、監督機関である教育委員会（都立高校の場合は都教委）に「この退学勧告あるいは退学処分は行き過ぎではないか」という申入れをします。

　なお、私が過去に関わった件ですが、大学附属の学校では、教育学部長等が監督権限を持っている場合があります。そこに、「お宅の学校はこんなことをしていますよ」と意見書を作って申し入れたりすることで、対応が変わったというようなこともあります。

　一般的な私学は少し難しいです。私学の自主性ということで、私学には教育委員会の監督は及ばないとされているからです。ただ一応、私立学校法の中に所轄庁についての定めがあります。要するに、学校を認可したり助成を決めたりといったところの所轄が定めてあるのですが、私立の小中高につい

ては都道府県知事ということになっています。ですから、都道府県知事に申入れをします。あまりにひどい場合は、そこが「どうなっているのか」というようなことを学校に言ってくれるケースがあり得ます。そういった余地はあるということです。また、調停を申し立てるケースもありますし、強力な手段でいうと仮処分あるいは執行停止という法的な手段があります。

　先ほどお話ししたこの夏に退学処分になったケースは、公立の高校生に対する（勧告ではなく）退学処分でした。学校に申入れをしたのですが、犯罪行為に共犯として加担したのだから駄目だと言われ、全く応じてくれませんでした。ところが、実際はその子は覗き行為の見張りをしておらず冤罪的な事案だったこともあり、裁判所に持ち出すことにしました。公立の場合には、仮処分、民事保全の処分が使えません。何をするかというと、退学処分という行政処分の取消訴訟を本訴で起こし、併せて執行停止の申立てというものを出します。早期に回復し難い損害がある場合に、それを防ぐ手段として執行停止申立てが設けられているので、そうすると仮処分的な機能を果たせるということになります。

　私が関わったのはその冤罪的な子の事案だったので、執行停止の申立てをして学校に回答を求めたところ、回答期限の前日に退学処分を取り消してきました。別の弁護士が受けた見張りだった子の事案については、執行停止が出ました。執行停止が出たので、退学処分になったその子は学校には戻れています。

　ただ、本案の退学処分の取消訴訟はまだ続いているわけです。非常に異常な事態ですが、そういったことも起きる可能性があるということになります。子どもにとって退学になるかならないかというのは、本当に深刻な一生に関わるような問題なので、そういう意味では非常に重い事件でもあるのですが、学校が簡単に退学と言ってくるケースが少なからずあるということになります。

　自主退学勧告等の問題は、先ほどの学校事故の問題のように、単に賠償を得られればよいというレベルでは済まないことが多いです。学校事故にもそれで済まない面も実はあるのですが、退学の場合、法的に解決しても単純には学校に戻れないことが多いです。退学処分をされた子は非常に傷つき落ち込んでいますし、もう自分の人生が終わったというように思っている子もい

125

III　学校問題

ます。このような事態になったとき、保護者も子どもとどう接してよいのか分からず、子どもとの関係が悪くなってしまうこともあります。冤罪的な事例は別として、何かしら問題行動があって退学処分を受けているケースが多いので、そこを親が「おまえが問題を起こしたから退学になったんだろう」というように責めたりして、親子関係が壊れてしまうケースもあります。そういった場合の子どものケアの視点が、弁護士として関わるときにも非常に重要なことがあります。もちろんやったことは反省してもらいつつですが、「でも、あなたは退学になるようなことをしたわけじゃないよ。この退学処分はおかしいんだよ」と問題を整理してあげるような働きかけが弁護士にはできます。こういう働きかけは、自分の子どもの問題だということもあり親にはなかなか難しいところです。そういう意味では、リーガルサポートだけではなくソーシャルワーク的なサポートが必要になることがあります。

　もう一つ重要なのは、子どもがどうしたいかというのが基本だということです。戻りたいのか、それともあの学校はもういいと思っているのかです。大体親が主導して来ることが多いのですが、子ども自身がどうしたいかを基本にしないと途中でこじれることが多いです。したがって、ここは非常に重要な視点です。

　先ほど学校問題の特徴として、相談者と当事者がずれていると申し上げましたが、まさにそういう問題です。保護者は「学校側が許せない。絶対戻してもらわないと困る」と思っていても、本人は「あんなことをする学校にはもう戻りたくない。転校したい」と思っているケースもあります。そのようなケースで保護者の意向だけで動いても、よい結果にはなりません。仮に退学処分を撤回できたとしても、本人が戻らなければどうしようもないからです。本人の意向を基本にしながら、本人の傷ついた部分をケアしながら動いていくというのが、この退学処分等の事案で求められることです。

第4　いじめ防止対策推進法と学校の安全配慮義務

　いろいろな類型のいじめがあるので一つに絞るのはなかなか難しいのですが、資料19頁の設例3に一つの例として事例を挙げました。
　中学1年の生徒Cの保護者からの相談で、Cと仲良しグループだったP、Q、

Rの3名がそれまでCも含めた4名でLINEのグループチャットのグループをつくってやり取りをしていましたが、あるときからCがメッセージを送っても全く返信が来なくなりました。他の3人はどうやらCとは全く別に3人だけでLINEのやり取りをしているようであり、Cを誘わずに3人だけで遊びに行ったりもしているみたいだという相談を受けたというケースです。さらに、「きも」「氏ね」などという積極的なメッセージが送られてきているような場合はどうかということも付け加えてあります。

こういった相談が、今は大体月に20件くらいのペースで来ています。もっとひどいいじめの相談ももちろん来るのですが、この設例はかなり限界事例的なもので、そもそもこの事例がいじめに当たるかどうかということも問題になってきます。いじめの概念が非常に漠然としているからです。ですから、特にメッセージが送られてきた場合はともかく、前段だけだった場合、つまりグループチャットを3人だけ別のところでやっているとか、3人で遊びに行っているというのが果たしていじめに当たるのかということ自体から問題になります。

1 いじめ防止対策推進法といじめ基本方針

これについては最初に説明しましたが、2013年にいじめ防止対策推進法というのができ、その中でいじめの定義もされています。ですから、本日はそのいじめ防止対策推進法の概要をご説明しようと思います。

まず、いじめ防止対策推進法ができる前は、いじめは、先ほど説明した学校の安全配慮義務の問題であるという形で判例が積み重ねられていきました。ただ、2013年に法律ができたので、今後はその法律の条文に基づいた学校の対応が問題になっていくと思います。

2 いじめ定義とポイント

レジュメ4頁では、(1)旧定義、(2)2007年定義変更、(3)いじめ防止対策推進法のいじめ定義と三つ並べてあり、これには経緯があります。

かいつまんでいうと、まず(1)の部分ですが、もともとは、弱い者に対して一方的に、身体的・心理的な攻撃を継続的に加え、相手が深刻な苦痛を感じているという下線が付いたこの定義を文部科学省は採用していました。しかし、2007年に福岡の筑前町のいじめ自殺事件や北海道の事件などがありマ

III　学校問題

スコミで大きく取り上げられたのを契機に、文部科学省が定義変更をしました。それが(2)の「新定義」といわれるものです。「一定の人間関係にある者から、心理的・物理的な攻撃を受けたことにより、精神的な苦痛を感じているもの」ということです。つまり、旧定義から、弱い者に対して一方的にという一方向性、継続性、深刻性が取られ、非常にシンプルな定義になったわけです。いじめの定義として、これは少し広すぎるのではないかという批判も出たりしました。

　その後、2013年に法律上のいじめの定義がされました。いじめ防止対策推進法の2条です。多少法律上の技巧的な言葉が入っていますが、要するに「一定の人的関係にある他の児童等が行う心理的又は物理的な影響を与える行為であって、対象となった児童等が心身の苦痛を感じているもの」という定義です。比較すると、2007年の新定義をほぼ踏襲したものになっていますが、2007年定義では「攻撃」となっていた言葉が、法律上は「影響」と変わっています。これはさらに範囲を広げたものだといわれています。どういう問題意識かというと、シカト（無視）や仲間外しを意識した変更です。積極的な作為がない場合でも、シカトや仲間外しというのはいじめとして深刻な被害を与える可能性があり、これも入るということをはっきりさせたいが、「攻撃」では積極的作為でなければ入らないようにもとられかねないという懸念から「影響」にしたということです。シカトや仲間外しの場合、直接的にはその本人に対して何もしていないわけです。本人が挨拶したときに黙っているとか、あるいは遊びに行くときにその子以外の子たちを誘って遊びに行くなど、その子に対する直接的な作為がない場合もあります。それでも法律では、とにかく心身の苦痛が生じていて、そこに不作為であっても影響の行為があればいじめであるという定義になりました。

　これも賛否両論です。広すぎるという批判もあります。特に学校現場からは、これでは普通の生徒のトラブルや仲間同士のちょっとした仲間割れといったものも全部いじめになりかねないというような批判も上がったりはしています。ただ、逆にシカトや仲間外しなどで自殺に発展するようなケースもあり、この定義自体に意味があるという評価もあるので、非常に難しいです。

この定義からみたときに設例3はどうかというと、今の説明で大体お分かりかと思いますが、影響を与える行為はあるわけです。苦痛を感じて相談に来ているわけですから、法律上のいじめの定義に当たると言わざるを得ないということになります。LINEで別グループをつくってやり取りをしている、あるいはC以外のメンバーだけで遊びに行ったりしているというのは影響を与える行為であり、かつ、苦痛を感じているので、法律上これはいじめだということになってしまうわけです。

　問題は、殴る蹴るといった他の深刻ないじめと同じような対応を学校に求めてよいのかという点です。法律ができてしまった以上、そのレベルで実質的ないじめ対応の適正を計るしかないのですが、弁護士会にもこういった事案でいじめられているという相談がよく来るようになっています。学校から相談を受けることもあるのですが、「うちの子がこのいじめ防止法の定義に当たるいじめを受けている」と保護者が学校にいじめ対応を求めてくるといいます。学校の先生が「これは生徒同士の人間関係のトラブルなのでいじめではありません」と言ったところ、「条文を見たのですか」などと言われて学校も非常に困っているということです。ここは今、少し混線した状態にあります。ただ、定義ははっきりしてしまっているので、非常に難しい状況になっているということです。

3　いじめ防止基本方針の策定と組織設置

4　いじめの予防・早期発見・対処

　では、いじめに当たるとした場合に、学校はどういうことをするべきだと定めがしてあるかということを、次にご説明します。関連条文をひととおり挙げてありますが、一番問題になるのはレジュメ5頁(3)のいじめ対処です。ここについて定めた条文がいじめ防止法23条で、これが実践的に重大な意味を持っているといわれています。14頁注19にそのまま条文を引いていますのでご覧ください。

　まず1項に、児童等からいじめに係る相談を受けた場合にいじめの事実があると思われるときは、通報などをするという通報の義務があります。そして2項で、いじめを受けていると思われるときは、学校は速やかにいじめの事実の有無の確認を行うための措置を講ずるとあります。調査確認義務とい

III　学校問題

う言い方をされていますが、いじめの可能性があるときに調査確認をしなさいというのが学校の第1段階の義務です。

また3項では、いじめがあったことが確認された場合、いじめをやめさせ、その再発を防止するために、当該学校の複数の教職員によって、心理、福祉等に関する専門的な知識を有する者の協力を得つつ、いじめを受けた児童又はその保護者に対する支援、いじめを行った児童等に対する指導、いじめた側の保護者に対しては助言を継続的に行うということになっています。いじめを受けた側へは「支援」、いじめた側に対しては「指導」という言葉になっています。これが、確認されたいじめに対する学校の対応義務を一般的に定めた条項です。

法律上はこうしなさいということなのですが、ただ支援や指導や助言をしろといわれても、これだけでは具体的に何をするのかがはっきりしていません。これに関しては、いじめ防止法だけでははっきりしないということで、その点を補う形でいじめ防止法11条に基づいて文部科学大臣が「いじめ基本方針」というかなり詳細なものを定めています。さらにその一部なのですが、文部科学大臣が学校がするべきことという部分だけを別に取り出した「学校における対応のポイント」というものも定めています。ここに、具体的にこういうときはこうしなさいということが、かなり詳細に書いてあります。ですから、これは法律そのものではありませんが、法律を解釈する際、つまり先ほどの支援や指導の中身を解釈する際の一番重要な基準になるといわれています。実際に相談を受けて学校の対応を求めていくときには、この基本方針と学校対応のポイントを確認しながら、学校がきちんと動けているかどうかという辺りが検討課題になるだろうと思います。

この基本方針と学校対応のポイントについては、もともと、いじめた生徒を厳罰にしろというニュアンスが強い基調になっていたのですが、弁護士会が基本方針策定の協議会のメンバーに入って、かなり弁護士会的な視点が加えられたものになりました。要するに、いじめた生徒に対する支援の視点も必要だということです。いじめた生徒も、いろいろな問題を家庭等で抱えている中でストレスを感じており、それがいじめとして表れていることが多いので、単に上から「いじめはいかん。被害者のことを考えろ」という指導だ

けではいじめは解決しないのです。このことを弁護士会として言ってきたのですが、この対応のポイントの中にはそういった視点も入っていますので、使える部分も結構多いと思います。厳罰だけを求めてもいじめは本当には解決しないので、そういう意味では被害者にとってもよくありません。ですから、やはりきちんとした対応を学校に求めていくというのが重要かと思います。

　弁護士会によく来る相談で、一つのパターンとして多いのは、学校がいじめを確認して加害者を指導し、謝罪の場を設けて加害者に謝らせて被害者と握手をさせ、これでもう解決だと言われたのだが、その後でもっとひどいいじめを受けるようになったというものがあります。このような相談はすごく多いです。学校の対応が非常におざなりであり、型どおりすぎるのです。いじめた生徒を本当に変える指導になっていないという辺りは、今のいじめの問題としてすごく大きいというのが弁護士会の問題意識としてあります。その辺りも協議会を通して、先ほどの基本方針や学校対応のポイントの中に不十分ではあるものの取り込まれた部分がありますので、活用していただきたいと思います。

　この辺りの資料として一番使いやすいのが、三省堂から出ている『解説教育六法』というものです。やや分厚いのですが、もしこういった相談を受けて動くときには非常にお勧めです。これは条文が載っているだけではなくて、基本方針や対応のポイントも全て載っており、また、主要な条文に関連する判例も文部科学省の通達なども載っています。これを見ると、学校教育分野での今の裁判所の判断の仕方や、文部科学省がどういう通知通達を出しているかなど、その辺りまでひととおり、一度に見ることができるので、動くときに確認するには非常に便利です。これは毎年出ているようです。

5　いじめ被害相談と代理人対応のポイント
(1) 本人が登校を継続している場合
　代理人活動をする場合のポイントということで、大きく分けて、まず本人が登校を継続しているかどうかというのが、判断のメルクマールとして一つあります。本人が登校を継続しているような場合は、代理人活動をするかどうか自体を非常に慎重に判断する必要があります。いじめは受けているが学

Ⅲ　学校問題

校の中に味方もいて、何とか学校に通えているケースというのは結構あるのですが、この場合、弁護士が関わるということは非常にインパクトが大きいです。学校が動きだしたりする可能性もあり、そうなったときにうまくいけばよいのですが、下手をすると、「ちくっただろう」というようなことで、かえってひどいいじめになりかねません。その結果、本人が望んでいない展開になる可能性があるので、登校を継続できているような場合は、本人から話を聞くなどして実際の状況がどうなのかを確認をする必要があります。

(2)　登校できていないが、再登校の意向がある場合
　ア　再登校に向けた学校交渉

　再登校の意向がある場合は、再登校に向けた学校交渉が必要になります。もちろん本人が戻りたいと言っているのが大前提なのですが、そのときに出てくるのがいじめに対する学校の安全配慮義務です。ここにもいくつか書きましたが、先ほどの条項や学校対応のポイントに書かれていることを踏まえて、安心して学校に通えるような対処を求めていくということになります。

　いじめの指導を求めるというのはもちろんあるのですが、なかなかそう簡単にいかないことが多いです。いじめた側の子もいろいろなストレスや問題を抱えていることが多いからです。その他にできそうなこととして、クラス替えの要求、つまりいじめている子たちと別のクラスにするように要求するケースがあります。ただ、これは年度末や年度替わりのときでないと、なかなか現実的ではありません。あるいは別室授業というのもあります。この別室授業には、「加害生徒を別室授業にさせてください」という要求をするケースもあるのですが、それは報復的な結果が生まれることも多いので、実際にはなかなか難しいことがあります。とにかく学校に通いたいということであれば、「この子だけ別室授業で、学習権を保障してください」といった要求をするケースもあります。また、担任の先生の対応がひどい場合や、担任の先生との信頼関係が失われているような場合には、そう簡単ではないのですが、担任の交代を求めるようなケースもあります。

　いずれにせよ、いじめの問題を本人の意向に沿ってきれいに解決するというのは、非常に難しく、頭を悩まされることが多いです。学校がその要求に応じて動こうとしないような場合や、学校の対応に問題があるような場合に

は、監督機関への申入れという対応をすることがあります。これは退学の場合などと同じです。

イ　不登校への対処

いじめで学校に行けていない子は、うちにこもってしまっている場合が多いです。それによって本人も精神的に非常にダメージを受けますし、保護者のほうもどうしてよいか分からなくなり、子どもとの関係が非常に悪くなったりしているケースがあります。そのようなとき、学校代替機関を紹介したり、その対応を求めていったりという活動が有効な場合が少なからずあります。学校代替機関というのは、具体的には公立の場合、適応指導教室というものがあり、教育委員会が学校に行けなくなった子向けに設けているので、そこに通わせてほしいというような要求をします。これは非常に少人数で、かつ、そういうことへの対応がきちんとできる先生が配置されているので、適応指導教室に通うことで安定してきたというケースは少なからずあります。

そんなことは学校が当然するべきではないかと思われるかもしれませんが、これも学校がしていないケースが非常に多いです。なぜかというと、この学校代替機関を利用するためには、校長が教育委員会に「この子はこういう理由で学校に通えなくなっている」ということを申し出ないといけないからです。校長はそれをしたがりません。つまり学校として対処ができてない問題が起きていると、校長は自認することになってしまうので、特に指導教室の理由としていじめなんかが起きているということを教育委員会に報告するのは嫌だということです。少なくとも私たちが相談を受ける中では、そういった校長が非常に多いです。

ですからその場合には、校長にも「これはいじめです。それによって学校に通えなくなっているので適応指導教室をきちんと紹介してください」という話をしますし、教育委員会にもそういうことを申し入れて、双方に働きかけていきます。そうする中で、ようやく適応指導教室に行けるようになった例があり、そして、子どもが元気になることで親子関係も改善され、子どもがこれからどうしようかということを前向きに考えられるようになったケースが結構数ありますので、そういう問題意識は必要だと思います。

Ⅲ　学校問題

　また、技術的なことでいうと、いじめで出席できなくなり、かつ、学校の対応が悪い場合には、「出席日数自体をきちんと学校として配慮せよ」ということを求めるケースもあります。小中学校の場合、出席日数云々は進級や卒業にはあまり影響しないのですが、私学に進学したりするときに結構影響してしまいます。そういったことを考えると、こういう要求が必要になる場面もあります。

⑶　登校できておらず、再登校の意向もない場合

　この場合、不登校への対処は先ほどと同じですが、それに加えて転校の可能性を考える必要があります。「この学校は嫌だけど他の学校なら行ってみたい」というケースがあります。義務教育の学校は、本来学区ごとに行ける学校が決まっているのですが、いじめなどが理由で不登校になった場合については、学区の枠を外して柔軟に転校を認めるべきだと文部科学省が通知を出しています（レジュメ15頁注22参照）。こういった通知などを利用して、学校や教育委員会に転校についての働きかけをするというケースが結構あります。

　ただ、やはり校長が協力せず、難航することが結構な数あります。理由は同じで、いじめを認めたくないという校長が多いということです。その辺りも弁護士が関わることで大きく事態が変わるケースがありますので、そういう動き方もあるということを少し意識しておいていただければと思います。

　以上、資料19～20頁設例3の小問①～⑦に対応させてご説明しました。②の説明が抜けているのですが、学校がいじめの調査結果を開示しない場合にどうするかという問題があります。学校がいじめの調査をやっていて、実際にどういうことを学校が確認できているのか、何が分かったのかなど、その辺を被害者や保護者が知りたいような場合に、これが問題になることがあります。これについては最初に説明した教育情報の開示のところの問題で、後ほど簡単に触れたいと思います。

　ここでもやはり大事なのは、退学のときと同じで、子ども本人の気持ちに沿って動くということだと思います。保護者は、子どもがいじめられたと思うと非常に感情的になって、加害生徒に損害賠償請求をしてほしい、退学させてほしい、転校させてほしいなどと言ってくることもありますし、きちん

と動いてくれない担任に損害賠償請求をしてほしい、担任を辞めさせたい、学校に賠償請求したい、クラス替えではなく解雇させたいなどいろいろな要求が出てきます。しかし子ども本人に聞くと、そこまでは求めていないことが多いです。安心して学校に通えるようになればそれでよい、あの学校はもう行きたくないから転校できればよいといった非常に現実的な望みを持っていることのほうが多いです。最終的には保護者に対しても、子どもが安定することを確保することが納得を得られる道かと思いますので、子どもの意向に沿って動いていくということが、この場合もやはり重要ではないかと思います。

第5　教育情報の開示

　次の事例は資料20頁の設例4です。小学校3年生の子どもD君が、休み時間中に、校庭で飼育している動物の飼育檻の前で、教師から注意をされた際に倒れて手首を捻挫する障害を負いました。子どもから聞いたところ、教師から胸ぐらをつかまれて怒鳴りつけられ、つかんだ手を放された際に後ろに転倒して、手首を捻挫したとのことでした。ところが学校からの説明は、子どもが飼育中の動物にいたずらをしていたところを教師が発見して注意したが、子どもが聞き入れようとしなかったので両肩を押さえて注意をした際、子どもが転倒したというものでした。そこで保護者から対応について相談があったというケースです。

　こういうケースではいろいろな問題点があるのですが、一つはやはり実際に何があったかの確認が必要だということです。もう一つは本人の状態に応じてですが、教師の対応で傷ついている場合にそれをどうケアするかというのが、基本的な問題として大きいと思います。また、この場合は捻挫をしているので、そのけがについての補償の問題というのもあると思います。

　こういった問題点があるわけですが、このケースのように完全に言い分がずれてしまっていると非常に難しくなります。まず、学校教師の対応についての判断がどうなのかということなのですが、これは他の生徒等から聴き取りができるかなどといったことを問題にしていかざるを得ないということが一つあります。もう一つは、教育情報の開示を使って、ある程度の資料を集

Ⅲ　学校問題

めるということです。これはこの事案だけではなく、いじめの問題でもやはり出てきます。学校がどういう調査をして、どこまで集まっているのかを知る、あるいは一般的な学校事故や先ほどの生徒間事故でも、実際に学校でどういうことが起きたのかということについて、教育情報として調べる必要が出てくるケースがあります。学校の外にいると、「お子さんがけがをされました」と非常に不自然な説明をされ、本当に何があったのかはよく分からないというようなケースは多々あります。これは医療事故とも共通する部分なのですが、外にいる保護者からは分からないわけです。もちろん子ども本人が分かっている場合は子ども本人の話が手掛かりにはなりますが、証拠としては弱いというケースが少なからずあります。そういう場合の対応として、この教育情報の開示の問題があります。

1　問題となる教育情報
(1)　事故報告書（体罰報告書）、災害報告書等

　まず、この関連で問題となる教育情報というものを挙げます。一つ目が、よく学校事故で問題になる事故報告書といわれているものです。これは公立の場合、学校管理規則という教育委員会が作っている規則に基づいて、学校は作成を義務付けられています。学校長が作成し教育委員会に提出しなさいといわれている書面なのですが、どういった場合に作るかというと、大体の教育委員会でほぼ同じですが、子どもの安全健康に関することと子どもの指導に関することに関して起きた事故（軽微なものは除く）の場合です。ですから、けがが生じたような場合は、本来は事故報告書を必ず作らなければいけないことになっていますし、作っているはずです。作成した報告書を学校が教育委員会に提出し、教育委員会と学校とでそれぞれ持っているというのが本来の姿なので、その開示を求めることができます。

　似たようなもので体罰報告書というものがあります。これは教師が体罰をしたということを学校側が認めている場合に作られます。ですから、設例4のような場合は体罰報告書を作っていない可能性があります。学校の教師側の言い分として、「いたずらをしている子どもを発見して、注意して、聞き入れようとしない子の肩を押さえただけだ。結果として、子どもが転倒してけがになっただけだ」ということで、「これは体罰じゃない」と言っている

可能性があるからです。ここは体罰の定義が問題になってきます。いずれにせよ、学校側が体罰として把握した場合は体罰報告書というものが作られますので、その点がはっきりしているケースでは、体罰報告書の開示を求めると、少なくとも内部でどういう体罰があったと報告されているかを確認することができます。体罰報告書についてここで中身までは紹介できませんが、レジュメ17頁注28に、東京都での体罰報告書の書式が載っている都のホームページの該当のウェブアドレスを掲げています。これを見ると、どういうことが書かれた体罰報告書が作られているかというのが分かります。

　また、災害報告書というものもあります。これは学校が教育委員会向けに出す報告書ではなく、先ほど学校事故のところで説明した共済保険の管理団体であるスポーツ振興センターに提出するための書面です。学校事故が起きてその治療費などを払ってもらったりするときに、学校は必ずこういう事故が起きたという災害報告書を作り、スポーツ振興センターに出しています。控えを学校が持っていますので、これを開示請求することで学校がどういう事故だったと報告しているかというのは少なくとも確認できます。これは訴訟や学校の安全配慮義務の訴えにつなげられるかどうかの一つの資料にすることができます。

(2) 　**指導要録**
(3) 　**調査書**

　やはり同じく問題になる教育情報として、これについては裁判例が多く出ていますが、指導要録というものがあります。児童生徒の学籍、指導過程、結果、出席状況、成績なども含めた様々な情報の要約を記録した、その後の指導や外部に対する証明に役立たせるための原簿になるものです。調査書や内申書のもとになるものだと思っていただければよいと思います。この指導要録とそれに基づいて作られた調査書の開示というのが問題になるケースがあるということです。この開示に関しては裁判例が既にあり、レジュメ17頁注29と注30で紹介しています。

　まず注29は大阪高裁の裁判例です。これは指導要録と内申書の開示を求めたところ、非開示決定が情報開示審査会で出され、その取消しを求めた裁判です。判決としては、内申書と指導要録の開示請求に対して、個人評価情

Ⅲ　学校問題

報であることを理由に、内申書指導要録の各教科の学習の記録欄の「所見」欄、要するに記述式の部分及び行動（及び性格）の記録の「所見」欄等が非開示とされた事案について、教師の主観的評価を含むこれら「所見」欄等の記載を含めて全面開示を命じたというものでした。これが最終的にどうなるのかまだ議論の余地はありますが、今この流れが一つあります。ただ、全部ではなく、まだ流れが固まってないというべきだと思いますので、注30にこれとは違う判断をした判例を挙げています。

　注30は情報開示に関する最高裁の判例です。大田区立小学校の指導要録非開示決定取消請求事件です。おそらくこれは中学への進学でどういう資料が出されたかを知りたいということで開示請求をした事案だったと思うのですが、小学校の卒業後に小学校在籍当時の要録の開示を請求し、個人情報保護条例上の非開示条項に当たるということで非開示になったものの取消しを求めた事案です。指導要録の「各教科の学習の記録」欄の中の「所見」欄、「特別活動の記録」欄、「行動及び性格の記録」欄に記録されている情報は、児童の学習意欲、学習態度等に関する全体的評価あるいは人物評価というべきものであって、評価者の観察力、洞察力、理解力等の主観的要素に左右され得るものであり、条例の非開示情報に該当すると判断しました。これを開示すると教師の評価活動に影響を及ぼすという判断です。他方で、「各教科の学習の記録」の中の観点別学習状況に記録されているもの、つまり「ABC」、「よい・普通・もう少し」といった部分については、3段階や5段階に分けて評価した結果であり、児童の日常的学習の結果に基づいて到達段階を示したものであって評価者の主観的要素が入る余地が比較的少なく、開示しても弊害がないということで、これについては非開示決定を取り消し、一部認容という判決になりました。これがもう一つの判例で、今のところ最高裁の判断としてはこちらということになります。

　ではこちらが主流かというと必ずしもそうではなく、注30括弧内のただし書に書いているとおり、この事案で争われた指導要録というのは、開示を全く予定されていなかった時代のものが裁判で争われたので、その時点での最高裁の判断であるといわれています。その後、開示請求が数多く出てくるようになってからは、指導要録の書き方が若干変わってきています。開示も

想定した書きぶりになってきているので、開示請求についても最高裁が同じ判断をするかどうかは分からないというところがあり、大阪高裁のような全面開示方向で判断が出る可能性もあるということがいわれています。ですから、ここはまだ最高裁の判断としては固まってないといえると思いますが、全体としては開示する方向の流れにあるのではないかと思います。

　⑷　職員会議録

　ほかに問題になるものとして職員会議録があります。私はこれも開示請求をしたことがあるのですが、例えば生徒の処分を決めるに当たって職員会議でどういう議論がされたかというようなことが知りたいときに開示を求めることがあります。私が関わった事案では先生の中に協力的な方がいて、「この処分には反対意見が結構多かったんですよ」という話を聞いたので、「じゃあその記録を取ってみよう」ということで開示請求をしました。かなり黒塗りされていましたが、いろいろな意見が出ているのが分かるような記述は出てきたので、それなりに役立ったかなと思います。

　⑸　いじめ情報

　今トピックになってきているのが、このいじめ関連です。大津のいじめ事件以降、また裁判所などでも争われるケースが非常に増えてきています。対象情報として一番問題になりやすいのは、アンケート結果などです。今は必ず生徒からアンケートをとるようになっています。定期的なアンケートもとりますし、いじめが起きた直後に、「あなたはどういういじめを見ましたか。A君についてあなたが知っていることを書いてください」などと全校生徒に書かせたりします。それを被害側の保護者あるいは生徒が開示請求をするようなケースが少なからずあります。これを求めていく根拠としては、もちろん先ほどの個人情報保護条例に基づく本人の自己情報開示という方法ももちろんありますし、いじめ被害者として請求する場合は安全配慮義務に基づく請求などもありますし、いろいろな請求の仕方があり得ます。

　いじめ防止対策推進法が制定されたことで、請求の仕方としてもう一つできることになったのが「重大事態」という場合です。いじめ防止対策推進法の中に新たな制度として、重大事態と呼ばれる事態が生じた場合の学校や教育委員会、都道府県知事の特別の対応義務が定められ、それに基づく開示が

可能になりました。それを紹介しているのがレジュメ16頁注23です。

まず、重大事態とは何かというのが、注23の(1)アに二つ書いてあり、「いじめにより学校に在籍する児童等の生命、心身又は財産に重大な被害が生じた疑いがあると認めるとき」、もう一つは「いじめにより学校に在籍する児童等が相当の期間学校を欠席することを余儀なくされている疑いがあると認めるとき」です。こちらのほうがより適用範囲が広いといわれていますが、両方とも「疑い」ということです。ここにいう相当の期間については、先ほどの基本方針の中に細かいところが書いてあるのですが、大体30日程度が相当期間を満たす期間として書いてあります。1か月くらいの不登校というと、いじめなどがあるとすぐ起きてしまうものです。学校に行けなくなってしまった子が1か月で戻れるケースというのは逆に非常に少ないといったほうがよいので、多くのいじめ事案で不登校が一旦始まると、この2号の重大事態に当たるケースが多いといわれています。

保護者がそこで何かを求めていくなどの行動をとるかどうかは別ですが、その場合に何ができるかというと、まず注23の(1)イの調査組織の設置を求めることができます。これは本来、求めがなくても設置しなければならないとされているのですが、求めがないので設置していないというケースが結構あります。また、調査組織は事実を明確にするための調査を実施しなければならず、その調査結果を報告しなければならないとされています。

先ほどから話している被害者側のニーズの問題に関連するのは、注23の(1)オのところです。重大事態の場合、いじめ被害児童等・保護者に対して、当該調査に係る重大事態の事実関係等その他の必要な情報を適切に提供しなければならないとされています。ですから、この重大事態の場合には、特別な機関を設けて調査をした上でその結果を被害者に報告する義務があると、法律上定められたということになります。情報そのものの開示にいかない場合もありますが、この情報を求めていく手段が今はいろいろとできているということです。

2　開示を求める手段

(1)　公立学校と私立学校

公立の場合、自治体の個人情報保護条例を使います。私立の場合、一般的

に条例は使えないのですが、個人情報保護法と同法施行令が私学も含めた民間団体全般に一般に適用されますので、これに基づく開示請求が可能です。その他、先ほどのいじめ防止法に基づく特別のケースごとの請求の仕方もあります。

先ほどのアンケート結果について、新聞にも載りましたが、平成27年12月15日に鹿児島地裁で一つ判決が出たのでご紹介します。アンケートの結果について、生徒が書き込んだそのものの開示は認めなかったのですが、書き込んだものを転記したいじめ調査の概要という印字したものについては開示しなさいということを裁判所が認める裁判例が出ました。おそらく、今後はこういう流れになっていくかと思いますので、その辺もこれから先は問題として取り上げられると思います。

(2) 証拠保全申立て

もう一つの情報開示を求める手段として、訴訟の準備という前提になれば、証拠保全で情報をとる余地もあります。特に、学校が何か隠しそうだというようなケースになりますが、これは医療事故と同じです。体罰などの場合はそういう可能性が結構あります。

第6 その他の問題

第7 まとめ

子どもの相談をやっていただくとお分かりになると思うのですが、学校の中での子どもの権利というのは非常に危うい、あるいは十分な保護がほとんどされてないケースが多いです。もちろん問題のないところもたくさんあるのですが、いざトラブルが起きたときに子どもの権利が守られてないということは多々あります。退学やいじめなどを見るとまさにそうです。学校事故でもそうです。

子どもの事件の特徴としては、各論で述べてきたように、保護者からの相談の場合には、相談者と対象者の不一致というのが非常に大きな問題になるので、方針を決めるときにはやはり子どもの気持ちに添っていかないと弁護過誤になりかねないようなトラブルになる可能性がある点は、注意が必要か

III　学校問題

と思います。

　また、単なる法的にお金をとるというだけでは済まない、子どものケアの視点が必要になるケースが多いです。その場合はやはりソーシャルワーク的なサポートが必要になります。イメージが湧かないときは、今は子どものケアの視点の本がいろいろと出ていますので、それで調べたり、あるいは他の弁護士とも相談しながら取り組んだりという対応があると思います。

　子どもの事件には時間の壁と教育裁量の壁があります。特に訴訟の本案で子どもの問題を解決するということはほとんど期待できません。事後的な損害賠償などの場合は別ですが、せいぜい仮処分的なものになることが多いということです。例外的なケースでいえばいじめの自殺事件などの場合、子どもが亡くなった原因をはっきりさせたいということで保護者が本案訴訟を起こすということはむしろ一般的にあり、今も結構な数が起きています。本日は、その判例の紹介はできませんでしたが、レジュメ16頁注27に載せてありますので、判例傾向については後で見ていただければと思います。

　子どもの事件の特徴と弁護士の役割ということでは、リーガルサポートとソーシャルワーク的サポートの二つの視点が特に必要ではないかと思います。学校事故などの場合は、普通のリーガルサポート的な側面が非常に強いといえるのでわりとなじみやすいと思うのですが、退学やいじめといった事案になってくると、子どものケアの視点がかなりの割合を占めてくるのが特徴だと思います。その分野は特に解決が難しい事案が多いです。退学で学校に戻れるケースは非常に限られていますし、いじめで、いじめた子が反省していじめられた子が学校に戻れるという場合も非常に少ないです。ただ、だからといって弁護士が付く意味がないかというとそういうことはなく、先ほどのように保護者が子どものケアをきちんとできていないケースが非常に多いので、弁護士が付くことで第三者として子どもの気持ちを整理してあげる手伝いができるケースは多々あります。それをソーシャルワーク的サポートとまとめていますが、大きくいうと、一つには傷ついている気持ちを回復させてあげるサポートがあります。つまり、いじめであれば「あなたは悪くないんだよ」というスタンスで話を聞いてあげたり、退学でも「あなたのやったことは悪いけど、退学にしたのは学校のほうが悪いよ。退学になるような

第 7 まとめ

事案じゃないよ」という話をしたりすることで、子どもが自己肯定感を回復することはあります。

　二つ目は、子ども自身の自己解決力、自分がこうしたいという気持ちを尊重することで、子どもが自分の自信を取り戻していく手伝いをすることもできます。これも、やはり保護者ではなかなかうまくできていないケース、つまり親が全部解決してあげようとするケースがあるので、この視点も大事かと思います。

　また三つ目は、子どもがいろいろな思いを持っていながら、自分自身でもどうしたいのか、どんな気持ちなのか自体をあまりうまく整理できない、把握できないということがあります。その部分を一緒に考えることで、子ども自身が気持ちを整理したり、希望をまとめていったり、このようにしていくという方向性を一緒に決めていったりする手伝いになりますし、それが必要とされる場合があります。そういったいろいろな視点でのサポートが求められるケースが、子どもの事件の場合には結構な割合を占めるということがいえると思います。

　このように非常に難しい部分が多い問題もあるのですが、やりがいもありますので、子どもの事件と遭遇されたときは、もし今のような取組などに関心を持たれた方は是非積極的に関わって子どものサポートをしていただければと思います。さらに、より進んでこういった分野を積極的にやってみたいと思われる方は、東京弁護士会の中でも子どもの人権救済センターというところが110番をやっており、そちらの研修を受けて登録していただくと110番の担当者として子どもの事件をご担当いただくこともできますので、それも是非お願いしたいと思います。

　ごく簡単な紹介しか付けていませんが、参考文献をレジュメ8頁に挙げています。特に2番目に挙げた『学校事故・判例ハンドブック』という本は、様々な分野の学校事故、柔道事故や熱中症、休み時間中の事故などをいろいろな切り口で分類し判例傾向を分析してあり、最近出た本ですので役に立つと思います。こちらも参考にしていただければと思います。

143

Ⅲ 学校問題

レジュメ

Ⅲ 学校問題

弁護士 三坂 彰彦

（※学校教育法＝学教法、学校教育法施行令＝学令、学校教育法施行規則＝学規）

第1 総論
1 学校問題と本研修の視点
 (1) 学校（法律）問題の射程
　子どもを中心として、学校[1]をめぐる関係当事者間で生じる法律問題。子ども、保護者、学校、教師、教育委員会、近隣住民等第三者など。
 (2) 本研修の視点と概観
　ア 本研修の視点
　　子ども（とその保護者）の立場から、学校生活で遭遇する様々な法的トラブル（法的側面を含むトラブル）とその特徴を概観。
　　他方で、学校とそこで勤務する教員とのトラブル（労働問題等）や、学校と近隣住民とのトラブル（騒音問題等）は除外。
　イ 子どもが学校生活で遭遇する法的トラブルの概観
　　a 学校教育自体において子どもに起きるトラブル（ex 成績評価、原級留置、卒業認定）。
　　b 生活指導・学校懲戒に関するトラブル（ex 校則、退学、停学、体罰等）
　　c 学校教育に伴って子どもに生じる事故（子ども相互間でのトラブルを含む）
　　d 子ども相互間トラブルのうち、特に「いじめ」
　　e 教育情報の開示（ex 指導要録・内申書、事故情報）
2 学校問題（特に子どもに関する）の特徴
 (1) 相談者と相談対象者の不一致 → 方針策定のスタンス
 (2) 子どもに関するトラブルにおける、リーガルサポートとソーシャルワーク的サポート
 (3) 時間の壁、教育裁量の壁（とりわけ訴訟）
3 就学・入学（＝在学関係の発生）と在学関係の法律構成
 (1) 在学関係の発生

ア　公立小・中学校の場合の在学関係発生；市町村教育委員会による就学指定
　　　a　（就学予定児の）学齢簿作成（学令2）→ 就学時検診 → 就学指定（学令5）
　　　b　就学指定のあり方 →・通学区域制ないし学区制（学令5Ⅱ）[2]
　　　　　　　　　　　　　・学校自由選択制（学令8）　cf 地方分権との関連
　　イ　公立高校の場合；学校長の（入学）許可（学規90条Ⅰ）
　　ウ　私立小中高の場合；当事者間契約
(2)　在学関係の法律構成[3]；私学＝在学契約、公立＝公法上の特別の法律関係（判例）
(3)　在学関係を規律するもの
　　ア　各種法令（憲法、教育基本法、学校教育法・令・規則、いじめ防止対策推進法、地方教育行政法、子どもの権利条約等）
　　イ　（教科教育面に関して）学習指導要領（学校教育法33条、学規52条等[4]）（法規性について判例[5]）
　　ウ　校則（生徒心得）
　　；学校が定める在校生に関する規定で、入退学・教科・進級卒業・賞罰等の手続に関する規定と在学生の日常生活に関する規定とからなる（cf 学規4の「学則」）
　　→法的根拠・効力（在学の法律構成との関係）（裁判例[6]）
　　エ　当事者間合意（在学契約、誓約書等）
(4)　義務教育における就学義務　cf 不登校と登校督促（学令21条、なお同2条）

第2　学校事故　（学校生活における子どもの安全）

1　この場面での学校の法的義務
  (1)　安全配慮義務；児童・生徒の生命・身体・精神の安全に配慮すべき（条理上の）義務
  (2)　義務の発生範囲；学校教育活動及びこれと関連する活動に伴う場面
  (3)　義務の水準　学校教師に通常人より高度の義務
     （サッカー落雷事故に関する平成18年3月13日最判・判タ1208-85）
  (4)　安全配慮義務違反による賠償責任の判断 → 予見可能性と結果回避可能性
2　学校事故と補償・賠償　※設例1
  (1)　学校共済保険（日本スポーツ振興センター法）
     同法施行令5条 →「学校管理下」の災害[7]
  (2)　学校側に安全配慮義務違反がある場合 → 賠償責任
　　ア　公立学校　国家賠償法
　　イ　私立学校　民法（使用者責任・工作物責任等）
  (3)　教師の行為による場合　公立の場合　教師の個人責任＝原則なし

—2—

Ⅲ　学校問題

　(4)　施設の瑕疵による場合
　(5)　生徒間事故の場合　学校以外に、加害生徒と保護者の責任
　　　※設例1　cf 親権者の監督義務責任（民714）に関する最高裁判決[8]
3　いじめ（後述、第4）

第3　学校における教科教育・生活指導（懲戒処分）等
1　学校教育活動
　教科教育と生活指導を中心とし、さらに特別活動と課外活動特別活動には、学級活動・ホームルーム活動、児童会活動・生徒会活動、学校行事等があり、課外活動は上記活動を除いた活動であり、具体的には、部活動・課外授業等とされる。
2　教科教育
　(1)　教科教育の指針＝学習指導要領
　　　；各教科で実際に教える内容とその詳細等について文科省が定めたもの
　(2)　進級認定、卒業認定の法規制（教科教育 → 広範な教育裁量）
　　ア　進級認定
　　　a　小・中学校
　　　　「平素の成績を評価して」「各学年の課程の修了」を認める（学教法57、79）とし、各学年ごとに一定の課程の履修・修得が要求される枠組（＝学年制）がとられているが、進級させない扱い＝原級留置は運用上存在していない。
　　　b　高校
　　　　「平素の成績を評価して」「各学年の課程の修了」を認める（学教法104）とし、原則として学年制。同時に卒業認定について単位制の枠組み採用（学規96条）。
　　　　　進級させない扱い＝原級留置が存在する（ex都立学校管理運営規則25条）
　　　原級留置に関する裁判例[9]　cf　仮進級[10]
　　イ　卒業認定
　　　a　小・中学校
　　　　「平素の成績を評価して」「卒業」を認める（学教法57、79）。
　　　b　高校
　　　　卒業認定には「平素の成績の評価」（学規104）に加え、原則として所定単位の修得が必要（単位制。学規96）。
3　校則・生活指導・懲戒
　(1)　日常的対応　校則と生活指導
　(2)　問題行動 → 特別指導・懲戒
　　ア　特別指導（広義）；校則違反・非行等の問題行動があった生徒への指導
　　イ　懲戒（学教法11条本文）

ウ　停学　小・中学校では、停学処分はできない（学規26条Ⅳ・義務教育との関係）
　　　a　無期停学
　　　b　cf 自宅謹慎
　　　c　cr 出席停止（学教法35条等）
　　　→懲戒処分ではなく、他の児童生徒の学習権保障の要請に基づく措置
　　エ　退学　※設例2
　　　a　退学処分（学教法11条、学規26条Ⅰ、Ⅲ）[11]
　　　公立小・中学校では、退学処分はできない（学規26条Ⅲ）。もっとも私立小中学、及び、公立でも併設型中学・中等教育学校の場合は退学処分可。
　　　b　退学処分に対する法規制（裁判例[12]）
　　　c　自主退学勧告（裁判例[13]）　cf 都立学校管理運営規則24
　　　d　退学等への対応
　　　　→交渉、監督機関への是正申入[14]、調停[15]、仮処分or執行停止
　　オ　体罰の禁止（学教法11条但書）　※設例4
　　　→体罰と文科省対応、体罰に関する裁判例[16]
　　カ　教師の不適切言動　cf 110番「教師とのトラブル」事例
　　　a　「（懲戒に際し）児童等の心身の発達に応ずる等教育上必要な配慮」（学規26Ⅰ）
　　　b　人格権（憲法、子どもの権利条約）
　(3)　生活指導・懲戒の傾向
　「道徳」（規範意識）教育と懲戒におけるゼロ・トレランス

第4　いじめ（いじめ防止対策推進法と学校の安全配慮義務）　※設例3
1　いじめ防止対策推進法といじめ基本方針（学校における対応のポイント）
2　いじめ定義とポイント
　(1)　旧定義（文科省）；
　　①　<u>自分より弱い者に対して一方的に</u>、②身体的・心理的な攻撃を<u>継続的に</u>加え、③相手が深刻な苦痛を感じているもの。
　(2)　2007年定義変更

　　　【新定義】　　　　　　　　　　　　　　　【旧定義】
　　①　一定の人間関係にある者から　　　　　自分より弱い者に対して一方的に
　　②　心理的・物理的な攻撃を受けたことにより　継続性
　　③　精神的な苦痛を感じているもの　　　　深刻性
　(3)　いじめ防止対策推進法のいじめ定義　2条（定義）

—4—

Ⅲ　学校問題

「児童等に対して、当該児童等が在籍する学校に在籍している等当該児童等と一定の人的関係にある他の児童等が（①）行う心理的又は物理的な影響を与える行為（②）（インターネットを通じて行われるものを含む。）であって、当該行為の対象となった児童等が心身の苦痛を感じているもの（③）」[17]
(4)　定義についての留意点
　①　被害者が被害を認めていないケース　cf 小グループ内でのいじめ
　　→基本方針18・第1-5「心身の苦痛を感じているもの」
　②　被害意識と加害意識にズレのあるケース
　　→基本方針・第1-5「いじめられた児童生徒の立場に立っていじめにあたると判断した場合」との部分

3　いじめ防止基本方針の策定と組織設置
(1)　学校における、いじめ防止基本方針の策定（13条）
　「国の基本方針又は地域基本方針を参酌」cf 基本方針・第2-3(1)
(2)　いじめ防止等に関する組織（基本方針・別添1）
　ア　学校における、いじめ防止等対策組織（22条）（常設）
　　→複数教職員、心理福祉等に関する専門的な知識を有する者その他の関係者により構成
　　　　　　　　　　　　　　　　　　　cf 基本方針・第2-3(3)
　イ　重大事態の場合の、学校設置者or学校の置く調査組織（28条）
　　　　　　　　　　　　　　　　　　　cf 基本方針・第2-4(1)
　ウ　重大事態の報告があった場合の、都道府県知事設置の附属機関による調査（31条）
　　　　　　　　　　　　　　　　　　　cf 基本方針・第2-4(2))

4　いじめの予防・早期発見・対処
(1)　いじめ予防
　ア　道徳教育、体験活動（15条1項）
　イ　児童生徒の自主的活動の支援（同2項）
　ウ　啓発その他（同2項）
(2)　いじめ早期発見
　ア　定期調査（16条1項）
　イ　相談体制（16条3項、4項、23条1項）
　ウ　通報義務（23条1項）
　「いじめの事実があると思われるとき」在籍する学校への通報その他適当な措置
(3)　いじめ対処（23条19等）

ア　いじめの調査確認義務、学校設置者への報告義務（23条2項）
　　イ　いじめ解消に向けた支援・指導・助言義務（3項）
　　　①　いじめを受けた児童等又は保護者への支援　cf 被害側保護者への報告[20]
　　　②　いじめを行った児童等への指導
　　　　　下記c③〜（厳罰化アプローチ）→　cf「学校におけるいじめ防止のポイント」p5、6
　　　③　いじめを行った児童等の保護者への助言
　　　④　中間層の児童等への対応
　　ウ　付随的対処
　　　①　学習環境整備（23条4項）→いじめを受けた児童等の学習権保障cf不登校[21]・転校[22]
　　　②　関係保護者との情報共有（23条5項）
　　　③　懲戒（25条）
　　　④　出席停止（26条）
　　　⑤　警察連携（23条6項）
　　エ　重大事態の場合の対処　→　第三者機関による調査・再調査と報告義務等[23]
5　いじめ被害相談と代理人対応のポイント（cf「自由と正義」2013年4月号p32〜）
　(1)　本人が登校を継続している場合
　　　代理人活動自体の当否の慎重な判断要
　(2)　登校できていないが、再登校の意向がある場合
　　ア　再登校に向けた学校交渉
　　　・いじめに対する学校の安全配慮義務を踏まえた対処要求
　　　　調査要求、いじめ指導要求、その他、クラス替え・別室授業・担任交代等
　　　・学校が義務を果たさない場合の監督機関への申し入れ[24]
　　イ　不登校への対処　学校代替機関、出席日数への配慮要求
　(3)　登校できておらず、再登校の意向もない場合
　　ア　不登校への対処（同上）
　　イ　転校の可能性の追求
6　いじめ加害側相談と代理人対応のポイント
　(1)　いじめ調査段階
　(2)　出席停止（学教法35条）、事実上の自宅謹慎等（不登校の強制）[25]
　(3)　退学処分、自主退学勧告（いじめを理由とする退学処分の特殊性[26]）
　(4)　警察への被害届（→少年事件）
7　いじめ自殺
　　学校の法的責任に関する裁判例[27]

Ⅲ　学校問題

第5　教育情報の開示　※設例4
1　問題となる教育情報
　(1)　事故報告書（体罰報告書）[28]、災害報告書等
　(2)　指導要録（学教法28条Ⅰ④）（開示に関する裁判例[29・30]）
　　；児童・生徒の学籍並びに指導の過程及び結果の要約を記録し、その後の指導及び外部に対する証明等に役立たせるための原簿となるもの
　(3)　調査書（俗称として「内申書」）
　　；学校が、指導要録等に基づき、在籍した（する）児童・生徒の学習活動や学校生活について記載した文書のことで、転校・進学先等の選考資料となるもの
　(4)　職員会議録
　(5)　いじめ情報
　　ア　対象情報　アンケート結果、いじめ調査結果
　　イ　開示請求の根拠　下記2、安全配慮義務、いじめ防止法23条5項、28条2項等
2　開示を求める手段
　(1)　公立学校と私立学校
　　公立の場合、自治体の個人情報保護条例等
　　私立の場合、個人情報法護法・同法施行令等（なお、文科省指針と指針解説）
　　（公立私立問わず）安全配慮義務に基づく
　(2)　（訴訟準備として）証拠保全申立

第6　その他の問題
1　転出転入学（いわゆる「転校」）と編入学
　(1)　転出転入学；学校に在籍している人の学籍が、そのまま別の学校に移ること（前の学校での履修状況等はそのまま引き継がれる）。
　　　この場合に、これまで在籍していた学校で転出（「転出学」）として、新しく在籍する学校で転入（「転入学」）として扱われる[31]。
　(2)　編入学（転入学と似た概念）
　　；上記の転入学に対して、学校に在籍していない者（退学した者を含む）が、第1学年の始期を過ぎた途中から入学して（この点で新規入学とも異なる）学校に在籍するに至ることを編入学という。
2　特別支援教育及び発達障害をもつ子どもへの対応
　(1)　特殊教育から特別支援教育へ（2007年度から）障害者総合支援法[32]、発達障害者支援法[33]
　(2)　特別支援教育の枠組み・手続等

ア　特別支援教育の枠組み
　　　特別支援学校（学教法72条）・特別支援学級（学教法81条）・通級指導（学規141条）34・特別支援教育支援員加配（介助員・学習支援員）
　　イ　就学指定の手続
　　　a　市町村教委による就学指定（学令5Ⅰ）
　　　b　就学時検診 → 就学指導委員会 → 就学指定（学令11）
　　　　cf 認定特別支援学校就学者の場合は、都道府県教委による通知（学令14Ⅰ）[35]

第7　まとめ（その他）
1　学校生活（法制及び実態）における子どもの権利・人権の現状
2　子どもの事件の特徴
　(1)　相談者と相談対象者の不一致　方針策定のスタンス
　(2)　子どもの事件での、リーガルサポートとソーシャルワーク的サポート → 3
　(3)　時間の壁、教育裁量の壁（とりわけ訴訟）
3　子どもの事件の特徴と弁護士の役割〜子どもの事件における「解決」とは？〜
　(1)　リーガルサポート
　(2)　ソーシャルワーク的サポート（エンパワメント）[36]
　　ア　子どもの傷ついた自己肯定感の回復（エンパワメント①）
　　イ　子どもの自己解決力・自己治癒力の尊重（エンパワメント②）
　　ウ　子どもの、感情・判断・希望等の把握・表現能力、判断力の不十分さ

【参考文献】
1　学校生活と子どもの権利（学陽書房）　　　　　　　　学校問題の全般
2　学校事故・判例ハンドブック（青林書院）　　　　　　学校事故判例全般
3　「弁護士会のいじめ問題への取組み」自由と正義2013年4月号・32頁〜
4　いじめ防止対策推進法（学事出版）　　　　　　　　　条文解説
5　学校教育裁判と教育法（三省堂）　　　　　　　　　　研究者の視点
6　子どもをめぐる法律相談（新日本法規出版）　　　　　子どもの問題全般
7　子どものための法律相談（青林書院）　　　　　　　　子どもの問題全般
8　解説教育六法（三省堂）

【脚注】
1　学校教育法にいう「学校」
　(1)　学校教育法上の「学校」（いわゆる「1条校」）
　　；幼稚園、小学校、中学校、高等学校、中等教育学校、特別支援学校、大学、高等専

Ⅲ　学校問題

　　　門学校（学教法1条）
　　　（→ここにいう「学校」からは私立も除外されていない。＝私立「学校」にも、学教法・同法施行令・同法施行規則が全て適用される）
　⑵　「専修学校」（学教法124条以下）
　⑶　「各種学校」（学教法134条）
　　　（→インターナショナルスクールや朝鮮学校等の民族学校も大半はこれに分類される）
　⑷　上記「1条校」の中での新しい形態の学校
　　　ア　いわゆる中高一貫校
　　　　a　中等教育学校（学教法1条及び7章）
　　　　b　併設型中学校（学教法71条）
　　　　c　連携型中学校（学教法施行規則75条等）
　　　イ　高等学校における単位制高等学校（学教法施行規則103条）
　　　ウ　その他東京都における新しい形態の高校
2　通学区域制ないし学区制
　　教育委員会は、（管轄の区域内に2以上の学校を設置する場合）、通常あらかじめ各学校ごとに通学区域を設定し、これに基づいて区域内に居住する保護者の児童・生徒について、就学すべき学校を指定してきた（通学区域制or学区制）。
3　在学関係の法律構成（詳細）
　　：「特別権力関係」説、「公法上の特別の法律関係」説、「在学契約」説　etc3
　　在学契約　→　準委任契約or準委任契約類似の無名契約
　　　a　私立の小・中・高等学校
　　　　→在学契約（争いなし。但し契約主体は子どもか保護者か）3
　　　b　公立の小・中学校
　　　　→裁判例は概ね公法上特別の法律関係説。学説上は在学契約説が有力
　　　c　公立の高等学校
　　　　→裁判例はどちらかというと公法上特別の法律関係説。学説は在学契約説が有力。
4　学習指導要領自体の根拠
学校教育法33条　小学校の教育課程に関する事項は、第29条及び第30条の規定に従い、文部科学大臣が定める。
学校教育法施行規則52条　小学校の教育課程については、この節に定めるもののほか、教育課程の基準として文部科学大臣が別に公示する小学校学習指導要領によるものとする。
5　学習指導要領の法的拘束力
　　昭和51年最高裁（旭川学テ）判決（大綱的基準という意味で法規性是認）、平成2年最高裁（伝習館高校）判決（学習指導要領等違反の指導についての懲戒処分をめぐる）
　　なお、学習指導要領の「日の丸・君が代」に関する部分「入学式や卒業式などにおいては、その意義を踏まえ、国旗を掲揚するとともに、国歌を斉唱するよう指導するものとする。」

—9—

152

6　校則・学則の法的根拠・効力（裁判例）

　熊本地裁昭和60年11月13日判決・判時1174-48；公立中学校の男子生徒の頭髪を丸刈りとすることを定める校則の無効確認訴訟において、頭髪丸刈を定める校則につき、「<u>学校長は教育目的実現のため生徒を規律する校則を制定する包括的な権能を有する</u>」とした上、「（丸刈りは）今なお男子児童生徒の髪型の1つとして社会的に承認され……必ずしも特異な髪型とはいえない」こと、「本件校則には、校則に従わない場合の措置については何らの定めもなく、……A中学の教職員会議においても男子丸刈を維持していくことは確認されていることが認められ」ることから、「本件校則の内容が著しく不合理であると断定することはできない」としたもの。一般的には、裁判例は、公立学校では校長の営造物管理責任を根拠に、私立学校では部分社会の法理等を根拠にして、広い校則制定権を認める傾向にあるが、在学契約説からすれば、入学時に存在している校則が在学契約の一内容となって効力を生じるとみるのが自然か。

7　日本スポーツ振興センター法と施行令

日本スポーツ振興センター法

（災害共済給付及び免責の特約）

第16条　災害共済給付は、学校の管理下における児童生徒等の災害につき、学校の設置者が、児童生徒等の保護者（児童生徒等のうち生徒又は学生が成年に達している場合にあっては当該生徒又は学生。次条第四項において同じ。）の同意を得て、当該児童生徒等についてセンターとの間に締結する災害共済給付契約により行うものとする。

2　前項の災害共済給付契約に係る災害共済給付の給付基準、給付金の支払の請求及びその支払並びに学校の管理下における児童生徒等の災害の範囲については、政令で定める。

3　第一項の災害共済給付契約には、学校の管理下における児童生徒等の災害について学校の設置者の損害賠償責任が発生した場合において、センターが災害共済給付を行うことによりその価額の限度においてその責任を免れさせる旨の特約（以下「免責の特約」という。）を付することができる。

4　センターは、政令で定める正当な理由がある場合を除いては、第一項の規定により同項の災害共済給付契約を締結すること及び前項の規定により免責の特約を付することを拒んではならない。

同法施行令

（学校の管理下における災害の範囲）

第5条　災害共済給付に係る災害は、次に掲げるものとする。

　一　児童生徒等の負傷でその原因である事由が学校の管理下において生じたもの。ただし、療養に要する費用が五千円以上のものに限る。

　二　学校給食に起因する中毒その他児童生徒等の疾病でその原因である事由が学校の管理下において生じたもののうち、文部科学省令で定めるもの。ただし、療養に要する費用が五千円以上のものに限る。

　三　第一号の負傷又は前号の疾病が治った場合において存する障害のうち、文部科学省

Ⅲ　学校問題

　　　令で定める程度のもの
　　四　児童生徒等の死亡でその原因である事由が学校の管理下において生じたもののうち、文部科学省令で定めるもの
　　五　前号に掲げるもののほか、これに準ずるものとして文部科学省令で定めるもの
２　前項第一号、第二号及び第四号において「学校の管理下」とは、次に掲げる場合をいう。
　　一　児童生徒等が、法令の規定により学校が編成した教育課程に基づく授業を受けている場合
　　二　児童生徒等が学校の教育計画に基づいて行われる課外指導を受けている場合
　　三　前二号に掲げる場合のほか、児童生徒等が休憩時間中に学校にある場合その他校長の指示又は承認に基づいて学校にある場合
　　四　児童生徒等が通常の経路及び方法により通学する場合
　　前各号に掲げる場合のほか、これらの場合に準ずる場合として文部科学省令で定める場合

8　平成27年4月9日最高裁判決（いわゆるサッカーボール事故訴訟）
　「満11歳の男子児童であるAが本件ゴールに向けてサッカーボールを蹴ったことは、ボールが本件道路に転がり出る可能性があり、本件道路を通行する第三者との関係では危険性を有する行為であったということができるものではあるが、Aは、友人らと共に、放課後、児童らのために開放されていた本件校庭において、使用可能な状態で設置されていた本件ゴールに向けてフリーキックの練習をしていたのであり、このようなAの行為自体は、本件ゴールの後方に本件道路があることを考慮に入れても、本件校庭の日常的な使用方法として通常の行為である。また、本件ゴールにはゴールネットが張られ、その後方約10mの場所には本件校庭の南端に沿って南門及びネットフェンスが設置され、これらと本件道路との間には幅約1.8mの側溝があったのであり、本件ゴールに向けてボールを蹴ったとしても、ボールが本件道路上に出ることが常態であったものとはみられない。本件事故は、Aが本件ゴールに向けてサッカーボールを蹴ったところ、ボールが南門の門扉を越えて南門の前に架けられた橋を上を転がり、本件道路上に出たことにより、折から同所を進行していたVがこれを避けようとして生じたものであって、Aが、殊更に本件道路に向けてボールを蹴ったなどの事情もうかがわれない。
　責任能力のない未成年者の親権者は、その直接的な監視下にない子の行動について、人身に危険が及ばないよう注意して行動するよう日頃から指導監督する義務があると解されるが、本件ゴールに向けたフリーキックの練習は、上記各事実に照らすと、通常は人身に危険が及ぶような行為であるとはいえない。また、親権者の直接的な監視下にない子の行動についての日頃の指導監督は、ある程度一般的なものとならざるを得ないから、通常は人身に危険が及ぶものとはみられない行為によってたまたま人身に損害を生じさせた場合は、当該行為について具体的に予見可能であるなど特別の事情が認められない限り、子に対する監督義務を尽くしていなかったとすべきではない。」「上告人らは危険な行為に及ばないよう日頃から通常のしつけをしていたというのであり……上告人らは、民法714条1

項の監督義務者としての義務を怠らなかったというべきである」

9 原級留置処分

札幌地裁昭和56年11月16日判決・判時1049-110；公立高等学校の生徒に対する成績不良を理由とする原級留置処分について、同処分は司法審査の対象となるとし、「単位不認定、原級留置が具体的事実に基づかないか、単位不認定、原級留置に影響を及ぼすべき前提事実に誤認があるとき、単位認定、原級留置の基準を無視し、恣意的に単位不認定、原級留置としたとき、若しくは著しく合理性を欠く基準により単位不認定、原級留置としたとき、又は単位不認定、原級留置の決定手続自体に著しい瑕疵があるときには、右の単位不認定、原級留置は教育裁量権の範囲をを逸脱するものとして生徒の学習権を違法に侵害する」としたが、本件原級留置については裁量権の逸脱はないとしたもの。

10 仮進級

仮に進級させた上、上級学年で未修得科目を修得できる（仮進級）ようにすべきとの指摘。

11 懲戒関連条文

学校教育法第11条（懲戒、体罰禁止）

校長及び教員は、教育上必要があると認めるときは、文部科学大臣の定めるところにより、児童、生徒及び学生に懲戒を加えることができる。ただし、体罰を加えることはできない。

学校教育法施行規則第26条（懲戒）

1 校長及び教員が児童等に懲戒を加えるに当つては、児童等の心身の発達に応ずる等教育上必要な配慮をしなければならない。
2 懲戒のうち、退学、停学及び訓告の処分は、校長（大学にあつては、学長の委任を受けた学部長を含む。）が行う。
3 前項の退学は、公立の小学校、中学校（学校教育法第七十一条の規定により高等学校における教育と一貫した教育を施すもの（以下「併設型中学校」という。）を除く。）又は特別支援学校に在学する学齢児童又は学齢生徒を除き、次の各号のいずれかに該当する児童等に対して行うことができる。
　一　性行不良で改善の見込がないと認められる者
　二　学力劣等で成業の見込がないと認められる者
　三　正当の理由がなくて出席常でない者
　四　学校の秩序を乱し、その他学生又は生徒としての本分に反した者
4 第二項の停学は、学齢児童又は学齢生徒に対しては、行うことができない。
5 学長は、学生に対する第二項の退学、停学及び訓告の処分の手続を定めなければならない。

12 退学処分

修徳学園バイク退学事件・東京高裁平成4年3月19日判決・判時1417-40；バイク乗車を禁止する校則に違反した私立高校の生徒に対する退学処分について、バイク乗車を禁止する校則自体は無効ではないとしつつ、退学処分は「<u>当該生徒に改善の見込みがなく、こ</u>

Ⅲ　学校問題

れを学外に排除することが教育上やむを得ないと認められる場合に限って認められる」べきであるが本件はこの要件を満たさず、処分権者としての裁量の範囲を超えた違法なものとして損害賠償請求を認めたもの。

13　自主退学勧告
　修徳学園パーマ退学事件・最高裁平成8年7月18日判決・判時1599-53；パーマをかけること等を禁止した校則に違反した私立高校生に対する自主退学勧告について、パーマをかけること等を禁止した校則は無効ではないとし、また自主退学勧告は退学処分に準じた事実上の懲戒処分として違法となる場合があるとした上、概ね上記高裁判例の基準に立ちつつも本件自主退学勧告は処分権者としての裁量の範囲を超えた違法なものとはいえないとしたもの。

14　学校の監督機関
1　公立学校の場合　教育委員会
　(1)　教育委員会の種類（地教行法2条）
　　ア　市町村教育委員会　公立小中学校（主に）
　　イ　都道府県教育委員会　公立高等学校（主に）
　(2)　教育委員会の権限（特に学校教育そのものに関する主要なもの）（なお委員の身分保障7条）
　　ア　学校等の設置、管理及び廃止（地教行法23条①）
　　イ　学校等の職員の任免その他の人事（同法同条③）
　　ウ　学齢児童生徒の就学・入学・転学・退学（同法同条④）
　　エ　学校の組織編成、教育課程、学習指導、生徒指導及び職業指導（同法同条⑤）
　(3)　教委の学校・教職員への権限行使のあり方
　　ア　教育課程、学習指導、その他学校教育に関する専門的事項について指導（助言）（地教行法19条Ⅲ）
　　イ　教職員の職務遂行に関する服務監督・職務命令（地教行法43条）
　　ウ　市区町村立の小中学校の教職員の地位（県費負担教職員）（地教行法37条以下）
　　　→任用（任免）は都道府県教委、服務監督は市区町村教委
2　私立学校の場合　所轄庁の存在
　　ア　私立大学・高等専門学校 → 文部科学大臣（学教法4条）（公立の大学・高専も）
　　イ　私立小・中・高等学校 → 都道府県知事（学教法4条）
　　　cf 東京都の場合
　　ウ　上記所轄庁の権限
　　　→「設備、授業その他の事項」についての「法規違反」等、一定の場合における変更命令・閉鎖命令（学教法13条・14条）

15　調停の際の「調停前の措置」
民事調停法第12条　調停委員会は、調停のために特に必要があると認めるときは、当事者の申立により、調停前の措置として、相手方その他の事件の関係人に対して、現状の変更又は物の処分の禁止その他調停の内容たる事項の実現を不能にし又は著しく困難な

—13—

らしめる行為の排除を命ずることができる。
2　前項の措置は、執行力を有しない。
16　体罰
　従来の裁判例は、体罰概念を、身体侵害又は肉体的苦痛をもたらすものとしつつ、体罰禁止規定の制度趣旨解釈等から体罰該当性を広く認める方向での裁判例が多く出されてきた（一例として福岡地裁平成8年3月19日判決・判時1605-97）。
　最高裁平成21年4月28日判決。小学校の教員が、女子数人を蹴るなどの悪ふざけをした2年生の男子を追い掛けて捕まえ、胸元をつかんで壁に押し当て、大声で叱った行為について、有形力の行使ではあるが、その目的（指導目的）、態様、継続時間等から判断して、有形力の行使であっても体罰に該当しない場合にあたるとし、国家賠償法上違法とはいえないとした判決。ただし、本件での1審・2審では、事実関係につき、男子生徒の鎖骨付近の胸元の洋服を両手で掴んで壁に押し当て、つま先立ちになる程度に上向きにつり上げ、大声で「もう、すんなよ」と怒った。そして、男子生徒から手を放したところ、その反動で男子生徒は階段の上に投げ出される形になり、階段の2段目に手をついて転ぶ形になったと異なった認定をしていて、それを前提に許される教育的指導の範囲を逸脱し体罰に該当するとしている。この最高裁判決については、従来の傾向を転換するものとして批判も少なくない。
17　森田洋司氏の「いじめ」定義
　いじめ；①同一集団内の相互作用過程において優位に立つ一方が、意識的に、あるいは、集合的に、③他方に対して精神的・身体的苦痛をあたえること
18　いじめ防止基本方針（法11条に基づく）2013年10月11日決定
19　いじめ防止対策推進法23条
　（いじめに対する措置）
第23条　学校の教職員、地方公共団体の職員その他の児童等からの相談に応じる者及び児童等の保護者は、児童等からいじめに係る相談を受けた場合において、いじめの事実があると思われるときは、いじめを受けたと思われる児童等が在籍する学校への通報その他の適切な措置をとるものとする。
2　学校は、前項の規定による通報を受けたときその他当該学校に在籍する児童等がいじめを受けていると思われるときは、速やかに、当該児童等に係るいじめの事実の有無の確認を行うための措置を講ずるとともに、その結果を当該学校の設置者に報告するものとする。
3　学校は、前項の規定による事実の確認によりいじめがあったことが確認された場合には、いじめをやめさせ、及びその再発を防止するため、当該学校の複数の教職員によって、心理、福祉等に関する専門的な知識を有する者の協力を得つつ、いじめを受けた児童等又はその保護者に対する支援及びいじめを行った児童等に対する指導又はその保護者に対する助言を継続的に行うものとする。
4　学校は、前項の場合において必要があると認めるときは、いじめを行った児童等につ

Ⅲ　学校問題

いていじめを受けた児童等が使用する教室以外の場所において学習を行わせる等いじめを受けた児童等その他の児童等が安心して教育を受けられるようにするために必要な措置を講ずるものとする。
5　学校は、当該学校の教職員が第三項の規定による支援又は指導若しくは助言を行うに当たっては、いじめを受けた児童等の保護者といじめを行った児童等の保護者との間で争いが起きることのないよう、いじめの事案に係る情報をこれらの保護者と共有するための措置その他の必要な措置を講ずるものとする。
6　学校は、いじめが犯罪行為として取り扱われるべきものであると認めるときは所轄警察署と連携してこれに対処するものとし、当該学校に在籍する児童等の生命、身体又は財産に重大な被害が生じるおそれがあるときは直ちに所轄警察署に通報し、適切に、援助を求めなければならない。

20　いじめ被害側保護者への報告
「必要に応じていじめ事案に関する適切な情報提供が行われるよう努めること」
(2013/06/19　衆議院文部科学委員会附帯決議)

21　不登校の場合の学校代替機関としての、適応指導教室（教育委員会の設置）、フリースクール（民間、但し、公的に出席扱いされるもの）。

22　いじめと転校（主に小・中学校の場合）
　教委の方で指定した小・中学校（＝在籍している小・中学校）について、相当な理由がある場合保護者の申立によって変更できる旨の規定（学教法施行令8条＝下記）等を使って、いじめ被害児童・生徒の転校を柔軟に実現するよう、文科省が以下のような通知を出している。
　「就学すべき学校の指定の変更（学区外就学）や区域外就学については、市町村教育委員会において、地理的な理由や身体的な理由、いじめの対応を理由とする場合の外、児童生徒の具体的な事情に即して相当と認めるときは、保護者の申立により、これを認めることができること」としており、学区外就学、区域外就学が認められる場合として、①地理的な理由、②身体的な理由、③いじめの対応を理由とする場合、④その他児童生徒の具体的な事情に即して相当と認めるときを挙げており、これらの理由に該当する場合には、学区外就学や区域外就学が柔軟に認められるべきことが定められている。
(文初小第78号平成9年1月27日付け「通学区域制度の弾力的運用について（通知）」)
　また、文科省により、こうした学区外就学や区域外就学が保護者の意向や地域の実情に配慮し、児童生徒の具体的な事情に応じた対応を行うための参考事例として、市町村教育委員会向けに、「公立小学校・中学校における学校選択制等についての事例集」（平成18年3月）が出されている。
　（参照）学校教育法施行令第8条（学校指定の変更、学区外就学）
　　　市町村の教育委員会は、第5条第2項（第6条において準用する場合を含む。）の場合において、相当と認めるときは、保護者の申立により、その指定した小学校又は中学校を変更することができる。この場合においては、すみやかに、その保護者及び前条の

通知をした小学校又は中学校の校長に対し、その旨を通知するとともに、新たに指定した小学校又は中学校の校長に対し、同条の通知をしなければならない。

23 重大事態の場合の対処　cf. 基本方針・第2?4
(1) 重大事態の場合の学校の設置者又は学校による対処（28条1項）
　ア 「重大事態」
　　一 いじめにより当該学校に在籍する児童等の生命、心身又は財産に重大な被害が生じた疑いがあると認めるとき
　　二 いじめにより当該学校に在籍する児童等が相当の期間学校を欠席することを余儀なくされている疑いがあると認めるとき
　イ 調査組織の設置
　ウ 事実関係を明確にするための調査実施
　エ （公立学校）地方公共団体の長への重大事態が発生した旨の報告（30条1項）cf 私立・国立
　オ いじめ被害児童等・保護者に対する、当該調査に係る重大事態の事実関係等その他の必要な情報を適切に提供（28条2項）
(2) 報告を受けた場合の都道府県知事の対応
　ア 当該事態への対処又は同種事案の再発防止のため「必要があると認める時」
　　→附属機関を設ける等により、28条による調査結果の再調査（31条2項）
　イ アの調査結果を踏まえ、当該事態への対処又は同種事案の再発防止のため「必要な措置を講ずることができるよう」報告書の提出要請等「必要な措置を講ずるものとする」（31条3項）

24 学校の監督機関
　公立の場合、教育委員会。私学の場合、東京都内の私立学校についての所轄部署は、東京都・生活文化局・私学部・私学行政課　電話　03-5388-3191 or 3192

25 自宅謹慎と停学処分
　→小・中学校では、公立私立を問わず停学処分はできない（学規26条Ⅳ）

26 いじめを理由とする高校生の退学処分で関与軽微を理由に4人中3人の処分を取消した裁判例
　仙台地方裁判所平成5年11月24日判決（判タ863-153）

27 いじめ自殺と学校の責任
　中野富士見中いじめ自殺事件・東京高裁平成6年5月20日判決・判時1495-42。；公立中学校の生徒の自殺について、中学の同級生らによるいじめが自殺の主たる原因であるとされ、加害生徒の保護者や学校の担任教員らについて、生徒間のいじめ防止のための適切な処置を講じなかった過失（学校教員については安全配慮義務違反）があるとされ損害倍書請求が認容されたが、<u>自殺の結果については予見可能性</u>がなかったとしてその責任が否定されたもの。
　なお、いじめによる自殺の結果についての学校の責任を認めた裁判例として、いじめが

Ⅲ　学校問題

悪質・重大であったことまでの認識があれば、自殺の結果についての予見可能性がなくとも責任を免れないとした、福島地裁いわき支部平2.12.16　判決・判時1372-27。
　また、神奈川県津久井町立中いじめ自殺事件、東京高裁平成14年1月31日判決、判時1773-3、判タ1084-103は、いじめが悪質・重大であり、そのことについて教師も認識していたとの認定を前提にして、平成6年以降においては官公庁による通達やマスコミ報道等により「いじめ」が自殺の原因となる可能性が大いにありうることを想定出来る状態であり、そのことの認識があったにもかかわらず、いじめを受けた生徒と「いじめ」た生徒を個別に注意するのみで、学校全体としての組織的対応などを求めず、指導教育監督を行う義務を怠ったとし、自殺についての予見可能性を認め、学校のいじめについての法的責任を認めたが、自殺についての学校の法的責任に関する裁判所の判断はまちまちである。

28　東京都教委「学校に勤務する教職員の事故発生にかかる状況報告書の作成要領」
http://www.kyoiku.metro.tokyo.jp/kohyojoho/reiki_int/reiki_honbun/ag10124501.html

29　情報開示に関する判例（その1）
　西宮市立中学校・指導要録（内申書）非開示決定取消請求事件・大阪高裁平成11年11月25日判決；内申書及び指導要録の開示請求に対し、個人評価情報であることを理由に内申書と指導要録の、各教科の学習の記録欄の「所見」欄、及び、行動（及び性格）の記録の「所見」欄等が非開示とされた事案について、教師の主観的評価を含むこれら「所見」欄等の記載を含めて全面開示を命じたもの。

30　情報開示に関する判例（その2）
　大田区立小学校・指導要録非開示決定取消請求事件・判タ1143-214；区立小学校を卒業後に区の公文書開示条例に基づき、小学校在籍当時の指導要録の開示を請求したところ、条例の非開示条項に該当するとしてなされた非開示決定の取消請求訴訟において、指導要録「各教科の学習の記録」欄中の「Ⅲ　所見」欄、「特別活動の記録」欄及び「行動及び性格の記録」欄の部分に記録されている情報は、児童の学習意欲、学習態度等に関する全体的評価あるいは人物評価ともいうべきものであって、評価者の観察力、洞察力、理解力等の主観的要素に左右され得るものであ（り）……条例の非開示情報に該当するとし、他方、「各教科の学習の記録」欄中の「Ⅰ　観点別学習状況」欄に記録されているものは、各教科の観点別に小学校学習指導要領に示された目標を基準としてその達成状況を3段階に分けて評価した結果であり、「各教科の学習の記録」欄中の「Ⅱ　評定」欄に記録されているものは、上記の評価を踏まえて各教科別に3段階又は5段階に分けて評価した結果であり……児童の日常的学習の結果に基づいて学習の到達段階を示したものであって、これには評価者の主観的要素が入る余地が比較的少な（く）……開示しても弊害はないとして非開示情報に該当しないとして、この部分に関する非開示決定を取り消した原審判断を維持したもの。（ただし、この事案で争われた指導要録は時期的に開示を全く予定していなかった当時のものであり、その意味で同判決の射程距離は限定的であるとの指摘もある。）

31　都・青少年リスタートプレイス（東京都教育相談センター）TEL　03-5800-8008

高等学校を中途退学した子ども、高校での就学経験のない子ども、また、進路選択を控えながらも中学校で不登校の状態にある子どもやその保護者等を支援する目的で具体的な相談に乗っている

32　障害者総合支援法（2013年）「障害」に発達障害も含める

33　発達障害者支援法（2005年）

　・発達障害の定義（2条1項）　cf 自閉症スペクトラム障害

　　1　自閉症（社会関係・言語・興味関心、cf　高機能自閉症）、アスペルガー症候群（言語発達及び知的発達の遅れがない）、その他のPDD（広汎性発達障害）

　　2　LD（学習障害）

　　3　ADHD（注意欠陥多動性障害）

　　4　その他

　・教育・就労での支援の必要性

34　特別支援学級、及び、通級指導の対象に関する文科省通知

　1　「障害のある児童生徒の就学について」（14　文科初第291号通知；http://www.pref.nagano.jp/kenkyoi/shingikai/chiikikakyo/no02/si-205.pdf

　2　「通級による指導の対象とすることが適当な自閉症者……に該当する児童生徒について」（17　文科初第1178号通知；http://www.mext.go.jp/b_menu/hakusho/nc/06050817/001.pdf

35　特別支援学校への就学指定処分に関し普通学校への就学指定を仮に義務づけた裁判例

　奈良地方裁判所平成21年6月26日決定・判例秘書；四肢機能に1級の障がいを有し、車いすを利用して生活してきた子どもが、小学校就学にあたっては認定就学者にあたるとされて小学校に就学したものの、中学校就学段階では、教育委員会より認定就学者に該当しないとされ特別支援学校への就学通知がなされたケースで、子ども及び保護者が就学指定処分を不服として、就学すべき学校を学区域の中学校と仮に指定するよう求めたところ、裁判所は、申立を認め市の教育委員会に中学校を就学先として指定することを仮に義務づける判断をしたもの。

36　エンパワメント

　vs　ディスパワメント

　　虐待。管理。力を奪われる経験。外的抑圧→内的抑圧（自分はダメな無力な無価値な存在）。エンパワ的関わり・内的抑圧の克服による力の取り戻し

Ⅲ　学校問題

資　料

学校問題・設例

1 【学校事故】

　学校の休み時間、校庭でサッカーをしていた際、公立小学校6年生（12歳）の男の子が蹴ったボールがゴールポストの上にそれて、体育館と校舎をつなぐ渡り廊下を歩行中の小3女子Aのところまで転がり、よけようとした当該生徒が転倒して頭部外傷を負ったとして、負傷した子どもの両親から相談がきた。

2 【自主退学勧告・退学処分】

　公立高校2年生（男子）B君が、女子更衣室の覗き行為の見張りに加担したことを理由として退学処分を通告されたとして、保護者から相談があった。
　① 相談を受ける際の注意点は。
　② 子どもが学校に戻りたいと思っている場合はどのような対応が考えられるか。
　③ 戻りたくはないが処分に納得いかないという場合、どのような対応が考えられるか。
　④ 学校からは退学処分ではなく自主退学の勧告がされており、本人達はこれに応じて学校に退学届を出してしまっている場合
　⑤ 自主退学の勧告を受けており1週間以内に退学届けを出さない場合は退学処分となる旨告げられている段階の場合。
□ （別件）退学処分（勧告）の理由がいじめ関与である場合は。

3 【いじめ】

　中学1年の生徒Cの保護者から、Cと仲良しグループだったP、Q、R3名が、それまでCも含めた4名でLINEでのグループチャットのグループをつくっていたが、ある日からCがメッセージ送信しても全く返信がなくなり、他の3人はCと別にLINEでやりとりをしており、他にもCを誘わずに3人だけで遊びに行ったりしている、などのいじめを受けているとの相談があった。
　これに加えて、Pらから「きも」「氏ね」などのメッセージが送られてきたという場合はどうか。
　① 子どもが登校できている場合

② 学校がいじめの調査結果を開示しない場合は。
③ 子どもが不登校となっているが、学校に戻りたいとの希望がある場合。
④ 不登校になりもう現在の学校に戻りたくないと思っている場合。
⑤ 保護者に、いじめた子を別室での授業にさせてもらいたい、別クラスにしてもらいたい、退学させてもらいたい等の要望がある場合
⑥ 保護者に、いじめの調査を怠ったorいじめへの対処を怠った学校の責任を追及（慰謝料請求等）したいとの要望がある場合
⑦ 保護者にいじめを放置してきた担任の責任（担任をはずれてほしい、処分を求めたい）を追及したい等の要望がある場合。

4 教育情報開示・体罰

　小学校3年生の子どもD（男）が、休み時間中に、校庭で飼育している動物の飼育檻の前で、教師から、注意された際に倒れて手首を捻挫する傷害を負った。子どもは、教師から胸ぐらをつかまれて怒鳴りつけられ、つかんだ手を離された際に後ろに転倒して手首を捻挫したとのことであったが、学校側からは、子どもが飼育中の動物にいたずらをしていたところを、教師が発見して注意したが、子どもが聞き入れようとしなかったから両肩を押さえて注意をした際に子どもが転倒したとの説明がされたとして、Dの保護者から対応について相談があった。

III 学校問題

子どもの人権110番電話相談

大別	内訳	96年度	97年度	98年度	99年度	00年度	01年度	02年度	03年度
相談総数	相談件数	730	588	659	522	522	517	520	587
相談対象	小学生以下	53	32	61	40	57	47	73	80
	小学生	196	157	138	114	104	109	117	138
	中学生	192	184	153	120	110	79	105	142
	高校生	188	178	146	130	136	95	89	121
	その他	91	93	142	96	78	75	92	67
	不明	21	42	29	23	31	21	44	39
相談者	本人	134	114	75	49	61	55	45	59
	母親	455	391	405	320	289	227	360	368
	父親	66	85	96	60	81	50	59	92
	家族・親族	37	38	21	28	34	31	20	21
	その他	36	30	49	45	40	42	36	32
	不明	10	17	17	17	11	10	6	15
相談内容	いじめ	195	158	100	81	88	67	75	77
	不登校	57	57	34	13	6	2	5	10
	いじめによる不登校	16	12	20	9	12	13	20	23
	体罰	35	40	28	12	7	0	10	5
	管理・懲戒処分	44	29	43	28	28	18	14	25
	学校事故	20	14	18	24	23	32	28	29
	教師とのトラブル	83	73	92	71	47	37	42	75
	問題行動	18	27	11	11	12	5	13	10
	男女交際	9	10	6	3	6	1	7	0
	親子問題	41	47	46	34	61	44	52	41
	児童虐待	30	33	27	22	23	37	25	42
	少年事件	73	75	98	71	82	67	50	56
	その他	192	157	195	146	73	173	128	164
	不明	5	17	4	2	31	21	42	30
相談処理	助言により終結	504	452	466	353	351	273	355	382
	継続相談	15	11	16	14	21	26	41	99
	面接相談紹介	93	84	62	80	58	52	26	3
	救済申立紹介	8	13	2	1	1	1	2	1
	直接受任、受任弁護士紹介	3	2	6	0	5	3	6	2
	他会他機関紹介	64	64	65	41	56	37	53	56
	その他	38	35	34	23	23	10	28	33
	不明	9	20	7	1	8	4	8	11
相談者住所	都内	298	267	275	229	231	189	208	255
	関東	159	166	121	114	127	80	91	103
	地方	54	50	62	31	41	40	50	50
	不明・その他	218	199	201	141	147	179	173	4

面接相談

		96年度	97年度	98年度	99年度	00年度	01年度	02年度	03年度
相談総数		156	150	148	97	58	70	48	78

資　料

04年度	05年度	06年度	07年度	08年度	09年度	10年度	11年度	12年度	13年度	累計
941	1,093	1,294	1,190	1,266	1,093	787	1,091	1,222	1,214	15,836
140	97	116	105	142	114	98	125	157	125	1,662
213	264	318	330	280	257	167	257	253	300	3,712
216	305	328	311	347	293	213	272	368	328	4,066
174	256	277	236	242	214	200	299	281	310	3,572
155	123	176	104	133	120	70	98	117	113	1,943
43	48	78	103	122	95	39	40	46	38	902
80	186	211	238	212	167	106	149	133	160	2,234
562	610	665	623	566	569	423	565	667	689	8,754
160	150	191	154	161	147	101	171	176	169	2,169
41	36	56	55	91	49	46	51	86	79	820
80	83	35	72	142	95	79	127	99	109	1,231
18	28	53	47	94	66	32	28	61	8	538
128	178	266	215	202	142	114	161	209	211	2,667
7	27	19	8	13	13	13	16	20	11	331
35	27	41	41	42	42	16	32	47	61	509
21	35	25	18	11	20	11	22	34	35	369
28	41	47	77	14	28	34	46	61	62	667
36	58	65	39	32	32	13	33	22	32	550
99	105	162	146	115	164	98	120	146	142	1,817
18	15	14	16	24	37	11	23	28	29	322
11	21	16	13	15	14	15	8	11	21	187
114	116	90	92	152	108	93	135	137	138	1,541
95	93	100	67	122	80	92	142	132	125	1,287
92	97	84	66	57	43	40	41	42	52	1,186
252	266	319	337	350	339	221	294	286	277	4,169
5	14	46	54	117	31	16	18	47	18	518
609	740	850	785	833	791	530	773	865	901	10,813
79	93	88	81	92	73	68	120	119	138	1,194
88	71	101	96	68	48	60	60	67	58	1,175
2	2	1	3	3	3	2	0	3	0	48
7	11	12	6	6	9	5	10	20	8	121
97	69	109	75	92	82	61	54	61	60	1,196
53	80	79	79	84	77	48	67	60	46	897
6	27	53	64	88	10	13	7	27	3	366
477	491	517	469	519	407	301	486	566	637	6,822
174	211	200	155	162	155	143	232	228	217	2,838
67	123	151	87	120	103	65	75	118	115	1,402
223	268	425	478	465	428	278	298	310	245	4,680

04年度	05年度	06年度	07年度	08年度	09年度	10年度	11年度	12年度	13年度	累計
104	86	99	104	91	68	74	69	68	87	1,655

Ⅳ　未成年後見

弁護士　山下　敏雅

Ⅳ　未成年後見

はじめに——具体的ケースの紹介

　皆さま、こんにちは。弁護士の山下と申します。本日は2時間、未成年後見についてお話をするということで、どうぞ最後までお付き合いいただければと思います。いろいろと法制度などについてお話をする前に、最初に具体的なお話をしたほうがイメージがわきやすいのではないかと思いますので、ご紹介します。未成年後見自体は、数がそれほど多くはありません。私は子どもの人権と少年法に関する特別委員会の所属なのですが、委員会のメンバーですら、ベテランも含めてつい最近まで携わったことがないという方がほとんどでした。その中で、9年前に私が少し大変な未成年後見の事件を1件担当したことがあり、そこから深く関わるようになったという経過です。

A君のケース	アスペルガー	母	親権辞任
B君のケース	少年院	実父	財産流用
C君のケース	児相申立て	不登校	祖母同居
D君のケース	相続放棄	生命保険受領	

　その最初のケースについて少しお話をしたいと思います。それがA君のケースです。9年前、当時彼は19歳でした。母がアルコール依存症でA君に対しても児童虐待にあたる状態だったので、彼は児童自立支援施設に入所するのですが、そこでの素行が非常に悪いわけです。アスペルガー症候群ということもあって、通学途中で万引をしたり、入所者その他の子どもたちとトラブルを起こしたりということがあり、施設不調も起こしていました。A君の親族としてはそのアルコール依存症の母と、母方の祖母がいて、この祖母が自宅兼アパートを借地の上に持っており、アパート収入や年金によって暮らしていました。多額の預貯金や生命保険金もありました。ところが、祖母が亡くなってしまい、母が交際相手のところへ出て行き、A君が施設不調になってしまいました。その時点でA君も18歳になるので、自宅に戻って一人暮らしをするということになったわけです。

　祖母が亡くなって相続が発生するのですが、自宅の中で紙切れ一枚の遺言状が出てきまして、土地建物と預貯金についてはA君に遺贈すると書かれて

いました。このような状態の中で、Ａ君が一人でこの自宅兼アパートの自宅部分に戻るのですが、自分で生活をきちんとできませんので、すぐにゴミ屋敷状態です。地域の保健師の方がヘルパー派遣をしてくれたり、近くに住む大おじの方が生活費を毎月手渡しに行ったりするのですが、それも全然連絡が取れないという深刻な状態になり、児童相談所とそこから相談を受けていた弁護士がこれはどうしたものかと悩みました。要は、大おじがやっていることも法律的には権限があってやっていることではないので、遺言に従って預貯金やアパート収入のある建物をＡ君にバトンタッチすべきなのですが、一方で親権者は母であるわけです。

　そこで、まず児童相談所は母の親権喪失の手続をとり、未成年後見人としてＡ君の保護者代わりの者を付けることにしました。土地建物の管理については、借地の地代が未納になっており、このままでは「明け渡せ」と言われてしまうという混乱状態の中で、私が当時まだ弁護士になって数年目でＡ君と歳もそれほど離れておらず、アスペルガーといっても連絡調整しやすいだろうということで候補者になり、Ａ君と仲良くなるように努めました。行っても約束をすっぽかされたり、何時間も待ってようやく会ってご飯を食べたかなと思ったらＡ君が突然怒りだして帰ってしまったりなどということを繰り返しながらも信頼関係ができていきました。児童相談所でも、母に「このままだと親権喪失の手続をするよ」と言ったところ、母は「自分のほうから親権を辞任する」ということで、児相で協力している弁護士が代理人になって親権辞任の審判を申し立て、未成年後見人として私が選任されるわけです。

　Ａ君とは、その児相の弁護士のほうが先に仲良くなれていて、その弁護士のほうが私よりも歳が上ということもあり、他方でＡ君と歳が近い私一人だけではＡ君をコントロールできないということで、その先輩弁護士が私の未成年後見監督人になるという、当時としてはかなりイレギュラーな状態でした。今でこそ、成年後見も含めて、弁護士が後見人であっても、さらに弁護士の監督人が付くということが、横領対策として行われていますが、９年前はこのようなことは非常にイレギュラーだったのです。裁判所には、Ａ君をコントロールするため、すなわち、私とＡ君が衝突したときに上の弁護士がガツンと言ってＡ君を納得させるためという理由を述べて、先輩弁護士に監

IV　未成年後見

督人として付いてもらいました。

　遺言に従って財産を相続し、未納になっていた地代を払い、借地権の更新をし、不動産の管理については私一人で全部のアパートの管理はできないのですが、保健所の方が近隣のすごく親切に対応してくだる不動産業者さんに管理を委託してくれていたのでそこに引き続き委託しました。彼は高校の定時制に通っていたのですが、A君が多くトラブルを起こしていたので学校からは「辞めてくれ、辞めてくれ」とずっと言われており、正式に私が後見人に付いた後で、退学の手続をとりました。就労支援のために就労支援センターにA君と一緒に行ったりもしました。また、大おじが今まで生活費を渡していたのを私がバトンタッチし、なかなかA君と連絡調整がつかないので、手渡しではなく毎週2万円の銀行送金をすることになりました。彼は彼で自分の信用金庫の口座を持ち、私は私で同じ信用金庫の同じ支店に口座を持って、テレホンバンキングで毎週木曜日の夜に金曜日2万円が引き落とされるように送るというものです。

　彼はなかなかのアニメマニアなので、そういったことに使うお金が足りなくなってくると、「今週ちょっと前借りをしたい。」「今週は3万円にしてほしい。来週は1万5000円でいいから」ということがありますが、彼とそういうやり取りをしながらずっと続けています。A君が19歳のときに就任したので、あっという間に成人して未成年後見自体は終了しました。ただ、これだけの借地や貸家の管理を成人したばかりのA君が自分で行うのは難しいので、主治医から本人に「君はアスペルガー症候群なんだ。成人になっても、引き続き財産管理をお手伝いしてもらう必要があるよね」と告知してもらって、A君も納得をし、成人してすぐに、今度は保佐人の選任の申立をし、今も私が延々テレホンバンキングで送金を続けています。

　当時、子どもの委員会の中でも未成年後見をやっている人がなかなかいませんでした。今まで裁判所では、候補者がいない未成年後見の選任の申立てが来たときに、高齢者、障がい者の委員会のほうに推薦依頼をかけていました。財産管理の面では、成年後見も未成年後見もだいぶ共通しているところがあるからということで、高齢者、障がい者の委員会の先生に振っていたわけです。ただ、やはり財産管理の面では共通するところがあっても、身上監

はじめに——具体的ケースの紹介

護のところでは、今のA君の話からしても認知症の方とは全然違ってくるわけです。そして、レジュメ1頁にも書きましたとおり、ちょうど平成23年5月に民法が改正され、未成年後見の制度が変わりました。これを機に、裁判所が子どもの委員会のほうに振るようにしようということになりました。私がA君のケースをやっておりましたので未成年後見の推薦依頼のプロジェクトチームを担当せよと委員会から言われたのが4年ぐらい前のお話です。また、こちらのプロジェクトチームからお願いをした先生方に、どういった問題点があるかを伺ってそれを整理し、年に2回、裁判所との間での協議会の中で裁判所と議論しており、今、ようやくそこが4年経って少しずつ形になってきたという状態です。

　そのほか、あと三つのケースを簡単にご説明したいと思います。

　B君のケースは、18歳のときに少年院の中にいる状態で私が選任されました。親権者である母が亡くなった後、おばが未成年後見人に選任されて養育されていたのですが、監護状況がよくはなく、B君が非行に走っていってどんどん荒れていき、少年院送致となりました。おばは「これ以上面倒は見られない。もし少年院から出てきて、今度何か悪いことをしたときには、損害賠償請求が被害者の側から自分のところに来るんじゃないか。だからもう私はお手上げです」ということで未成年後見人を辞任されました。担当の付添人弁護士からも、この子は「少年院を出たら、またあいつをぶん殴ってやる」とか「事件を起こしてやる」というようなことを言っていた、と話していました。その後、別れていた実父が「自分が引き受けます」ということで、実父なのですが未成年後見人になりました。ところが、この実父は、B君が少年院に入っている間に、B君の起こした事件の被害者に弁償をすると？を言いながら、B君の口座に入っていた母の遺族年金を、自分の事業のために流用していました。そのことが裁判所にばれて、私が複数後見人として新たに加わりました。実父と「このお金についてきちんと戻してください」という話合いをし、毎月十数万円返してもらうという合意を調えました。B君はその後、少年院から出てきまして、今、一所懸命仕事をしています。

　C君のケースは、中学校1年生のC君と母と母方祖母が同居をし、母方の祖父が近くの施設にいるのですが、母が自殺で亡くなったというものでした。

IV 未成年後見

　C君自身も発達障害を抱えており、一緒に生活している祖母も認知症すれすれぐらいの状態でなかなかコミュニケーションが大変です。ですからこの家庭には、C君に子ども家庭支援センターが付き、適応指導教室に通い、祖母には地域包括, 社会福祉協議会、いろいろなところが既に関わっていました。しかし、C君の財産、つまり亡くなった母の相続について、関係機関ではこれ以上動けないということになりました。そこで児童相談所が申立人になって裁判所に申し立て、私が未成年後見人として選ばれました。まずC君と祖母の関係者全員がまず集まって今後の生活費、生活状況をどうしていくか話合いをもちました。その後、祖母がやはり自分の財産管理を自分でやるのは無理だと言い出し、C君だけではなく自分の財産管理についても山下にお願いしたいと話されました。私が家庭裁判所に「C君の未成年後見人と祖母の補助人とを同時にすることはできるのですか」と確認したところ、「それは構いません」と言われたので、ようやく数か月前から祖母についても補助人として選任され、活動しています。

　D君のケースはまだ始まったばかりなのですが、父が病気で亡くなってしまい、高校生のD君が相続をするわけです。父が亡くなるときにはお金が全然なくなっており、最後は病院の診療代や公共料金、クレサラからの借入れ債務が残っていました。他方、D君を受取人にした生命保険がありました。同居している父方の祖父が後見人になり、相続放棄の手続と生命保険の受領の手続をするということになりました。しかし、祖父は文字を書くのも少々おぼつかない方で、ましてや法律的な手続を一人で行うが難しいということで、裁判所が職権で、私を後見監督人として選任し、今, その相続放棄や生命保険の受領の手続をお手伝いしているところです。D君が相続放棄をすると、後見人の祖父が次順位の相続人になるため、利益相反になるわけです。このケースでは債務しかありませんから祖父もその後相続放棄をせざるを得ず, 実質的に利益相反状況は生まれませんが、もし逆に父に財産が残っていた場合には、D君が相続放棄をすると後見人である祖父がそれを相続しますので、形式的に利益相反に該当することになりますから、D君の場合もやはり理利益相反になるわけです。今、この相続放棄の手続について私がどうやって関与するか、相続放棄を受理した裁判所自身が混乱しており、ようやく最

近めどがたちました。

　未成年後見の分野は、弁護士も裁判所も、手探り状態のところがあります。内田貴先生の『民法Ⅰ』から『民法Ⅳ』のうちⅣが親族法ですが、未成年後見について書かれているのはたった2頁しかありません。ところが実際にやることとしてはとても多岐にわたっているのが現状です。

第1　弁護士が未成年後見人の業務を行うことの意義

　「弁護士が未成年後見人の業務を行うことの意義」がどういうところにあるかといえば、ふだん弁護士が子どもと関わるときというのは、少年事件であったりあるいは学校の事件であったりと、その事件についてのピンポイントだけです。子どもと話のもそのテーマに限られますし、その事件が終われば、関わりももうそこで終わってしまうというのが基本かと思います。

　ところが、この未成年後見の場合には、事件単位ではなく、生活全般について、それも、大人になるまでの間ずっと、関わり続けることができます。親族でない専門的な知見を持って法律的にサポートできる弁護士が関われるということは、今までの子どもに対する弁護士の関わり方からすると全然違う、より一層子どもの法的サポート、人権保障につながることになります。次に述べる民法の改正をきっかけに、多くの弁護士がこの未成年後見あるいは後見監督になっていくことが期待されますし、そこで子どもたちが弁護士のサポートを受けて、よりよい人生を送ることができるということが実証されれば、ますます社会がこの未成年後見の制度をよい方向に変えていってくれるのではないかと思っています。

第2　平成23年5月民法改正（平成24年4月施行）

　今まで、未成年後見人は1人でなければならないと、はっきり条文に書かれていました。その民法842条が削除になりましたので、2人でも3人でも複数人が後見人に就くことができるようになりました。先ほどのA君のときはそうではなく、私とその先輩弁護士の2人が後見人になるということができなかった時代でした。ですから、私が後見人、先輩弁護士が監督人というように選任してもらったわけです。

IV　未成年後見

　二つ目は、自然人でなく法人も後見を担当することができるようになったということです。この民法840条の3は、おそらく児童養護施設を運営している社会福祉法人といったものをイメージしているのではないかと思います。ただ、私の周りでは法人が未成年後見人になったという事例はまだ実際には見ていません。ひょっとしたら全国ではあるのかもしれませんが、当初改正内容の重要なものの一つと言われていたわりには、使われていない印象です。

　三つ目として、これは結構大きなことですが、権限分掌が可能になりました。民法857条の2に書かれています。子どもに対して権利義務を負っている親権は、身上監護（どうやって教育していくか、どこで育っていくか、どういうふうにしつけていくかという部分）と、財産管理が、二大権限です。複数後見人が可能になったことで、例えば2人選ばれたら、2人とも身上監護も財産管理もやらなければいけないということであると、その役割分担が内部でもあいまいになるかもしれませんし、ましてや外部からは見ても分かりません。特に弁護士の場合、財産管理のところだけ担当し、身上監護面で大変な思いをしなくても済むということもあるわけです。

　この権限分掌については、未成年後見だけではなくて成年後見の場合でもすることができます。ただ、理念的にいいますと、未成年者についての親権は、身上監護と管理権とがはっきり条文で分けて書かれており、管理権の部分だけ喪失するという制度ももともとありましたので、そういった経緯が違っています。平成23年5月、このように民法が改正された趣旨としては、子どもに対して就く未成年後見人は1人しか選べない、あるいは役割分担できないということで使いづらく、適切に未成年後見が就いて子どもの利益にかなうことが難しかった、それをもっと使いやすくしようということでした。

　しかし、実際、この改正によって未成年後見人の選任数が増えたのかなと思って統計を見たところ、残念ながら、実は増えていないのですね。平成23年5月以前は、毎年、大体2,000件を少し上回る程度全国で後見人が選任され、監督人が130件から140件程度だったのですが、法改正がされて以降もこの数字というのは全然変わっていません。そのうち裁判所から東京弁護士会に推薦依頼が来ているのが、ここ3、4年統計をとってみますと、毎

年10件から15件程度です。現在、東弁、一弁、二弁で2対1対1の割合で振っていますので、そうしますと東京全体（本庁に限りますが）で見ると、年間20から30件来ているという状態です。ですから、思ったほど多くはありません。

ただ、裁判所からの推薦依頼を受けて割り振り、その後、管理をしている私の立場からしますと、これは結構大変なことです。ベテランの先生方も未成年後見をやったことがない方が多く、未成年後見特有の問題で大変苦慮されていることが多い上に、例えば3歳児の未成年後見人になると、その後成人するまで17年業務が続くわけですね。どんどんと弁護士会の中でケースが累積をしていきます。現在は法改正に基づいて試験的に子どもの委員会の中で担当していますが、子どもの委員会だけではなく一般の先生方に引き受けていただけるように制度設計をしている最中です。

第3　未成年後見・後見監督が始まる場面

さて少し前置きが長くなりましたが、未成年後見の制度についてお話をしていきたいと思います。

1　実体面
(1)　親権を行う者がいないとき、又は親権を行う者が管理権を有しないとき（民法838①）

未成年後見が始まる場面で一番分かりやすいのは親権者の死亡や失踪宣告で、これは当然かと思います。

それから親権が喪失、停止された又は親権を辞任した場合です。今までは親権を他の人が止める手続は、喪失だけでした。ところがこの喪失はハードルが高いですし、一度宣告されてしまったら容易に復活しませんので、効果が強すぎて使われにくいものでした。そこで平成23年の法改正で、親権行使が（"著しく"ではなく）困難又は不適当だった場合に「2年を超えない範囲で停止し」期間が過ぎたら復活するという、親権停止ができました。停止している間は親権者不在になるので、未成年後見が開始することになります。この喪失や停止は、親権丸ごともできますし、そのうちの一部の管理権について喪失又は停止ということもできます。それから、あまり使われませんが、

Ⅳ　未成年後見

A君のケースの母のように、親権者が自ら辞退する、親権辞任もあります。

　こういった法律上明確に親権者がいないときにはもちろん未成年後見がスタートするのですが、スタートするのはそれだけに限りません。行方不明、刑務所入所中、入院中、心神喪失状態など、事実上親権者がいない、親として動けないという場合でも、後見は観念的には始まっています。ただし、児童養護施設などに入所しているお子さんの場合には、親権者がいなければわざわざ未成年後見人を選任しなくても施設長が親権を代行するという規定が児童福祉法47条にありますので、いちいち申立てがされていないのが実情です。

(2) 離婚後単独親権者が死亡した場合

　例えば、両親が離婚し母が親権者となった場合、その母が亡くなったときには自動的に別れた父が親権者になるわけではなく、通常は未成年後見を選任し、他の誰かが未成年後見人として親権を行使するというのが原則です。ただ、この実父が「実母が亡くなったのだったら自分が親権者になります」ということであれば、実父が親権者になることもできます。未成年後見人になることもできますし（B君の実父のケース）、親権者変更で自分に親権を移すということも、どちらもできるということになっています。

(3) 普通養子縁組で養親が死亡した場合

　この場合も養親が亡くなったからといって自動的に実父のほうに親権が戻るということにはならず、やはり未成年後見を選任しなければなりません。よくあるのが、お子さん本人がいて、実母・実父がいて、さらにこの場合だと祖父と養子縁組をして親権者が祖父になります。ただ、養育は実母・実父・子の3人が一緒に暮らして行われているという場合があります。これは祖父が亡くなったときの相続税対策のためになされることも多いようです。単独親権者である祖父が亡くなってしまったときに、実母・実父の親権は自動的には復活しないので、血のつながりがあるのにこの2人かあるいは片方が未成年後見人になるということがあります。さらに、こういった場合には相続財産がかなり入ってくることもあるので、この後見人になった人に未成年後見監督人として弁護士が付くということがあり得ます。この親族からすると、3人で今までどおり暮らしているのに何でこの監督人が入ってくるのかとい

うことで、後見人である実父母との間の関係の取り方というのがベテランの先生でもかなり大変な状態になっているのが現状です。ここは法律的な仕組みとしてもう少し改善できるのではないかと思うところがあります。死後離縁によって実父母に親権が戻りますが、離縁のためにも一度未成年後見人が選任される必要があります。

2 手続面

(1) 家庭裁判所による選任（民法840①）

　成年後見の場合には、後見や保佐や補助を開始する審判を申し立てますが、未成年後見の場合には、親が亡くなったり、行方不明だったり、刑務所に行っているというだけで自動的に後見が開始している状態ですので、開始の審判というのはありません。「未成年後見人を選任してください」という申立てになります。この申立てができるのは、お子さん本人（意思能力があれば中学生や高校生でもご自身で申し立てることができます）、その親族、そして利害関係人です。利害関係人は、例えば、そのお子さんに対して債権を持っている債権者などですが、ここが成年後見の場合と異なります。成年後見の場合、債権者は申立人にはなりません。それから、申し立てることが義務になっている人がいます。例えば親権を喪失、停止させられてしまった方、あるいはA君のケースのように親権を辞任した母です。こういった方は自分の親権がなくなることで義務的に申立てをしなければなりません。また、C君のケースの児童相談所です。福祉のために必要がある場合には児相や生活保護の実施機関が申立をしなければいけないということになっています。

　申立人は限定されていますが、未成年後見人になるのは親族に限りません。適当な人がいればその方を候補者として記入することはできます。資料1の2頁をご覧ください。下半分のところに「未成年後見人候補者」というところがあります。申立人自身が候補者ということでもよいですし、全然違う他人を書いても構いません。ここを空白にして出されるということでもよく、空白で出した場合には裁判所が適当な人を選びます。そのため裁判所から弁護士会に推薦依頼が来るというシステムになっています。この候補者の欄には、裁判所は拘束されませんので、ここに誰かが候補者として書かれていても、適当でない、あるいは他の親族が反対しているという事情があれば裁判

Ⅳ　未成年後見

所は別の人を選んでくるということになります。

　そして欠格事由です。候補者となった人、選ぼうとしている人でも実際には後見人になれない方がいます（民法847条）。どんな人かといいますと、当たり前ですが未成年者。それから裁判所から免ぜられた法定代理人、保佐人、補助人。他の事件で裁判所から解任された方はなれません。また、破産者、後見人の配偶者、直系血族、兄弟姉妹、それから本人相手に訴訟をしている方、行方不明の方などが欠格事由になります。

(2)　遺言による指定（民法839①）

　裁判所が未成年後見人を選ぶ方法のほかに、もう一つ、親権者の方が「自分が亡くなったときにこの人に未成年後見をお願いします」と遺言に書いておく方法があります。そうすると裁判所の手続を経ずに、指定された人が遺言を持って10日以内に区役所に届出て未成年後見人としての活動を開始することができます。私はセクシャルマイノリティの事件を多く担当しているのですが、レズビアンカップルの場合にこれをお勧めすることが多いです。レズビアンカップルの場合、今のところ法律婚ができませんので共同親権になりません。連れ子とそのパートナーという関係になるわけです。この子の実母が亡くなったときに、一緒に暮らしてきたパートナーの女性に親権者になってほしいと思った場合、そもそも誰が家庭裁判所に申立てをできるのかという問題や、候補者にそのパートナーを書いても裁判所が拘束されるわけではないという問題がありますので、遺言で書いておけば確実にそのパートナーが未成年後見人としてその子を引き続き監護養育することができるということになります。

　この遺言で書かれた指定された後見人もその後は家庭裁判所の監督を受けるということに法律上はなっているのですが、裁判所からすると把握しようがありません。裁判所を経由せずに区役所に行かれて戸籍に載るため、裁判所は知らされません。どういうときに裁判所が知るかというと、未成年後見人の方がまさかの報酬付与の申立てをしてきたとか、特別代理人の選任をしてきたといったきっかけがあって初めて、指定未成年後見人の方は家庭裁判所の監督を受けることになります。

(3)　即時抗告なし

成年後見の場合には、後見を開始するという審判に対して誰かが即時抗告をするということがあり得ますので、審判が出ても2週間経たなければ確定しません。ところが未成年後見の場合には、親がいないという状態で開始自体はしています。そして、誰を未成年後見人に選ぶかということに関しては即時抗告ができませんので、審判が出て送達された時から効力が生じています（家事事件手続法74条2項）。

　また、家庭裁判所での選任について、先ほど、申立人になれる人、義務的に選任しなければいけない人をリストアップしましたが、そのほかに家庭裁判所が職権で選ぶということがあります。民法840条の2です。監督人については849条に書かれています。例えば、もともと実父が未成年後見人として付いていたB君にさらに未成年後見人として私が選任されたケースが、それです。未成年後見人の実父が、B君の遺族年金を流用し、きちんと管理していないということで、裁判所が職権で新しい人を追加するということになり、私が入った、という事案です。

　監督人は大体において職権で選任されます。A君の場合は、未成年後見人候補者である私のほうから監督人を選任してほしいと裁判所に求めたもので、かなり例外です。一般的に、自分が不安だから監督人を付けてくださいと申し立てる人は稀です。後見人本人はきちんとやれると思っているが、財産が非常に多くある、あるいは手続が不安でこの人に任せて大丈夫かなというときに、裁判所が職権で選任をするのがほとんどで、かなりの数があります。

第4　未成年後見・後見監督が必要となる理由

　親権者が不在のまま未成年後見人が選任されなくても、そのままで成人に達するパターンというのは、結構あります。子どもがそれほど大きな財産を持っておらず、法律の手続も特にすることはない場合です。例えば、19歳の半ばで両親が亡くなり、あと6か月くらいで成人するという場合であれば、わざわざ裁判所の手続をとって未成年後見人を選任するまでもありません。あるいは、施設にいるお子さんだと、先ほど申し上げたように施設長が親権を代行していますから、わざわざそんな複雑な手続をとらなくてもよいとい

Ⅳ　未成年後見

うことのほうが多いわけです。

1　遺産相続・放棄・生命保険金受領

だからこそ、逆にどうして後見人が選任される例があるのかといえば、一番大きいのは遺産相続です。先ほどのケースのように、相続税対策で養子縁組されているということもあります。それから、相続放棄と生命保険金の受領です。D君のケースがまさにそうです。相続放棄をしまして、D君のケースは生命保険金である程度まとまったお金が入ってくるので、その管理をどうするのかということで財産管理が必要になってきます。

生命保険もなく、借金しかなくて、未成年後見人としては相続放棄だけしかやることがないという場合でも、相続放棄をしたからもうそれで終わり、未成年後見人を外していいか、というと、裁判所はそうは考えません。身上監護についてはその後もずっと行う必要がありますから、当初の目的である相続放棄が終わってあとは財産管理としてはやることがないといっても、「ずっとそのまま未成年後見人をやってください」という状況が続きます。

ですから、「そのまま20歳までやってください」と言っても、本人の財産がなくて後見人の報酬をどこから出すのか、という問題があります。これがどこからも出ないのです（施設にいる子で児童相談所が審判を申し立てたという事案については一定程度補助があります）。こういった遺産、相続関係のことで未成年後見人が選任されるという例が一つです。

2　財産管理

例えばA君のケースでは、地代を払わなければいけない、賃貸している建物の賃料をもらわければいけない、本人に生活費を渡さなければいけない。他のお子さんですと、年金が入ってきて、その中から一緒に暮らしている親族に生活費を渡さなくてはいけない。携帯電話の手続をして、料金を払わないといけない。財産管理面で、いろいろな手続が必要になります。そういった日々の財産管理のサポートのために、未成年後見人が就く必要があります。

3　医療ネグレクト等虐待への対応

これは最近少なくなりましたが、どういうことかといいますと、お子さんに緊急の手術が必要になり、手術をしなければ命が危ないという場合、親権者が合理的な理由なくそれを拒むというときに、緊急にその親権を止めてそ

の代わりになる人が手術の同意をして子どもの命を救うということが必要になってきます。

　これまでは、親権の喪失の申立てと同時に、保全で職務代行者を選任してもらうという手続をとっていました。平成24年に児童福祉法が改正され、児童相談所が一時保護をしたお子さんで親権者がいる場合でも、児童相談所が必要だと思ったものについては医療的な措置ができることになったので、この方法はあまり使われることはないようです。ただ、自分の親権があるのに反することをされて損害を被ったなどといって法的な手段をとられることがあり得るので、そういったことをあらかじめふさいでおきたいという場合には、その親権の喪失ないし停止の申立てをします。その審判は非常に時間がかかりますので、同時に緊急に親権を未成年後見人的な職務代行者を選任してもらうという保全処分を行い、代わりにその手術に同意します。手術が終わったら保全を取り下げることもありますが、そのまま本案の親権停止・喪失がなされる場合には未成年後見が開始することになります。

4　辞任等による形式的な親権者の不在

　これが先ほどの、財産管理の面からも身上監護の面からも必要性が乏しいのに、親権者が不在になってしまうというケースです。児童養護施設に入所中のお子さんがいて、親権者が亡くなり、借金しかない。別れた実父が未成年後見人になって相続放棄の手続はとったものの、その未成年後見人に選任された実父がその後行方不明になってしまった。そうすると、また未成年後見人が不在の状態になります。ただ、お子さんは施設にいますし、相続放棄をして管理する財産もないので、特に新たに未成年後見人を選任する必要は実際上はないのですが、裁判所はそうは判断せず、「親権者不在の状態だから、新たに誰か未成年後見人になってください」と職権で選びます。私たちは必要ないのではないかと裁判所には言っているのですが、条文上不在となったら必要性ありで別に後見人を選ばなくてはいけないとなっているということで、選任がされています。それによって子ども本人の財産から報酬を得られないという問題が生じてきます。

5　養子縁組

　親権者が不在になり、例えばその子のおじなりおばなりが自分の子どもと

IV　未成年後見

して引き取って育てるとなったときに、養子縁組をすれば早いわけです。未成年後見人では裁判所の監督がずっとなされますが、養子縁組をしてしまえば監督が外れます。ところが、親権者が不在の状態では、そのおじ、おばとの養子縁組ができません。養子縁組を代諾する人がいないからです。その養子縁組のために未成年後見人が選任される必要があります。

第5　未成年後見・後見監督の開始

1　戸籍への記載

　申立書を出し、家庭裁判所の調査官が調査をし、後見人としてふさわしいという人が見つけられたら、審判が下ります。先ほど申し上げたように、送達と共に効力が発生します。未成年後見人が対外的に活動するときに、どうやって未成年後見人であることを証明するか。成年後見人の場合には十数年前に法律が変わり、戸籍ではなく、登記で、自分が後見人、保佐人、補助人ですという証明をして金融機関等に届けるということになっています。未成年後見の場合はそうではなく、相変わらず戸籍で証明をするということになっています。A君のケースの時代には未成年後見人の審判が出たら10日以内に自分で区役所に届け出なければならなかったのですが、今はその役所への届出は必要なく、審判が出てそのまま待っていれば、家庭裁判所が役所に連絡をして、2週間ぐらいで自動的に戸籍に載せてくれるようになっています。裁判所から電話で戸籍ができたという連絡がきますので、その後に役所で戸籍を取り寄せます。

　どういった記載になるかというのがレジュメ2頁です。これはどういうケースかというと、親権者不在だったので平成26年3月1日にまず鈴木智子さんという方が未成年後見人になり、さらに1人だけでは不安だと裁判所が判断したので、職権で私が複数選任で追加され、権限分掌で私が財産管理だけ行うというケースです。戸籍の記載はこのように長くなっていきます。

　先ほども申し上げましたとおり、審判が効力を持つまで2週間待つ必要がありません。緊急性のある事件はもちろん、そうでなくても就任してから1か月以内に金融機関を回って財産目録を作り、裁判所に出さなくてはならず、戸籍ができるまで2週間待っていたら、あっという間に1か月が経ってしま

うわけです。ですから、審判書の送達を受けたら、その審判書を持って銀行を回れますし、そうすることが必要です。戸籍は日本国籍の方にしかないので、外国籍のお子さんに未成年後見が付いた場合には、当然、審判書で証明して動くよりほかにありません。金融機関の方が、確定証明書を持ってこないといけないなどと誤解をしていることが時々あるのですが、それは成年後見の場合であって、未成年後見の場合は審判書だけで動けます。

　未成年後見人であることが子どもの戸籍に載ってしまうというところは、未成年後見業務の上で大きなハードルになります。その子の戸籍からたどれば、未成年後見人の自宅住所なども子どもの親族にばれてしまうので、親族でクレーマーや危険な人、あるいは児童虐待関係で親権停止をかけている場合の当該親などが、こちら側のプライバシーを知ってしまうわけです。また、子どもの戸籍に、未成年後見人の戸籍の筆頭者の名前が出てしまいますので、例えば私の場合、私の父の名前が出てきますし、結婚されている方だと配偶者の名前がこの戸籍に載ることもあるでしょう。子どもに関係のない人の名前が、その子の親族に見えてしまうというところが、気持ち悪さを通り越して弁護士の業務妨害という問題にもなり得るわけです。

2　審判書

　裁判所が発行する審判書はある程度配慮をしてくれます。自宅住所を書かないでくれとか、あるいは戸籍名と違う通称名をお使いの先生の場合にそれを併記してもらうということはできます。ただ、この戸籍の記載だけは、裁判所の力ではどうしようもなく、法務省がここはどうしても動かせないというところなので、裁判所から推薦依頼が来るケースや児童相談所から打診があったようなときに、このような個人情報が未成年者本人の戸籍に載ってしまうということを念頭に置いて受任するかしないか、あるいは受任するとしてその体制をどうするかということを考える必要があると思います。

　実際、他の弁護士会の事例ですが、引き受けた後見人弁護士に対して、クレーマーの親族が次々と訴訟を起こして大変な状態になり、その弁護士のために弁護団を組んで裁判所と密に連絡を取りながら大変ご苦労をされているというケースもあります。そういう子どもにこそ未成年後見人を付けて守らなくてはいけないと思いますので、より使いやすい制度にしていかなければ

IV　未成年後見

いけないのではと思っているところです。

第6　選任直後の活動

1　記録閲覧、謄写

　自薦で候補者になるという事件でなく、裁判所や弁護士会から就任を依頼される事件の場合には、選任される前に一旦家庭裁判所で記録の閲覧をしていただきます。利害関係がないかどうかという確認と、先ほどのクレーマーみたいな形で攻撃が来ないかというのを確認するということです。実際、1か月以内に財産目録を作らなければいけませんので、記録も謄写します。家庭裁判所が記録一式のコピーを渡してくれれば楽なのですが、自分で謄写をしなければいけません。裁判所・弁護士会から打診が来た時点、選任の前に、後見センターに記録を閲覧しに行きます。ざっと見て問題なく引き受けられそうということであれば、その場で記録謄写の申請書を書き、その足で9階の司法協会に行って委任状と謄写の申込書を出します。ただ、すぐにはコピーしてくれず、裁判所が実際に審判を書いてそれが送達されてから、ようやく後見センターから司法協会に記録が行き、そこからコピーがされて届くということになるので、若干時間がかかります。裁判所経由で弁護士会から打診する場合には、候補者の方には本籍が書かれた住民票を裁判所にご提出いただいています。また、謄写した費用については、一旦ご自身で立て替え、選任後に事務費用として未成年者本人の財産の中から精算していただくということになります。

2　未成年者ら、親族・関係者との面談

　審判が送達され記録も手元に届いたら、真っ先にしなければいけないのは、関係者との面談です。まずお子さん本人、キーパーソンになる同居親族、同居していなくても、例えばA君の大おじのように支えてくださる親族、それから地域の関係者、学校、不登校の場合には適応指導教室や教育相談センター、小さなお子さんであれば保育園、幼稚園、子ども園です。その他、児童虐待や要保護児童のような場合には児童相談所や各市区町村の子ども家庭支援センターの担当のワーカーさんです（C君の場合はそこがメインで動いていました）。生活保護を受給しているような家庭の場合にはそのワーカーさ

ん、医療機関にかかっているような場合には（A君の場合精神科にかかっていました）、そこの主治医の方とも面談をします。

　また、地域の民生児童委員の方もキーパーソンになります。どうしても事務所から現場までは近くても1時間くらいかかることがあるわけです。緊急の事態が生じたときに、保健所や子ども家庭支援センターなどが弁護士よりは近くにいるのですが、パッと駆けつけることができない、頼れる親族も近くにいないという場合には、地域の民生委員の方がそばにいてすぐに連絡を取ってくれたり、夜間の対応をしてくださったりということもあります。是非、民生児童委員の方にご挨拶をし、できれば関係者ができる限り一堂に会して顔合わせをし、そこで役割分担、今後の生活状況についてどうしていくかということを話し合っていくことが大事になってきます。

3　財産等の占有確保

　未成年後見人として選任された場合には財産管理を一手に引き受けることになりますので、通帳、預金の証書、保険の証券といったものを預かることになります。ただ、10代の後半ぐらいのお子さんになってきますと、アルバイトを自分でしたりもします。そういった場合に、労働基準法59条に未成年者であっても給与は本人が受け取る、保護者や未成年後見人は受け取ってはいけないとはっきり書いてありますので、そのための振込口座といったものは本人が持っていて構いません。また、未成年後見人が自分で動くための費用というものがあります。通信費や交通費等、が生じますので、未成年後見人が小口現金で持っていたり、あるいは未成年後見人弁護士の事件の預り金口座で管理したりします。

　最近、私が親族の立替金を払おうとしたのに、親族の方が立替金の金額を一向に伝えてこないので、私の預かり口口座で50万円以上管理している旨を裁判所に初回報告したところ、50万円以上を管理しないでくださいと注意されてしまいました。家庭裁判所が後見人による不正、横領にすごく過敏になっていることの表れかなと思います。私は事務の都合上、他の事件と同じように預り金口座に入れて管理をしていますが、他の先生方はどちらかといえば立替金として計上していって、最後に報酬決定を得たときに立替金を精算するという方法をとっている方のほうが多いような印象を受けています。

Ⅳ　未成年後見

4　金融機関・行政機関への届出

　金融機関や健康保険・年金の担当窓口、税務署といったところに、未成年後見人になりましたという連絡をし、かつ、保険料等引き落とし口座を変えなければいけないものがあったら変え、請求書その他の連絡を事務所に送付するよう手続をします。これがとても大変です。金融機関1か所で届け出るのに1時間や2時間平気でかかってしまうところもあります。例えば四谷にある金融機関は法律事務所が多いので、後見人の届出に慣れており手続がスムーズですが、「成年後見はまだ分かるけれども、未成年後見というのは初めてなので分かりません」「権限分掌とは何ですか」といったところから時間がかかることもあります。金融機関を回るときは、事前に必要書類を確認し、事案の内容を説明して予約を取ってから行かれることをお勧めします。何の書類を書かなくてはいけないのか、未成年後見の届出をしたらその支店でしか取引ができなくなるのかどうか、未成年後見人のカードが発行できるかどうかといったことが、金融機関によって全くバラバラです。本当にこの点は使い勝手が悪いのですけが、そういったことを事前に確認してから出掛けられるとよいと思います。金融機関の届出は事務員さんに任せられれば本当に楽なのですが、今は本人確認が厳しいので弁護士本人が行かなければ手続できません。ですから、通帳類、金融機関が多いとそれだけ初回に回るのが大変ですので、事前に準備をして行かれるとよいと思います。

　口座の管理の仕方については、口座の名義は未成年者本人のままか、あるいは（Aというのが未成年者とすると）「A未成年後見人弁護士X」（「弁護士」という名称は入れるところと入れないところとがありますが、入れないほうが多いと思います）というように、Aさんの財産だということがはっきり分かる名義でしか管理は認められません。弁護士名での口座の管理や、弁護士の預かり口というような記載は原則できないということです。

　ただ、裁判所にきちんと事情を説明して認めてもらえれば可能な場合があります。A君のケースの場合は信用金庫に本人の口座があり、私が毎回行くことができないのでテレホンバンキングで自動送金をしています。テレホンバンキングは同じ支店であれば送金手数料がゼロなので、わざわざ作ったわけです。最初、名義を「A未成年後見人山下」にし、成人してからは「A保

佐人山下」にしていたのですが、ある日突然テレホンバンキングが使えなくなりました。信用金庫に問い合わせたところ、今までの扱いが間違っており、未成年後見人や保佐人の口座はテレホンバンキングが利用できないので、テレホンバンキングをやるのであれば、私の単独名義の口座でないとだめだと言われてしまいました。慌てて裁判所に事情の報告をし、「A君名義あるいは"A保佐人山下"名義でないと原則はだめだというのは、重々分かっていますが、このケースはテレホンバンキングが命綱なので、山下名義で預かるということを了解してください」と上申書を出したところ、それで結構だと言われました。

　このように、本日講演でお話ししているのは原則の話なのですが、この事例のように、本人の財産管理や生活維持のためにどうしても必要なことについては、裁判所に事情を説明すれば例外的に構わないと言われることもあります。今の口座の名義のことだけに限らず、いろいろなところで不都合が起きてくるわけです。最初に申し上げたとおり、裁判所のほうも手探りで取り組んでいますので、一つのご参考にしていただければと思います。

　未成年後見人は、先ほどお話しした本人の給与管理口座などを除いて、金融機関をほぼ全部回って届け出ます。これに対して、監督人については、就任した旨を金融機関に届け出るのが原則ではあるものの、「監督人の届出を受け付ける制度がうちにはない」と金融機関から言われることも結構あります。ですから、よほど未成年後見人が横領するような危険がなければ、監督人の届出をしないというケースもあるでしょうし、もし受け付けてくれる金融機関であれば届けるなど、事案ごとに確認して柔軟に進めていただければと思います。

5　財産目録調製、年間支出額の予定

　1か月以内に財産目録と年間支出額の予定を出すというのが、最初の大きな山です。資料7と資料8をご覧ください。申立てのときには分かっている範囲での財産を報告するわけですが、選任後1か月の間に金融機関に届け出て調査をした結果、残高が変わっていたとか、新たに口座が発見されたといったことが起きます。ですから、資料7の1に調査後の正確な預貯金・現金の金額を記入し、そして2～7の右側の「前回報告から変わりました」を黒塗

IV　未成年後見

りした上で、2枚目の株式や不動産、保険契約などを全部埋めていくということになります。親御さんや親族が亡くなって相続が発生しているときには、この1か月の間に遺産分割はできませんから（財産目録ができるまでは、急迫の必要があること以外、そういった処分行為はできません）、遺産は遺産のまま、本人の財産と別途に報告をするということになります。

　この財産目録のほかにもう一つ、今後の生活をどのようにしていくかという1年間の収支の予定について、1か月の間に生活費がこれまでどれだけかかってきたか、今後どのように変わっていくかという予測を立てて、記入していきます（資料8）。ただ、そんなに細かく1円単位まですることではなく、過去の数か月とか数年、また、今後進学をする・しないなど、いろいろなことを踏まえての大体の金額の収支を書いていただくという趣旨です。要は、裁判所からすると、これからの生活が黒字になっていくのか、赤字になっていくのか、もし赤字になっていくとするとどれくらいのペースで底をついてしまうのか、本当にその金額が必要なのか、赤字になって底をつく場合にその先どうするのかというところに関心があります。そういった観点から、分かる範囲での大体の見込みを書いていただければ結構です。

　なお、この1か月以内にどうしても調査が尽くせない場合があります。私は冒頭でお話しした4件のほかにも未成年後見を担当しているのですが、いろいろな複雑な事情があって報告できず、あと1か月延ばしてほしいということがありました。その場合には期間の伸長をすることができます。その伸長について、家事事件手続法上、審判を得る必要があることになっています。実はその時私はそれを知らず、家庭裁判所のQ&Aに「1か月で間に合わない場合はその旨の上申書を出してください」と書いてあり、裁判所からそれで結構ですとも言われたので、期間の伸長について、審判の申立書ではなく、上申書を出しました。その後でこの条文を見て、また、実際期間伸長の審判が全国で年間何十件と出ているというのを見て、驚いた次第です。原則はきちんと審判を得ないといけないのだろうと思いますが、東京家裁の場合は上申書でと書かれているので、もし不安であれば家庭裁判所にまず問い合わせて、「上申書の形でいいですよね」と聞いていただくと安心かと思います。

　財産目録の調製は、監督人がいる場合には、監督人立会いの下で作らなけ

ればなりません。

　提出期限の1か月がいつからなのかということですが、実際には、審判が送られてくるときに、連絡文書が同封されていて、「何月何日までに初回の報告をしてください」とはっきり書かれていますので、それを守っていただければ大丈夫です。
後見人が親族の場合、例えば、父が亡くなって祖父が後見人になっているという場合には、その祖父の方が葬儀費を立て替えていたり、生前の病院代を立て替えていたりすることがあります。あとはお子さんの携帯の費用などです。そのように後日精算してもらいたいものがある場合には、財産調査の着手前にそういった債権があるということを言っておかないと、請求ができなくなってしまうという規定が民法855条にあります。資料の6の2頁目をご覧ください。これは申立てのときに未成年後見人の候補者が書くものですが、⑤に立て替えて支払ったものがあるか、返済を求める意思があるかないかについて記入する欄があります。未成年後見人本人が立て替えていて後で返してもらいたいのがあるのであれば事前に言っておくということがここに反映されています。

　なお、お子さんがきょうだいの場合、きょうだいが複数いて1人の後見人ということがありますが、この場合でもきょうだい別に事件番号が振られていますので、財産目録も年間の収支予定も全部きょうだい別に書いてください。あくまでも一人一人別人格ですので、その後の裁判所への報告も別にしていくことになります。

　それからこの書式、特に財産目録や収支予定表、事務報告などの書類は現時点でのものなのですが、非常に頻繁に変更になります。A君のケースをやってから今までもう9年近く経ちますが、これまでも何度も何度も変わっています。大体は、簡素化される方向にはなるのですが、ある時から細かくなったり、ある時から簡単になったりします。書類を出すと、「先生、もう書式が変わりましたので次から気を付けてください」と家裁から言われることもあります。家庭裁判所のほうからは書式が変わったことを個別に連絡してはくれないので、報告をする際に東京家裁のウェブサイトをご覧いただき、最新の書式を必ず確認するようにしてください。書式だけではなく、報告の仕

Ⅳ　未成年後見

方や添付する資料が何かといったことも頻繁に変わっていますので、お気を付けいただければと思います。

第7　財産管理

1　財産管理権

1か月で金融機関などを全部回って届出も終わり、財産目録も作って今後の方向性も決まったとなると、あとは、日常の未成年者の生活のサポートが続いていくことになります。

まず財産管理のところからお話ししますと、法定代理人として法律行為をする、あるいは本人がする法律行為について同意をする、追認できない場合には取消権を行使するといったことは、親権者と一緒です。

特に問題になるのが、携帯電話です。携帯電話の手続は今、非常に大変です。B君のケースもC君のケースも、本人名義で携帯を新しく作るために一緒に携帯ショップに行くわけですが、携帯ショップの方がまず未成年後見の制度とは何かが分かっていないので、そこから説明するのに時間がかかります。B君のケースなどは結局3、4回行かなければいけなかったくらいです。C君のケースは中学生だったので、保護者としてフィルタリングをきちんとかけなければいけないのですが、そのフィルタリングの手続もまた携帯ショップで1時間くらい時間をかけてパスワードがどう、設定がどうというようなことをしなくてはいけません。ただ、子どもたちにとっては、スマートフォンがないとなかなか生活もできないという事情もあります。未成年後見人が子どもの法律行為をするということはそんなに頻繁にはないのですが、この携帯については、おそらく皆さま大変ご苦労されるのではないかと思います。

また、そういった法律行為ではなく、預貯金や現金、不動産の管理については、親権者が「自己のためにするのと同一」とされているよりは、未成年後見人なので「善管注意義務」と少し重くなっています。ただ、法律家は職務上そのような注意義務を負って日常的に業務を行っていますので、この点は、どちらかというと、親族後見人の方に注意してもらうことと思います。

2　小遣い・生活費

小遣いや生活費としていくらが適当なのかというのは、本当にケースバイ

ケースです。本人の生活状況、資産状況などいろいろなことを考えていくらが妥当なのかということを決めていただければ、裁判所は、よほどそれが高額でなければ特に注意をしてくることはありません。ただ、実際に弁護士会からベテランの先生にお願いしたケースでは、一緒に住んでいる親族がそのお子さんの生活費として毎月15万円とか20万円が必要だと要求してきて、果たしてそれでよいのかと大変ご苦労されているようなものもありました。こういった場合、話合いがまとまらなければ裁判所に相談をして、場合によっては裁判所から当事者に言ってもらうとか、裁判所からアドバイスを受けて「裁判所はこう言っているよ」と未成年後見人から親族に言うということがあり得ます。

　生活費の渡し方についても、現金で手渡しするケースもあれば、A君のケースのように金融機関で送金をするなど、いろいろなやり方があってよいと思います。生活費については、領収書を全部とっておかなければいけないというような話が裁判所から親族後見人に対して説明があるので、皆さま結構一所懸命にレシートをとっていらっしゃいます。他方で、弁護士が未成年後見人になる場合は、未成年者と一緒に暮らしているわけではありません。未成年者が親族と一緒に暮らして、食費や水道光熱費が一体になっていたりしていますので、そういったところまで細かく全部後見人が把握しなくてはいけないということではなく、ある程度常識的な範囲内で数万円を同居している親族の方にお支払いしていくということで、裁判所としては認めることが多いと思います。

3　児童手当

　児童手当は、未成年後見人の弁護士が受領するのではなく、実際に養育している方の財産になります。施設入所中の場合は法律上はっきりと施設が受け取ると書かれていますし、同居している親族が未成年者を養育している場合にはその親族が受給することになります。ですので、未成年者や未成年後見人の口座で管理をするということにはなりません。

4　税務申告

　相続税が発生する場合には相続税の申告、それからA君のケースのように不動産収入がある場合には毎年3月に確定申告をすることになります。簡単

IV　未成年後見

な申告であれば後見人本人が行っても構いませんし、複雑な場合にはもちろん税理士にお願いするということでも構いません。その税理士費用も当然本人の財産の中から支弁していただければ大丈夫です。

5　後見事務費用

後見人の交通費、通信費、先ほどの税理士費用、登記するときの司法書士費用、それから、賃貸しているアパートなどは件数も多くて大変なので不動産業者さんにお願いしていますが、そういった管理費用など、後見事務を行うために必要な費用は、特に裁判所の了解や許可がいるということではなく、日常的にご本人の財産の中から支出していきます。小口の現金を置いておいてそこから引いてもよいですし、立替金として計上しておいて最後に清算するという形でも結構です。

ただ、10万円を超える臨時の出費があるような場合には、なるべく事前に裁判所に相談しておかれるほうがよいと思います。この後見事務費用の領収書を全部裁判所に提出されていて、1年ごとの裁判所への報告書が、領収書の束で膨れあがっている先生もいらっしゃいますが、裁判所はそこまで必要とはしていません。後見人の手元にきちんと領収書が管理されていれば、数字だけまず出していただき、よほど何かおかしなことがあったときに裁判所が未成年後見人に領収書の提示を求めますので、常に毎回領収書を全部出す必要まではありません。

6　未成年後見人が保証を求められた場合

お子さんが10代後半になっていて、就職をする、あるいは自立してアパートを借りるというときに、保証人が必要になるときがあります。親子であれば親が保証人になるところですが、専門職の未成年後見人の場合には控えなければいけません。保証人を引き受けるということは、万が一何かあったときに肩代わりをして払い、その結果、求償権が発生します。形式的に利害対立が生じることになってしまいます。ですので、未成年後見人が保証を求められた場合には、それを説明して断りつつ、保証会社の利用を検討します。

児童養護施設出身のお子さんの場合には、就職のときの身元保証、アパートの賃貸借の保証については、きちんと対策事業があります。施設長や里親さんが保証人になり、国と都道府県が費用を出して全国の社会福祉協議会が

やっている支援機関に保証料を払うということをしていますので、未成年後見人本人が保証人にならずに契約ができるような方策を検討してください。

7 本人と後見人の利益相反時

(1) 本人と後見人の利益相反時は特別代理人選任が必要

利益相反については、親との関係で書籍によく記載がされていますが、未成年後見人の場合も全くそれと同じです。未成年後見人と本人との間で利益相反が起きる場合には、特別代理人を選任しなければいけません。監督人が選任されている場合には監督人がお子さんの代理をしますので、わざわざ特別代理人を選任する必要はありません。監督人がおらず、もし特別代理人の選任が必要な場合には、無償で引き受けてくれる親族がいればその方にお願いをし、そういった方もいなければお知り合いの方に低額で引き受けていただけるよう事前の打診をした上で、申し立てます。

(2) 形式的判断説

利益相反が起きる場面はそんなに多くはないのですが、念のためにご説明をしますと、裁判所はどういった場合に利益相反になるかについては、内心の意図や動機などではなく、形式的に外形から判断をすると言っています。

ですから、例えば後見人の内縁の夫に、後見人である女性が子どもの財産を無償譲渡したということになると、後見人とその内縁の夫との相互の利害関係が特段の事情がない限り共通しているので利益相反になってしまうという判例があります。逆に、大判昭和6年は後見人の事案ではなく親権者の事案ですが、親権者の財産を未成年者に贈与しました。この点では別にプレゼントというだけであり、子ども本人の利益を損なうわけではないので、ここは形式的に見ても特別代理人は不要、特別代理人なしの贈与契約も有効となります。

また、第三者に処分する行為も原則的には利益相反にはなりません。未成年後見人が子どもの財産を全く別の方に処分しても、その未成年後見人に直接何か利益が生じるということには外形上はならないので、原則利益相反にはならず、特別代理人の選任は必要ありません。ただ、代物弁済のように未成年後見人が負っている債務をその未成年者の財産で弁済すると外形的に利益相反に当たります。後見人の債務を子が保証する、あるいはこの財産に担

IV　未成年後見

保権を設定するという場合にも、原則それは利益相反にはならないのですが、未成年後見人も連帯債務や保証債務を負っている場合には求償が発生しますので、やはり利益相反行為になる場合があります。子どもに債務を負担させる行為も原則利益相反にはなりませんが、例外的に未成年後見人の債務を更改契約で子どもの債務にするという場合には形式的に利益相反になります。ただ、こういった処分や保証・担保設定、債務負担などが、利益相反（＝特別代理人を要する）に当たらないとしても、それが子どもの財産管理として妥当であるかどうかはまた別の問題で、子どもに不利益をもたらすことは解任事由になります。

実際上、利益相反が生じる一番多い場面は遺産分割です。D君のケースでもお話ししましたとおり、父が亡くなって祖父が未成年後見人になった場合に、D君が相続放棄すると、今度は祖父が相続人になります。ですから利益相反になるわけです。

私が監督人に付く前に、祖父が後見人に選任され、自身で家裁にD君の相続放棄を申し立てたところ、裁判所から「これは利益相反になる。後見センターが監督人を選任するそうなのでストップする」と言われました。その後私が監督人に付き、私からその後の進行について相続放棄の担当の裁判所に聞いたところ、「まず相続放棄として一旦裁判所で申述を受理し、その後、監督人がそれを追認するという形をとります」と言われました。私からは「明らかに利益相反になっているのに、裁判所が受理してしまい、その後私が追認するというのは何か変ではないですか」とずっと言っていたのですが、それからしばらく経って全然裁判所が動かないので先週問いあわせたところ、やはり裁判所も考えていたやり方がおかしいと思ったようで、「受理前に監督人に照会を出しますので、同意を得た上で、その後，裁判所が申述を受理することにします」と言われています。

また、C君のケースは、今、中学生で祖母と同居していて、祖父が近くの施設にいます。私は祖母の補助人（代理権あり）にもなっているのですが、もし祖父が亡くなってしまうと、この祖母とお子さんの2人が相続人になるわけです。私がどちらの代理もしてしまうことになるので、そういった場合には特別代理人がどちらか片方に必要ということになります。

それから、数人の子の代理です。ある方が亡くなって、相続人である未成年者のお子さんが何人かいて、この複数の未成年者の後見人を同じ方がされているような場合、遺産分割をするためには、たとえ相続分どおりにやるとしても、一人一人に後見人や親権者が必要になるので、他の子について特別代理人を選任しないと遺産分割ができません。

相続放棄をする場合にも、後見人が自ら相続放棄をして、その後で被後見人（子どもたち全員）を代理して放棄をする場合には、利益相反にはなりません。あるいは未成年後見人本人と子どもたちが同時に相続放棄をするような場合も、利益相反にはなりません。

(3) 親権濫用時

ただ、このように形式的に判断し、未成年後見人の内心の動機や理由は問わないといっても、明らかに未成年後見人が濫用的に子どもの財産を処分しているような場合にも救えないのは理不尽です。ある極限的な場合には民法93条のただし書（心裡留保）の類推適用で、相手方が権限濫用の事実を知っている、あるいは知るべき場合にはその法律効果が子どもには及ばない、とした最高裁の判決があります。ただし、親権者や未成年後見人の裁量が強いので、よほど著しく、権限の趣旨に反するような特段の事情がない限りは、そのような類推適用が認められることがありません。

8 後見信託

後見信託、これはどういうことかといいますと、親族後見人の横領が非常に増えてきたことを背景に、それを防ぐために裁判所が信託銀行に預けさせるものです。必要なときだけ裁判所が指示書を出して下ろし、そうでない限りは後見人であっても自由動かせないという制度です。

後見信託を行う場合には、一旦専門職の後見人が選任され、後見信託が必要かどうかを判断し、必要だとされたら専門職後見人が信託銀行と契約を締結をし、お金を預けた後、専門職後見人は辞任して、親族後見人だけが残る、という方法をとっています。元本が保証されているので元本崩れは起こさないのですが、その代わり信託銀行に対する報酬は発生します。

この後見信託は、成年後見についてはある程度利用されているのですが、東京家裁では、未成年後見についてはまだ使われていません。検討された事

Ⅳ　未成年後見

案は何件かありますが、実施には至っていません。なぜかといいますと、高齢者の方の場合には生活が大きく変わるということはそんなになく、多額な預貯金があってもそれを取り崩すということがそれほどないのですが、お子さんの場合には、日々成長していき、進学というタイミングが来たりするわけです。合格して進学するというときに多額の現金がいるのに、そのとき家庭裁判所が指示書を早く出してくれるのか、あるいは親族後見人が家庭裁判所に「指示書を出してください」と言ってくれないような事情にあると子どもがそれで進学できないという逆の方向に左右してしまうのではないか、などいろいろな問題があります。弁護士会も、未成年者についてこの後見信託を使わせることについては否定的ですし、実際上もまだ利用されていません。もし、後見信託が実際に未成年でも使われることになった場合には、まず弁護士会と一緒に、後見信託を利用するのがふさわしい事案なのかどうかということを検討することになろうかと思います。

第8　身上監護

1　親権者と同一の権利義務

　懲戒や営業の許可は実際上問題にはなりませんが、監護・教育やどこに住むかという居住指定については、弁護士もある程度関わっていきます。弁護士のように専門職後見人は、親族後見人のように一緒に生活することまでは求められていませんが、条文上一緒に住んでいないから身上監護の義務の程度が低いということにはなっていません。例えば教育の場面では、学校をどこにする、塾の費用を払うという法律的なことだけではなく、お子さん本人とよくコミュニケーションをとりながら、まさに親代わりとして本人の進路選択や生活のことについて考えていくということになります。

　A君のケースでも、例えば定時制高校を退学するかしないか、辞めた後に発達障害を抱えながらどうやって仕事をしていくのかということで、就労支援センターに一緒に行ってそこと連携を取ったりもしました。C君のケースでは、発達障害ということもあって食べるものにこだわりがあり、祖母が作ったものを食べません。祖母の財産を毎月何万円も使って食料を買い込んで、たくさん食べてしまい体重が増えていくということもあるので、つい先日も、

「食べるものにこだわりがあってもいいけれど、ちょっとお金を使い過ぎだから、これからは毎月1,000円ずつ受け取って、その中で自分でやりくりをしながらご飯を食べていこうか」というような話を本人としました。こういった生活全般にわたってコミュニケーションをとっていきます。

住む場所については、親族と一緒に住んでいるケースのほかに、児童養護施設にいるお子さんもいます。また、児童養護施設は高校へ通学するお子さんまでなので、高校に通っておらず児童養護施設にはいられない、でも自立をするにも一人暮らしができないというお子さんのために、自立援助ホームという施設があります。子どもにそこを勧めるということもあります。自立援助ホームというのは、食費や水道光熱費、家賃を含めて月3万円だけホームに払い、残りのお金は貯蓄と小遣いに回し、半年から1年くらいで自立資金を貯めて一人暮らしを始めていくためのサポートをしてくれるものです。ここに入るためには児童相談所の協力もいりますので、そことの連携が必要になってきます。また、未成年後見人に付く前に既に親権者によって定められたお子さんの監護教育状況や居所指定を変更する場合、監督人がいる場合には、その監督人の了解を得ながら進めていくということが法律上必要です。

2 監督義務違反の損害賠償責任
(1) 責任能力、後見人自身の責任等

未成年後見人業務を引き受けようかと考える方にとって一番のハードルになるところとして、この監督義務違反の損害賠償責任を負うリスクです。これを恐れる方々が非常に多いです。この点は、それほど過度に恐れることはないのではないか、むしろこういうリスクよりも引き受けることのメリットのほうが高いのではないかということを皆さまにお伝えしたいと思っています。以前にも、社会福祉士の皆さまが、未成年後見をこれから子どもたちのために引き受けたいと思っているが、一番のリスクはこの損害賠償だということをおっしゃっていました。民法上は大体中学生以上くらいで責任能力を得ますので、それ以下のお子さんの場合今まではほぼ無条件で監督者の責任が追及されていました。しかし、先日、サッカーボールの事件で例外的に親権者が免責された事案も出ています。

弁護士が未成年後見人を引き受けるときには、特に責任能力まで至ってい

Ⅳ　未成年後見

ないお子さんを、自分のところで育てるということはなく、実際に監護をするのは、一緒に暮らしている同居の親族の方であったり、児童養護施設であったりということが多いと思います。その子が何らかの事件・事故を起こした場合、未成年後見人としては、その実際に監護してくださっている方々をきちんと監督できていたかということが論点となります。また、責任能力があるお子さんの場合には、民法709条で基本的にはお子さんが負うわけですが、未成年後見人本人として責任を追及されるというような場合には、昭和52年3月15日の高裁判決で要件があり、①監督義務者が相当の監督をすれば、未成年者による加害行為の発生が予防できたこと、②その監督を現実になし得たこと、③放置すればその加害行為が発生する蓋然性が高かったことをクリアして初めて未成年後見人も責任を負うということになります。裏返しますと、結局弁護士後見人として、お子さんのためにいつもきちんと見守りをし、やってはいけないことはやってはいけないと言っていた、この子が何かやってしまいそうという場合にどうすればよいだろうということをそのお子さんの周りで実際に養育してくださっている方々ときちんと連携をとってやっていた、そのことをきちんと放置しないで動いており記録にも残っているということがあれば、よほどのことがない限り、弁護士が責任を負わなければいけないということにはならないはずだと思います。

(2)　**弁護士賠償責任保険・未成年後見特約**

ただ、全くリスクを負わないのか、リスクを負った場合どうするのかということもありますので、そのために弁護士賠償保険の未成年後見特約というものがあります。皆さま、大体、弁護士賠償保険には加入されていると思います。未成年後見を担当された場合には、その保険の特約に入り、その時にその未成年者の情報として名前を書くだけでよく、1人当たりいくらという追加の保険料を払えば、その子に関して万が一弁護士が責任を負わなくてはいけないときにも賠償されるということになっています。

通常、この弁護士賠償保険については被保険者の犯罪行為の場合には賠償されないという規定になっており、「弁護士賠償責任保険のあらまし」には、「被保険者（その弁護士自身）の故意や犯罪行為によって生じた賠償責任については保険金を支払わない」と書いてあります。また、「未成年後見賠責任

償特約のあらまし」には、「被保険者(これは未成年者ではなく弁護士のことです)の犯罪行為(過失犯を除く)又は被保険者が他人に損害を与えるべきことを予見しながら行った行為(不作為を含まない)」と書いてあるので、弁護士の過失であれば出ます。逆にいうと、未成年者の故意犯の事件であっても、「故意だからということで保険金を払わないことにはならない」という制度です。ですから、もし未成年者本人が何かしてしまいそうだという危険性のあるときには、これに加入しておくことをお勧めします。

　保険料は数千円から1万円弱くらいですが、これを未成年者本人の財産から払っていいのかという論点もあります。というのも、賠償保険の契約者はあくまで弁護士本人ですから本人の財産管理のことなのかということがありますが、裁判所にこの点を確認しましたところケースバイケースだということです。本人の財産から支出することもあり得なくはない、個別の事案ごとの判断ということでしたので、こういった場合には事前に裁判所と相談をしていただければと思います。無報酬事案についてもこういった賠償の制度があり、これはまた後で併せてご説明をしたいと思います。

3　医療同意

　医療契約自体は法律行為ですので、当然、未成年者の代理人として未成年後見人が契約をするわけですが、手術そのものの同意については法律行為ではありません。侵襲性のある医療行為の同意ということなので、あくまで未成年者本人が判断するのが原則です。未成年ではなく成年後見の場合、あくまで一身専属制があるので成年後見人にはこの同意権がないと一般的には言われています。

　成人の場合と違い、未成年の場合、自分で判断できないお子さんについては、親権の特性として、親権者や未成年後見人がそれを同意するのは当然ということに特に争いはありません。ただし、ある程度年齢が上がると、お子さんにその手術に同意する能力が備わってきます。手術の意味が分かって、その手術を受けるということを自分で判断できるのであれば、未成年であってもお子さん本人が同意するのが法律上の原則です。同意能力があるのかないのかはっきり分からないグレーゾーンの年齢である場合には、どうするかはケースバイケースですが、本人も同意し、かつ、未成年後見人も同意して

おくのが無難だろうと思います。

　いつから同意能力があると言えるのかというところもはっきりしておらず、養子縁組能力がある15歳ではないか、あるいは原付の免許が取れる16歳ではないかというような意見がありますが、逆にいうとそのくらいの年齢のときには、本人にも納得してもらい、かつ、未成年後見人も同意をしておくのが無難です。問題になるのは、未成年後見人としては必要な医療だと思っているのに、本人が頑として受け付けないというような極限な状態になったときです。本当にケースバイケースですが、そういった論点があるということはお伝えしておきたいと思います。

第9　裁判所への報告

1　定期的な報告

　昔は数年に1回報告すればよいという時代もありましたが、これだけ後見人の不正が多くなってきたこともあって、裁判所は相当ピリピリしています。今は1年に1回必ず定期的に報告をするということになっており、資料7、資料9がその書式です。資料7は初回の報告でも使った財産目録で、変化があったところがどこかということを報告してもらうものです。そして資料9はそれ以外の生活状況や支出状況に変わりがあったところを報告するように書式が整っています。

　法律上はいつでも裁判所は報告を求められるということになっていますが、東京家裁は1年に1回としており、この事件については何月が報告月であるというように最初の選任の時点で連絡があります。例えば2月が報告月と言われた場合には、その前月の1月末日時点の財産目録や収支状況報告書を作っていただき、それを（報告月が2月ならば）翌月の3月15日までに家庭裁判所に出します。監督人が付いている場合には、後見人が監督人に3月15日までに提出し、さらにその1か月後の4月15日までに監督人が家裁に提出をするということになっています。裁判所からは督促がないので、自分できちんとスケジュール管理をしなければなりません。弁護士は準備書面なども「提出期限を1日遅れてもまあいいか」と思っていらっしゃる方が結構いるのですが、今、家裁は非常に厳しいです。督促はしませんが、少しでも

遅れたらすぐに監督人を付けたり、調査人といって臨時に調査をする別の弁護士を付けたりするくらい本当に厳しいです。ベテランの先生ほど期限をおろそかにしがちで、ベテランの先生に調査人が付いてしまったりしたような事件もありますので、是非そこは気を付けていただきたいと思います。

また、以前は、この報告時に、収支状況報告書を付けなければいけませんでした。財産目録で何月何日時点の残高だけではなく、入りと出を1年間報告しなければいけなかったのですが、それが最近、東京家裁では不要になりました。つい昨年か一昨年くらいまでこの収支状況報告書上の収支と財産目録の変化とが1円でもずれていると裁判所から調査が入っていたのですが、多分それで裁判所の業務量が逆に増えて余裕がなくなってしまったのだろうと思います。ただ、収支をきちんと管理しなければ、いずれ業務終了の時点で収支報告を全部しなくてはいけないときに、ズレが生じて最後が大変になっていきますから、専門職の後見人の場合は、裁判所から不要だと言われても収支報告書はきちんと毎年作って出しておいたほうが無難です。それを出すことで裁判所からの信頼が得られると思います。

2 随時の報告・相談

定期的な報告も重要ですが、この随時の報告・相談というのが何よりも大事です。未成年後見業務では、判断に迷うことが常々起きます。「臨時の出費で10万円以上出そうです」「原則はこうだというのは分かっていますが、例外的にこうしてよろしいでしょうか」「このように遺産分割協議を調えてよいでしょうか」など、少しでも不安に思ったら必ずファックスで裁判所に連絡をするというのが基本です。

裁判所は、遅くても1週間くらい、早いと翌日には電話で「先生の判断にお任せします」という証拠に残さない形で電話連絡をしてきて、それを追認してくれます。裁判所は逆にそういう事前の連絡がないまま後で何か事が起きたときに、「何で報告してくれなかったんですか」というようなことになったり、定期的な報告をしたときに「いや、これは聞いていませんでしたけど」というような話になったりしてしまいがちなところがありますので、随時必ず文書でお伺いを立てるという癖をつけておくとよいと思います。

Ⅳ　未成年後見

第10　報　酬

1　報酬付与申立て

　裁判所の定期的な報告と併せて、報酬付与申立てを行います。書式は資料11、資料12です。専門職後見人は当然仕事として行いますのでこれを併せて提出しますが、親族後見人の場合は事実上しない人が多いです。しかし、親族後見人であっても報酬付与申立てをすることはできます。
　B君のケースは、遺族年金を実父が流用してしまい、それを今分割で返してもらっていますが、B君もB君で携帯電話の料金に何十万円も未納があったり、生活費が足りないって言ってきたり、結局ほとんどお金がないわけです。もともとB君のケースを裁判所から打診されたときは、「ほとんど報酬が期待できないので、無報酬でやってください」と言われていました。「これが無報酬であるぶん、他の成年後見事案できちんと報酬が見込めるものと抱き合わせでお願いします」と言われているので、今無報酬でやっています。
　報酬付与を申し立てますと、金額が書かれた審判書が送られてくるので、それをご本人の財産の中から引きます。この審判は執行力がありません。したがって例えば、未成年後見人が終了して審判が出る前に本人に財産を引き渡してしまったが、その後審判が出て本人に払ってもらいたい、あるいはこちらが後見監督人で監督報酬の金額が出たものの、財産管理しているのは親族の後見人なのでその後見人に後見監督報酬を払ってくださいと言ったのに払わないといったことがあったときに、執行力が審判にはないので、改めて別途民事訴訟を起こし執行力のある判決をもってしなくてはいけないわけです。そういったこと煩わしいことにならないように、後見人が終了する場合には、先に後見報酬の決定をもらっておいて引いてから本人に返す、あるいは先ほどの監督人と後見人の場合で言っても払ってくれないようなときには、裁判所に連絡をすると、監督人から後見人にスライドさせてもらって（後見人になると自分で財産管理できますから）そこから報酬を引いたというような事例もあったりするようです。審判に執行力がないということは覚えておいてください。

2 報酬の見込めない事案の場合

　未成年者に財産がない場合の報酬について、法テラスも、日弁連の子どもの援助事業も使えません。制度としてどうなのだろうかと思います。

　児童相談所が申立人となっていて、お子さんが児童養護施設にいて、かつ、本人の財産が預貯金以外の有価証券や不動産も全部合わせて1000万円未満で、未成年後見人を担当しているのが親族でない方の場合には、年間2万円の範囲で東京都が未成年後見報酬を援助してくれる制度があります。先ほどの賠償保険についても、同様に児相が申立人になって財産が1000万円未満の場合には、賠償保険の保険料も都が負担してくれます。その場合には、弁護士賠償責任保険ではなく別に日本社会福祉協会が運営している保険があるのですが、そちらの保険料を出してくれます。C君のケースは児相申立てであり、この援助事業のご連絡も家裁からいただいていたのですが、1000万円は超えていたので特に援助事業は使っていません。

　裁判所が決める報酬付与ですが、財産が特段それほど高額でなければ、未成年後見人の場合には月額2万円程度が基準になっていることが多いです。ですから、1年で24万円から多くて30万円弱、後見人監督人の場合には月1万円台であることが多いので、その12か月分くらいです。ただ、やることが多くて大変な事案、例えば管理する物件が多い、財産管理が大変、あるいは本人の身上監護で非常に大変だった、あるいは頑張った結果新たな財産が発見された、遺産分割を行った、あるいは亡くなった親御さんに関しての損害賠償請求をした、犯罪被害者給付金の申請をした、などに応じて、増額されることがあります。それらの場合の報酬金額はケースバイケースです。

第11　未成年後見監督人の職務

　今までも随時触れてきましたが、監督人の職務には①未成年後見人の事務の監督、②後見人が欠けた場合の選任請求、③急迫の事情のある場合の必要な処分、④本人と後見人との利益相反時に本人を代表、があります。

　①未成年後見人の事務の監督は、(1)財産調査や目録を作るときに立ち会うこと、(2)後見人が立て替えているものがあったらそれを聴くこと、(3)あらかじめ親権者が定めた監護方法を変更するのであればそれに同意すること、(4)

IV　未成年後見

後見人に対して適宜家庭裁判所の代わりに報告を求めること、(5)家庭裁判所で本人の財産管理その他後見事務について必要な処分の請求をすること、などです。この(5)は、後見人がきちんと動いてくれないときに、後見人に「このようにしなさい」、例えば「契約の内容をこのように変えなさい」といった必要な具体的な命令を家庭裁判所にしてもらう請求をすることです。職務執行停止のような大がかりなものから、具体的な業務の内容についての指示というものまで含まれています。

　③急迫の事情のある場合の必要な処分は、先ほどの①の(5)とどう違うのかといえば、①(5)は後見人がいるのにきちんとやってくれないので家庭裁判所から指示を出してもらうということですが、こちらは例えば後見人の方が病気になってしまった、一時的に海外にいて不在のときに急に対応しなくてはいけないことが起きてしまったようなときに、後見人に代わって監督人の方が時効中断や差押え、債権者代理など必要なことをするということです。

第12　問題点・課題

　今までいろいろなことを申し上げてきましたが、財産が全然ないのに身上監護をひたすらやらなくてはいけないケースもあれば、相続税対策で養子縁組をしてそれで引き継いだが実際上監護養育は実父母がしており、外形的には全然その状況が変わらず何ら問題がないのに監督人として加わらなくてはいけないというケースなど、本当にまちまちです。ですから、若手の方はもちろんのことベテランの先生もケースごとにやらなくてはいけないことがまちまちすぎて、非常に戸惑っていらっしゃいます。子どもの周りにいる親族の方々が全然動けない、例えば報告書もきちんと書けない、財産管理がグチャグチャだということで手取り足取りやらなくてはいけないというケースもあれば、お子さんの金銭的な要求が激しくその対応に困っているケースもあれば、全然問題がないのに監督人が付かなくてはならず、何でその費用を払ってしかもいろいろと言ってくるのだと文句を言われ、バランスをどう取ったらよいのか悩まれているベテランの先生方もいらっしゃるというところです。

　毎回、引き受けてくださった先生方に集まっていただいて報告会を開くと、本当に未成年後見人・監督人の困り具合もまちまちです。通常の遺産分割事

件として対応に苦慮しているケースもあれば、株券を持っていて親族の経営している会社の議決権の話にまでなってしまっているものもあれば、家がゴミ屋敷で子ども家庭支援センターや児童相談所とどうやって連携を取ったらよいだろうかなど、悩みが本当に多種多様です。

　ただ、未成年後見はそういった様々な子どもたちが持っている問題の入り口として、うまく機能しているのではないかと思っています。私も親族と激しく対立して挙げ句の果てに解任請求をされたという事案を1件経験しています。相当なバトルをして裁判所とも協議した結果、最終的にはやむなく解任ではなく辞任で終了したという経過もありました。

　そういった激しく対立しているようなときには、親族もいろいろなことを要求してくるわけです。あのときは本当に大変だったのですが、そういった場合も、裁判所と綿密に連絡を取り合えばきちんと裁判所が守ってくれ、余計に信頼関係ができてくるということもありますので、是非親族と対立するような事案の場合には、一人で抱え込まずに裁判所を巻き込み、かつ、子どもの委員会のメンバーを巻き込んで相談し合いながらやっていただければと思います。

第13　終　了

1　終了事由

　終了事由の第一は成人です。また、親族と養子縁組をすると親権者は養親に移りますので未成年後見人は自動的に終了しますし、未成年でも婚姻すれば成年擬制になりますので未成年後見が終了します。それから、お子さん本人が亡くなる、辞任や解任です。辞任についてはなかなかハードルが高いです。未成年後見人自身が高齢になったり、病気になったり、遠隔地に行かなくてはいけないという事案だったり、先ほどの私のような事案で辞任が認められるということがあります。

2　管理計算

　終了した場合には管理の計算を2か月以内にするということになっていますので、例えば成人した場合は成人してから2か月以内に、本人に今までの全部の入りと出がこうであり、最後にこうなったと渡します。渡す前に家庭裁判

IV　未成年後見

所に報酬請求をし、その分を引いて残りを本人に渡すということになります。

　管理計算をし終わってから渡すまでに期間が過ぎてしまうと、その間の利息を付けなければいけないということになっていますので、管理の計算をしてすぐに本人に渡します。監督人がいる場合には立会いが必要です。未成年後見に就任するときには、届出が要らないと申し上げたのですが、なぜか終了するときには10日以内に届出をしなければいけないということになっています。辞任、解任のときには裁判所から自動的に連絡してくれるのに、20歳になって明らかに終了するのが分かっているのに10日以内に届け出なければいけないということになっているのが不思議です。

　裁判所に財産を本人に引き渡したという報告を出し終えて、それで全て終わりということになります。世の中の大多数の子ども達は、20歳になった段階で財産がそれほど多くあるということはないわけです。これに対して、未成年後見人が就いていた事案では、親御さんが亡くなってその遺産が入っているとか、生命保険金が入っていた、ということで、たまたま成人した時に多額の財産を持っていることが多いです。20歳になって行為能力を持った瞬間に急に多額の財産を自分で管理するのは大変です。そのまま渡して「はい、さよなら」ということではなく、「もし多額の財産があって引き続き君が管理するのに不安があるんだったら、サポートできるよ」ということは大事だと思います。

　A君のケースは、保佐人として私がそのままずっと8年近くやっています。他の弁護士の方のケースでは、本人とおじと弁護士とで成人するときに話し合って、おじの方に当面管理してもらうという合意書を調えて終わりにしたということもあると聞いています。

　以上、駆け足で未成年後見についてお話をしてきました。弁護士が、子どもに、継続的に、そして生活全般に関わることのできるこの制度は、子どもたちの人権保障に一層つながるものですので、皆さまも是非積極的にお引き受けいただきたいと思います。ありがとうございました。

レジュメ

Ⅳ　未成年後見

弁護士　山下　敏雅

第1　弁護士が未成年後見人の業務を行うことの意義

第2　平成23年5月民法改正（平成24年4月施行）
・複数後見人が可能に
・法人による後見が可能に
・権限分掌が可能に（民法857条の2②③）

第3　未成年後見・後見監督が始まる場面
1　実体面
(1) 親権を行う者がいないとき、又は親権を行う者が管理権を有しないとき（民法838①）

　　死亡、失踪宣告、親権（or管理権）喪失・停止・辞任
　　長期行方不明、受刑中、長期入院　という事実上のものでも可
　　　※　児童養護施設入所等、児童福祉法上の措置中の場合

(2) 離婚後単独親権者が死亡した場合
　　生存親に親権を変更する余地がありうるか、常に後見が開始するか、後見人選任前であれば変更可か、などで学説は分かれていたが、現在の実務は親権無制限回復説（後見人の選任の前後を問わず生存親に親権者変更可能）。

(3) 普通養子縁組で養親が死亡した場合、実親が生存していても、実親の親権は回復せず、後見が開始する。

2　手続面
(1) 家庭裁判所による選任（民法840①）【資料1〜6】
　　ア　申立人
　　　未成年被後見人又はその親族その他利害関係人（債権者等）
　　イ　選任請求義務者
　　　・喪失・停止・辞任の父又は母（民法841）
　　　・福祉のために必要があるとき児童相談所長（児童福祉法33条の8①）
　　　・生活保護受給者の場合、生活保護実施機関（生活保護法81）

—1—

Ⅳ　未成年後見
　　　　ウ　未成年後見人候補者
　　　　エ　欠格事由
　　　　　　民法847条　＋　監督人にはさらに民法850条
　⑵　遺言による指定（民法839①）
　⑶　即時抗告なし　→　送達とともに効力発生、就任

第4　未成年後見・後見監督が必要となる理由
1　遺産相続・放棄・生命保険金受領
2　財産管理（日々の生活費、収益物件管理等）
3　医療ネグレクト等虐待への対応
4　本当は財産管理の面からも身上監護の面からも後見人の必要性が乏しいにもかかわらず、辞任等によって形式的に親権者が不在となったために選任するケース（民法841、民法845）

第5　未成年後見・後見監督の開始
1　戸籍への記載
　　裁判所書記官からの戸籍嘱託（平成24年4月から変更）　※届出不要

戸籍に記録されている者	【名】翔太 【生年月日】平成10年11月1日 【父】山田太郎 【母】山田花子【続柄】長男
身分事項　出生	【出生日】平成10年11月1日 【出生地】東京都杉並区 【届出日】平成10年11月3日 【届出人】父 【送付を受けた日】平成10年11月17日 【受理者】東京都新宿区長
親　権	【親権者を定めた日】平成15年3月1日 【親権者】母 【届出人】父母
未成年の後見	【未成年後見人選任の裁判確定日】平成26年3月1日 【未成年者の後見開始事由】親権を行う者がないため 【未成年後見人】鈴木智子 【未成年後見人の戸籍】埼玉県さいたま市〇〇区〇〇　鈴木次郎 【記録嘱託日】平成26年3月15日
未成年の後見	【未成年後見人選任の裁判確定日】平成27年5月18日 【未成年後見人】山下敏雅 【未成年後見人の戸籍）〇〇県〇〇市〇〇　山下〇〇 【記録嘱託日】平成27年6月2日
未成年の後見	【未成年後見人の権限を財産に関する権限に限定する定めの裁判確定日】平成27年5月18日 【未成年後見人】山下敏雅 【記録嘱託日】平成27年6月2日
未成年の後見	【未成年後見人の財産に関する権限分掌行使の定めの裁判確定日】平成27年5月18日 【未成年後見人】鈴木智子、山下敏雅 【記録嘱託日】平成27年6月2日

—2—

2 審判書
・外国籍の子どもの場合　審判書で証明
・自宅住所、事務所住所、職務上の氏名
・確定証明書なし（成年後見のように「2週間で確定」ではない）

第6　選任直後の活動
1　記録閲覧、謄写（閲覧は選任前の打診段階から可能。謄写は選任の審判が送達完了してから可能）
2　未成年ら、親族・関係者（学校、子ども家庭支援センター、児童相談所、医療機関等の機関）との面談
3　財産等の占有確保
　※　現在東京家裁は、後見人が現金50万円以上の管理を禁止
4　金融機関・行政機関（年金、児童手当、税務課等）への届出（請求書等の送付先の変更）
　※　管理口座は「A」「A未成年後見人X」のみ。「X」不可
　※　給与、生活費の口座は届出をせず本人に管理させることも
　※　監督人の届出を受け付けない金融機関も多い
5　財産目録調製（民法853①）、年間支出額の予定（民法861）
【資料7、8】
　1ヶ月以内。間に合わなければ期間伸長（民法853）
　監督人がいる場合には立ち会いが必要（民法853②）
　東京家裁の場合、選任時に裁判所から提出期限が明示される
　後見人が本人に対して債権（ex葬儀代の立て替えなど）・債務がある場合で、監督人があるときは財産調査着手前に後見人に申し出ないと債権を失う（民法855）

第7　財産管理
1　財産管理権（民法859条）
　法定代理権、同意権・取消権
　善管注意義務（民法869条→民法644条。親権者が自己のためにするのと同一の義務であることよりも加重。民法827）
2　小遣い・生活費
3　児童手当
　(1)　施設入所中　→　施設に支払われる（児童手当法4①四）
　(2)　親族と生活中　→　親族が受給する扱い
4　税務申告
　(1)　相続税申告

Ⅳ　未成年後見

　　※　生命保険金　「みなし相続財産」（相続税法3①一、27①）
(2)　確定申告
5　後見事務費用
　本人の財産から支弁（民法861②）　適宜でも一括でも可
6　未成年後見人が保証を求められた場合
　保証会社の利用
　施設入所等の児童の自立時　身元保証人確保対策事業
7　本人と後見人の利益相反時
　(1)　本人と後見人の利益相反時は特別代理人選任が必要（民法860）
　しかし、監督人が選任されている場合はこの限りでない（同条但書、民法851四）
　(2)　形式的判断説（最判昭和42年4月18日・民集21巻3号671頁）
　　ア　無償譲渡
　　　※　後見人の内縁の夫に対する無償譲渡
　　　　最判昭和45年5月22日・民集24巻5号402頁
　　　※　後見人が双方代理で後見人の財産を本人に贈与
　　　　大判昭和6年11月24日・大審院民事判例集10巻1103頁
　　イ　第三者に処分する行為　　※代物弁済
　　ウ　後見人の債務を子が保証・子の財産に担保権設定
　　エ　子に債務を負担させる行為
　　オ　遺産分割
　　　最判昭和48年4月24日判時704号50頁
　　カ　相続放棄
　　　最判昭和53年2月24日・民集32巻1号98頁
　(3)　親権濫用時は民法93条但書類推によって子どもの利益を図る（最判平成4年12月10日判時1445号139頁）
8　後見信託
　いまのところまだ東京家裁では未成年後見での実施例なし
　日弁連2012年2月16日意見書「6」参照（未成年後見制度をより使いやすくするための制度改正と適正な運用を提案する意見書）

第8　身上監護
1　親権者と同一の権利義務（民法857条）
　監護・教育（民法820）、居所指定（民法821）、懲戒（民法822）、職業の許可（民法823）
　すでに親権者によって定められたものを変更する場合、後見監督人がいればその

同意が必要（民法857但書）
2　監督義務違反の損害賠償責任
　(1)　民法712条（責任能力）、民法714条（責任無能力者の監督者の責任）
　　　民法709条（後見人自身の責任）
　(2)　弁護士賠償責任保険・未成年後見特約
　　　保険料を経費として本人の財産から負担してよいかについて、裁判所「個別の事案ごとの判断」
　(3)　無報酬事案についての未成年後見補償制度
3　医療同意
　侵襲性のある医療行為の同意権限
　同意能力が明らかにない　→　未成年後見人の同意
　同意能力が明らかにある　→　本人の同意のみで可
　同意能力が不明の場合　→　本人の同意　と　未成年後見人の同意
　　※　いつから同意能力を有するといえるか

第9　裁判所への報告
1　定期的な報告　【資料7、9、10】
　監督人・裁判所は、いつでも、後見人に報告を求められる（民法863）
　東京家裁の場合、選任時に裁判所から毎年の報告月の指定がなされる
　例えば　「この事件の報告月は2月」と指定された場合
　　・今年の1月末日時点の財産目録
　　・前年の2月1日〜今年の1月末日までの期間の収支を指摘月の翌月（3月）15日までに家裁又は監督人に提出
　　　監督人がいる事案では、さらにその1か月後（4月）15日までに監督人が家裁に提出
　　　裁判所から督促はない　→　徒過すると調査人や監督人が付される
　　　収支状況報告書は？
2　随時の報告・相談
　裁判所に適宜FAX、文書で相談。必要あれば裁判官と面談・相談

第10　報　酬
1　報酬付与申立て　【資料11、12】
2　報酬の見込めない事案の場合
　　・日弁連の援助事業が使えない（財産管理が不要で、自立支援が中心であれば、弁護士が後見人となるよりも、自立支援として援助事業を利用することも検討）

Ⅳ　未成年後見

- 児相長申立の場合の東京都の援助事業
- 財産が1000万円未満
- 親族以外の者であること（ただし施設職員や里親は対象外）
- 月額2万円の範囲に限られる

第11　未成年後見監督人の職務
1　未成年後見人の事務の監督（民法851一）
　(1)　就職時の財産調査・目録作成の立会い（民法853②）
　(2)　後見人が本人に対して有する債権債務についての申出受領（民法855①）
　(3)　親権者の定めた監護方法の変更等の同意（民法857）
　(4)　後見人に対する報告の要求（民法863①）
　(5)　家庭裁判所に対する、本人の財産管理その他後見事務についての必要な処分の請求（民法863②）
　　後見人の職務執行停止、職務代行者選任、臨時財産管理人の選任、財産保全の処分、換価処分等
　(6)　後見人が、営業もしくは（元本受領以外の）民法13条1項所定の行為について、本人に代わって行う又は本人同意を与える場合についての同意（民法864）
　(7)　終了時の後見計算の立会い（民法871）
　(8)　後見人解任請求（民法846）
2　後見人が欠けた場合の選任請求（民法851二）
3　急迫の事情のある場合の必要な処分（民法851三）
4　本人と後見人との利益相反時に本人を代表（民法851四、860）

第12　問題点・課題
1　権限分掌、監督人の地位・役割、親族との関係
　親族が裁判所・専門職後見人と対立している場合
　親族の監護・管理に特に問題のない場合
2　後見人の不正

第13　終　了
1　終了事由
　成人、養子縁組、婚姻、死亡、辞任（民法844）、解任（民法846）
　　※　後見人が被後見人を養子にするには家裁の許可が必要（民法794条）
2　管理計算
　2か月以内に管理の計算（民法870）

—6—

※　その前に報酬付与申立をしておく必要
　間に合わなければ期間伸長（民法870但書）
　監督人がいる場合には立ち会いが必要（民法871）
　報酬付与申立の時期
3　役所への届出
　成人した、親権者が親権を回復した等の場合、未成年後見人・監督人は終了の日から10日以内に「後見の終了の届出」が必要（戸籍法84、85）
　（辞任または解任の場合は裁判所書記官から嘱託）
4　財産の引渡し
　計算が終了した時から利息を付する必要（民法873）
　引渡し完了報告書を裁判所に提出
　成人したての子に多額をそのまま引き渡して大丈夫？

第14　参考となる文献
　・子どもの権利に関する研究会『Q&A子どもをめぐる法律相談』(新日本法規出版)
　　561頁以下
　・青山修『親権・未成年後見の法律と登記』(新日本法規出版)

Ⅳ 未成年後見

資料1

申立て後は，家庭裁判所の許可を得なければ申立てを取り下げることはできません。
＊未成年者1人につき，申立書式を1セット提出してください。

受付印	未 成 年 後 見 人 選 任 申 立 書
	（この欄に収入印紙をはる。）
収入印紙　　　　円 予納郵便切手　　円	（はった印紙に押印しないでください。）

準口頭		関連事件番号　平成　　年（家　　）第　　　　　　　号

東京家庭裁判所　　御中 　　　　□立川支部 平成　年　月　日	申立人の 記名押印	印

添付書類	（同じ書類は1通で足ります。審理のために必要な場合は，追加書類の提出をお願いすることがあります。） □ 未成年者の戸籍謄本（全部事項証明書） □ 未成年者の住民票又は戸籍附票 □ 親権を行う者がないことを証する資料（親権者が死亡した旨の記載がある戸籍謄本（全部事項証明書）等） □ 未成年後見人候補者の戸籍謄本（全部事項証明書） □ （利害関係人からの申立ての場合）利害関係を証する資料 □ 候補者が法人のときは，法人登記の全部事項証明書 □ 未成年者の財産に関する資料　　□

申立人	住所	〒　　－　　　　　　　　　　　　　電話　（　　）　　　　　　　　　　　　　　　　　　　（　　　　　　方）
	フリガナ 氏名	大正 　　　　　　　　　　　　　　　　　昭和　　　年　月　日生 　　　　　　　　　　　　　　　　　平成
	未成年者 との関係	※ 未成年者の……　1 直系尊属（父母・祖父母）　2 兄弟姉妹　3 父方親族 　　　　　　　　　4 母方親族　5 未成年後見監督人　6 児童相談所長 　　　　　　　　　7 その他（　　　　　　　）

未成年者	本籍	都　道 　　　　府　県
	住所	〒　　－　　　　　　　　　　　　　電話　（　　）　　　　　　　　　　　　　　　　　　　（　　　　　　方）
	フリガナ 氏名	平成　年　月　日生	職業 又は 在校名

（注）　太枠の中だけ記入してください。　※の部分は，当てはまる番号を○で囲み，7を選んだ場合には，
　　　（　　　）内に具体的に記入してください。

未成年後見(1/2)

資 料

申　立　て　の　趣　旨
未成年後見人の選任を求める。

申　立　て　の　理　由

申立ての原因	申立ての動機	未成年者の資産・収入
※1 1　親権者の(1)　死亡 　　　　　　 (2)　所在不明 2　親権者の親権の(1)　辞退 　　　　　　　　 (2)　喪失 3　親権者の管理権の(1)　辞退 　　　　　　　　　(2)　喪失 4　未成年後見人の(1)　死亡 　　　　　　　　(2)　所在不明 5　未成年後見人の(1)　辞任 　　　　　　　　(2)　解任 6　父母の不分明 7　その他（　　　　　　　） その年月日 　平成　　年　　月　　日）	※1 1　未成年者の監護教育 2　養子縁組・養子離縁 3　入　学 4　就　職 5　就　籍 6　遺産分割 7　相続放棄 8　扶助料・退職金・保険金等の請求 9　その他の財産の管理処分 10　その他（　　　　　　　）	宅　地‥‥‥約 _____ 平方メートル 建　物‥‥‥約 _____ 平方メートル 農　地‥‥‥約 _____ ヘクタール 山　林‥‥‥約 _____ ヘクタール 有価証券‥約 _____ 万円 現　金‥‥‥約 _____ 万円 預貯金‥‥‥約 _____ 万円 債　権‥‥‥約 _____ 万円 月　収‥‥‥約 _____ 万円 負　債‥‥‥約 _____ 万円

※2 未成年後見人候補者 □ 申立人と同じ　□ 裁判所に一任	住　所	〒　　－ 	電　話　（　　） 携帯電話　（　　） （　　　　方）
	フリガナ 氏　名		昭和 　　　　　年　　月　　日生 平成
	未成年者との関係	1　直系尊属（父母・祖父母）　2　兄弟姉妹　3　父方親族　4　母方親族 5　その他（　　　　　　　）	

（注）　太枠の中だけ記入してください。
※1　当てはまる番号を○で囲み、申立ての原因欄の7及び申立ての動機欄の10を選んだ場合は、（　）内に具体的に記入してください。
※2－1　申立人と後見人候補者が同一の場合は、□にチェックをし、未成年後見人候補者欄の記載は省略してください。
※2－2　裁判所に一任の場合は、□にチェックをし、未成年後見人候補者欄の記載は省略してください。
※2－3　**候補者が複数のときは**、A4の用紙に上記の「※2　未成年後見人候補者」欄の記載事項と同じ事項を記入し、この申立書に添付してください。
※2－4　**候補者が法人のときは**、上記の「※2　未成年後見人候補者」欄に斜線を引くとともに、A4の用紙に、未成年後見人候補者の商業登記簿上の①主たる事務所又は本店の所在地、②名称又は商号、③代表者名を記入し、この申立書に添付してください。

未成年後見(2/2)

Ⅳ 未成年後見

資料2

申立事情説明書
(未成年後見)

1 申立人の平日昼間の連絡先(勤務先,仕事場等)等を記入してください
　・連絡先　名　称　＿＿＿＿＿＿＿＿＿＿＿＿＿＿＿
　　　　　　電話番号　＿＿＿＿－＿＿＿＿－＿＿＿＿
　　　　　　　　(裁判所名で電話しても　□よい・□差し支える)
　・携帯電話　　＿＿＿＿－＿＿＿＿－＿＿＿＿

2 申立ての経緯について
　(1) この申立ての主な目的は何ですか。
　　□ 未成年者の監護教育
　　□ 養子縁組・養子離縁
　　□ 入学
　　□ 就職
　　□ パスポート取得
　　□ 遺産分割(**未成年者の財産目録のほかに「遺産目録」を添付してください。**)
　　□ 相続放棄(　**同上**　)
　　□ 退職金,保険金等の請求・受領
　　□ その他(　　　　　　　　　　　　)
　(2) (1)の具体的内容を書いてください。

　　　＿＿＿＿＿＿＿＿＿＿＿＿＿＿＿＿＿＿＿＿＿＿＿＿
　　　＿＿＿＿＿＿＿＿＿＿＿＿＿＿＿＿＿＿＿＿＿＿＿＿
　　　＿＿＿＿＿＿＿＿＿＿＿＿＿＿＿＿＿＿＿＿＿＿＿＿
　　　＿＿＿＿＿＿＿＿＿＿＿＿＿＿＿＿＿＿＿＿＿＿＿＿

　(3) この申立ての手続はどこで知りましたか。
　　□ 保険会社で指導された。
　　□ 金融機関,証券会社で指導された。
　　□ 福祉施設,役所の福祉部局で指導された。
　　□ 学校から説明された。
　　□ 弁護士,司法書士,税理士等から説明された。
　　□ その他(＿＿＿＿＿＿＿＿＿＿＿＿＿＿＿＿)
　(4) (3)の具体的経緯(いきさつ)を書いてください。

　　　＿＿＿＿＿＿＿＿＿＿＿＿＿＿＿＿＿＿＿＿＿＿＿＿
　　　＿＿＿＿＿＿＿＿＿＿＿＿＿＿＿＿＿＿＿＿＿＿＿＿
　　　＿＿＿＿＿＿＿＿＿＿＿＿＿＿＿＿＿＿＿＿＿＿＿＿
　　　＿＿＿＿＿＿＿＿＿＿＿＿＿＿＿＿＿＿＿＿＿＿＿＿

資　料

3　今後，未成年者が取得する予定の資産（保険金，退職金など）がありましたら記載してください。また，その内容が分かる資料（保険証書，保険会社からの通知書等）の写しを添付してください。

　　□保　険　金　　------------------　円
　　□退　職　金　　------------------　円　　**未成年者の財産目録にも**
　　□その他の遺産　------------------　円　　**記入してください**
　　□------------　------------------　円

4　未成年者の実父母について
　(1)　実父　　氏　名　----------------------
　　　　□申立人，後見人候補者と同じ　□死亡した（ア事故，イ病気　ウその他）　□所在不明
　　　　□連絡先は以下のとおり
　　　　　住所・電話　〒_____
　　　　　本件に対する意向　　□賛成・□反対・□不明・□知らせていない

　(2)　実母　　氏　名　----------------------
　　　　□申立人，後見人候補者と同じ　□死亡した（ア事故，イ病気　ウその他）　□所在不明
　　　　□連絡先は以下のとおり
　　　　　住所・電話　〒_____
　　　　　本件に対する意向　　□賛成・□反対・□不明・□知らせていない

5　未成年者の親族の方にご意見を聴かなければならない場合もありますので，未成年者の親族（父方母方双方の祖父母・おじおば等）で未成年者に身近な方の氏名等を記入してください。

未成年者との関係	氏名・年齢	同居/別居，住所・電話	意　向
	氏名 年齢　　歳	同居・別居（別居の場合は住所，電話） 〒	申立てを□知っている□知らない 候補者が後見人になることに □賛成　□反対　□不明
	氏名 年齢　　歳	同居・別居（別居の場合は住所，電話） 〒	申立てを□知っている□知らない 候補者が後見人になることに □賛成　□反対　□不明
	氏名 年齢　　歳	同居・別居（別居の場合は住所，電話） 〒	申立てを□知っている□知らない 候補者が後見人になることに □賛成　□反対　□不明
	氏名 年齢　　歳	同居・別居（別居の場合は住所，電話） 〒	申立てを□知っている□知らない 候補者が後見人になることに □賛成　□反対　□不明

Ⅳ 未成年後見

6 未成年者の生活歴について記入してください。

現在の学籍・職業等：□幼稚園，□保育園，□小・中・高・大学校（　　年生）

　　　　　　　　　□有職　　□無職

在園・在学・勤務先名称＿＿＿＿＿＿＿＿＿＿＿＿＿＿＿＿＿＿＿＿＿＿＿

年月日	出生，学歴，職歴	同居家族・同居人
	(都県市区等)＿＿＿＿＿＿＿＿＿＿＿で出生	
	(都県市区等)＿＿＿＿＿＿の＿＿＿＿＿＿□幼稚園，□保育園卒園（＿＿年保育）	
	(都県市区等)＿＿＿＿＿の＿＿＿＿＿小学校卒業	
	(都県市区等)＿＿＿＿＿の＿＿＿＿＿中学校卒業	
	(都県市区等)＿＿＿＿＿の＿＿＿＿＿高校卒業	
	＿＿＿＿＿＿□大学，□短期大学，□専門学校入学	

7 未成年者の健康状態について記入してください。

(1) 現在の健康状態はどうですか。

　　□良好　□治療中　病名（　　　　　　　　　　　　　　）

　　□その他（　　　　　　　　　　　　　　　　　　　　　）

(2) これまでに，大きな病気や怪我をしたことがありますか。

　　□ない　□ある　具体的に（　　　　　　　　　　　　　）

(3) これまでに，健康診断等で，健康上の問題を指摘されたことがありますか。

　　□ない　□ある　具体的に（　　　　　　　　　　　　　）

以　上

資料3

未成年者の財産目録（平成　　年　　月現在）

未成年者氏名　　　　　　　　　

1 不動産

番号	所在，種類，面積等	備考

2 預貯金，現金

番号	種類（金融機関名，種類，口座番号）	金額（円）/数量	備考

現金・預貯金総額　　　　　　　円

3 その他の資産（保険契約，各種金融資産等）

番号	種類（証券番号等）	金額（円）/数量	備考

4 負債

番号	種類（債権者）	金額（円）	備考

負債総額　　　　　　　円

Ⅳ　未成年後見

財産目録の書き方

1. 未成年者名義の財産全てを，下記記載例に従って記入してください。
   【注意】遺産，未成年者受領予定の生命保険金，死亡退職金，遺族給付については，別途「遺産目録」に記載してください。
2. 財産の内容が分かる資料を添付してください（記載例の右欄「必要資料例」参照）。資料はＡ４用紙にコピーしてください。また，どの財産の資料か分かるように，資料の余白に財産目録に付した番号を記載してください。

コピーの例
```
2-1
通帳
```

記載例　未成年者の財産目録（平成　年　月現在）

未成年者氏名　○　○　○　○

1　不動産

番号	所在，種類，面積等		備考	必要資料例（請求先）
1	○○区○○町１－１２	宅地　123.24㎡		不動産全部事項証明書（法務局）
2	○○区○○町１－１２－３４	居宅　２階建て		不動産全部事項証明書（法務局）

2　預貯金，現金

番号	種類（金融機関名，種類，口座番号）	金額（円）／数量	備考	必要資料例（請求先）
1	○○銀行××支店　普通　2345678	1,237,900		通帳履歴のコピー（金融機関）
2	○○銀行△△支店　定期　123725	2,000,000		定期預金証書のコピー（金融機関）
3	ゆうちょ銀行　通常貯金　1450-2365	500,000		通帳履歴のコピー（金融機関）
	現金・預貯金総額	3,737,900　円		銀行名，支店名，口座名義人，口座番号及び直近２か月分の残高が記載されたページを全てコピーしてください。

受取人が未成年者のものを記載してください。

3　その他の資産（保険契約，各種金融資産等）

番号	種類（証券番号等）	金額（円）／数量	備考	必要資料例（請求先）
1	△△生命　医療保険　23F005999			保険証券のコピー（保険会社）
				両面ともコピーしてください。

4　負債

番号	種類（債権者）	金額（円）	備考	必要資料例（請求先）
1	カードローン（●●カード）	30,000		残高が分かる資料（カード会社）
	負債総額	30,000　円		

—14—

資料4

未成年者の収支状況報告書（平成　年,　月）

未成年者氏名　_____

1　収入

番号	区分，内容	金額（円）	備考
		A　合計　　　　円	

2　支出

番号	区分，内容	金額（円）	備考
	生活費		
	学費，教育費（　　　）		
	住居費（　　　）		
		B　合計　　　　円	

A － B ＝　　　　円

IV 未成年後見

収支状況報告書の書き方

1 未成年者の収入及び支出（直近2か月分）について，下記記載例を参考にして記入してください。

【注意】生活費欄には，未成年者の食費，水道光熱費，被服費など，未成年者が日常生活に要するものを記載してください。

2 収入及び支出の内容が分かる資料を添付してください（記載例の右欄「必要資料例」参照）。ただし，財産目録の資料として添付した通帳に履歴がある場合は不要です。資料はＡ４用紙にコピーしてください。また，資料の余白に財産目録に付した番号を記載してください。

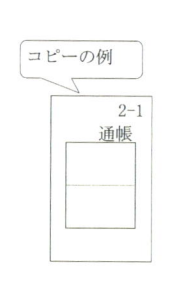

（コピーの例：2-1 通帳）

記載例　収支状況報告書（平成〇〇年〇，△月）

未成年者氏名　〇〇〇〇

1 収入

	区分，内容	金額（円）	備考（特記事項等）	必要資料例
1	遺族年金	100,000	財産目録2-1に振込	年金通知書（2か月分）
2	奨学金	10,000	財産目録2-3に振込	
3	給料	30,000	財産目録2-3に振込	

A　合計　140,000　円

2 支出

	区分，内容	金額（円）	備考（特記事項等）	必要資料例
1	生活費	40,000		
2	学費，教育費（就学費用，稽古）	30,000		領収書のコピー
3	住居費（△△アパート家賃）	80,000		領収書（直近2か月分）
4	借金返済（●●カード）	3,000	財産目録4「負債」について	領収書のコピー
5	小遣い	5,000		

B　合計　158,000　円

A－B＝　－18,000　円

—16—

222

資料5

被相続人（　　　　　　　）の遺産目録

未成年者氏名　　　　　　　　　

1　不動産

番号	所在，種類，面積等	備考

2　預貯金，現金

番号	種類（金融機関名，種類，口座番号）	金額（円）数量	備考

現金・預貯金総額　　　　　　　　円

3　その他の資産（保険契約，各種金融資産等）

番号	種類（証券番号等）	金額（円）数量	備考

4　負債

番号	種類（債権者）	金額（円）	備考

負債総額　　　　　　　　円

Ⅳ 未成年後見

遺産目録の書き方

1. 未成年者が相続人となっている遺産（預貯金，現金，生命保険金，死亡退職金，遺族給付を含む）を，下記記載例に従って記入してください。
2. 遺産の内容が分かる資料を添付してください（記載例の右欄「必要資料例」参照）。資料はＡ４用紙にコピーしてください。また，どの資料か分かるように，資料の余白に遺産目録に付した番号を記載してください。

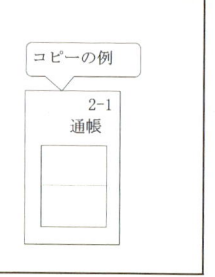

コピーの例

2-1
通帳

記載例　被相続人（　　　　）の遺産目録

未成年者氏名　○　○　○　○

1　不動産

番号	所在，種類，面積等		備考	必要資料例（請求先）
1	○○区○○町１－１２	宅地　123.24㎡		不動産全部事項証明書（法務局）
2	○○区○○町１－１２－３４	居宅　２階建て		不動産全部事項証明書（法務局）

2　預貯金，現金

番号	種類（金融機関名，種類，口座番号）	金額（円）数量	備考	必要資料例（請求先）
1	○○銀行××支店　普通　1234567	5,237,900		通帳履歴のコピー（金融機関）
2	○○銀行△△支店　定期　012372	3,000,000		定期預金証書のコピー（金融機関）
3	ゆうちょ銀行　通常貯金　0145-2365	800,000		通帳履歴のコピー（金融機関）

現金・預貯金総額　9,037,900　円

銀行名，支店名，口座名義人，口座番号及び最新の残高が記載されたページをコピーしてください。

3　その他の資産（保険契約，各種金融資産等）

番号	種類（証券番号等）	金額（円）数量	備考	必要資料例（請求先）
1	死亡退職金	1,000,000		勤務先からの通知等（勤務先）
2	○○生命　生命保険（23F-005898）	5,000,000	両面ともコピーしてください。	保険証券のコピー（保険会社）
3	○○株式会社　株式	1,000株		株券等の預かり証，通知書（証券会社）

総額　6,000,000　円

4　負債

番号	種類（債権者）	金額（円）	備考	必要資料例（請求先）
1	借入金残金（○○銀行）	600,000		契約書，残高証明書（金融機関）

負債総額　600,000　円

—18—

資　料

資料6

後見人候補者事情説明書
（未成年後見）

※　この事情説明書は，必ず後見人候補者自身が記載してください。
記入年月日：平成　　年　　月　　日　　記入者氏名：＿＿＿＿＿＿＿＿＿㊞
1　候補者は次のいずれかの事由に該当しますか。
　□　いずれにも該当しない。
　□　以下のいずれかに該当する。
　　　□　未成年者
　　　□　家庭裁判所で成年後見人等を解任された者
　　　□　破産者で復権していない者
　　　□　未成年者に対して訴訟をしたことがある者，その配偶者又は親子である者
2　未成年者とは，同居していますか。
　□　同居している
　　　　いつから　：　平成＿＿年＿＿月＿＿日頃　から
　　　　どこで　　：　□候補者宅　　□＿＿＿＿＿＿＿＿＿＿＿＿＿＿
　□　同居していない
3　身上・経歴等
(1)　候補者の家族を記入してください。

氏　　名	年齢	続柄	職業（勤務先，学校名）	同居・別居

(2)　候補者の経歴（学歴，職歴，結婚，出産等）を記入してください。

年月日	最終学歴・主な職歴	年月日	婚姻歴，家族歴など
・・	最終学歴（　　　）を卒業	・・	
・・		・・	
・・		・・	
・・		・・	
・・		・・	

(3)　候補者の健康状態について記入してください。
　　　□良好である。
　　　□あまり良好ではない。
　　　　（具体的内容）

(4)　候補者の経済状態について記入してください。
　①　職業，勤務先：＿＿＿＿＿＿＿＿＿＿＿＿＿＿＿＿＿＿＿＿＿＿＿
　②　収入：月収・年収　約＿＿＿＿＿＿万円
　　　　　　内訳：給与等　月額＿＿＿＿＿＿万円
　　　　　　　　　年金等　月額＿＿＿＿＿＿万円
　　　　　　　　　その他の収入（内容：＿＿＿＿＿）　月額＿＿＿＿＿＿万円

IV 未成年後見

```
           ※収入がない場合
                生活費を負担している人の氏名 _____
                負担している人の月収      _____ 万円
    ③ 資産：不動産  □有（                              ）
                   □無
                預貯金（株式，国債等を含む。）  合計約 _____ 万円
    ④ 負債：   借入先        借入目的        負債額
             _____  _____  _____ 万円
                                     _____ 万円
    ⑤ あなたが未成年者のために立て替えて支払ったものがあれば，その額及び内容並び
       に，その返済を求める意思があるか否かについて記入してください。
```

金　額	内　　容	返済を求める意思
円		□求める。□求めない。

4　今後の方針，計画を具体的に記載してください。
  (1)　監護教育の方針や計画について（今後の生活の拠点，身の回りの世話等）
     _____
     _____
     _____

  (2)　財産管理の方針や計画について（大きな収支の変動，多額の入金の予定があれば，
     その管理方針等についても記載してください。）
     _____
     _____
     _____

5　後見人の役割について
  (1)　申立人から「未成年後見人選任の申立ての手引」を見せてもらいましたか。
     □　すべて読み，内容も理解している。
     □　すべて読んだが，理解できなかった部分がある。
        （不明，疑問な点）
     □　読んでいない，または見せてもらっていない。
              →申立人に手引をお渡ししてありますので，お読みください。
  (2)　後見人に選任された場合には，次のことに同意しますか。
     ①　未成年者の監護，教育，住居の指定等について，親権者と同じ責任を持つこと。
     ②　未成年者の財産を後見人や親族の名義で管理したり，後見人や親族に贈与，貸付
        しないこと。遺産分割を行う際は，未成年者の法定相続分を確保すること。また，
        疑義が生じないように，収支の内容を明らかにできるようにすること。
     ③　家庭裁判所の指示に従い，後見事務の監督を受けること。
        □　同意する。
        □　同意できない，又は疑問がある。
           （理由）_____

資料

資料7

基本事件番号　平成　　年（家）第　　　号　【未成年者（本人）氏名：　　　　　　　　】

財 産 目 録 （平成　　年　　月　　日現在）

　　　　　　　　　　　　平成　　年　　月　　日　　作成者氏名　　　　　　　　　　　印

1　預貯金・現金

　　本人の財産の内容は以下のとおりです。

金融機関の名称	支店名	口座種別	口座番号	残高（円）	管理者
		現　金			
		合　計			
			前回との差額		（増・減）

（2から7までの各項目についての記載方法）
・必ずどちらか一方の□をチェック（レ点）するか、又は塗りつぶしてください。
・**初回報告の際には、すべて右の□をチェックし、別紙も作成してください。**
・定期報告の際には、財産の内容（別紙に記載がある事項）に少しでも変化があった場合に、右の□をチェックした上、前回までに報告したものも含め、改めて該当する項目の現在の財産内容すべてを別紙にお書きください。

2　株式，投資信託，公債，社債
　　　　　□　前回報告から変わりありません　　　□　前回報告から変わりました（別紙のとおり）

3　不動産（土地）
　　　　　□　前回報告から変わりありません　　　□　前回報告から変わりました（別紙のとおり）

4　不動産（建物）
　　　　　□　前回報告から変わりありません　　　□　前回報告から変わりました（別紙のとおり）

5　保険契約（本人が契約者又は受取人になっているもの）
　　　　　□　前回報告から変わりありません　　　□　前回報告から変わりました（別紙のとおり）

6　その他の資産（貸金債権，手形，小切手など）
　　　　　□　前回報告から変わりありません　　　□　前回報告から変わりました（別紙のとおり）

7　負債
　　　　　□　前回報告から変わりありません　　　□　前回報告から変わりました（別紙のとおり）

Ⅳ 未成年後見

(別紙)

2 株式, 投資信託, 公債, 社債

種 類	銘柄等	数量 (口数, 株数, 額面等)	評価額 (円)
合 計			

3 不動産 (土地)

所 在	地 番	地 目	地積 (m^2)

4 不動産 (建物)

所 在	家屋番号	種 類	床面積 (m^2)

5 保険契約 (本人が契約者又は受取人になっているもの)

保険会社の名称	保険の種類	証書番号	保険金額 (受取額) (円)	受取人

6 その他の資産 (貸金債権, 手形, 小切手など)

種 類	債務者, 振出人等	数量 (債権額, 額面等)

7 負債

債権者名 (支払先)	負債の内容	残額 (円)	返済月額 (円)
合 計			

228

資　料

資料8

平成　　年(家)第　　　号

未成年者の年間収支予定表
(年額で書いてください。)

1　未成年者の収入　(年金額決定書, 確定申告書等を見ながら書いてください。)

種　別	名称・支給者等	金　額	入金先通帳
年　金		円	
福祉手当		円	
		円	
合　計		円	

2　未成年者の支出　(納税通知書, 領収書等を見ながら書いてください。)

品　目	支 払 先	金　額	小　計
生活費		円	
		円	
		円	円
学費, 教育費		円	
		円	
		円	円
住居費		円	円
税　金		円	
		円	
		円	円
保険料		円	
		円	円
その他		円	円
合　計			円

※収支が赤字となる場合は, この枠内に対処方針を記載してください。

Ⅳ　未成年後見

資料9

基本事件番号　平成　　年（家）第　　　号　【未成年者氏名：　　　　　　　】

後見事務報告書（未成年）

（報告期間：平成　年　月　日～平成　年　月　日）

平成　　　年　　　月　　　日

住　所　_____

未成年後見人　　　　　　　　　　　　　印

電話番号　_____

| 1 | 未成年者の生活状況について |

(1) 前回報告以降，未成年者の住居所に変化はありましたか。
　□　変わらない　　　□　以下のとおり変わった
　（「以下のとおり変わった」と答えた場合）変わったことが確認できる資料（住民票や施設に関する資料など）を本報告書とともに提出してください。
　【住民票上の住所】
　..
　【実際に住んでいる場所】（寮，施設などを含みます）
　..

(2) 前回報告以降，未成年者の職業，学校等に変化はありましたか。
　□　変わらない　　　□　以下のとおり変わった
　　　新しい職場，学校等の名称　：_____
　　　転就職，転入学した日　　　：_____
　　　その他参考事項　　　　　　：_____

(3) 未成年者の健康状態はどうですか。
　□　良好　　　　　□　以下のとおり
　..
　..
　..

(4) そのほか，未成年者の生活状況について変化がありましたか。
　□　特にない　　　□　以下のとおり
　..
　..
　..

| 2 | 未成年者の財産状況について |

(1) 前回報告以降，定期的な収入（年金，賃料など）に変化はありましたか。
　　□　変わらない　　　□　変わった（増えた，減った）
　　（「変わった」と答えた場合）変わった理由は何で，変わった後の金額はいくらですか。以下にお書きください。また，これらが確認できる資料を本報告書とともに提出してください。
　　...
　　...
　　...

(2) 前回報告以降，1回につき10万円を超える臨時の収入（保険金，不動産売却，株式売却など）がありましたか。
　　□　ない　　　　　　□　ある
　　（「ある」と答えた場合）その内容と金額はどのようなものですか。以下にお書きください。また，これらが確認できる資料を本報告書とともに提出してください。
　　...
　　...
　　...

(3) 前回報告以降，未成年者が得た金銭は，全額，今回コピーを提出した通帳に入金されていますか。
　　□　はい　　　　　　□　いいえ
　　（「いいえ」と答えた場合）入金されていないお金はいくらで，現在どのように管理していますか。また，入金されていないのはなぜですか。以下にお書きください。
　　...
　　...
　　...

(4) 前回報告以降，定期的な支出（生活費，住居費など）に変化はありましたか。
　　□　変わらない　　　□　変わった（増えた，減った）
　　（「変わった」と答えた場合）変わった理由は何で，変わった後の金額はいくらですか。以下にお書きください。また，これらが確認できる資料を本報告書とともに提出してください。
　　...
　　...
　　...

Ⅳ　未成年後見

(5)　前回報告以降，1回につき10万円を超える臨時の支出（医療費，入学金など）がありましたか。
　　□　ない　　□　ある
　　（「ある」と答えた場合）その内容と金額はどのようなものですか。以下にお書きください。また，これらが確認できる資料を本報告書とともに提出してください。
　　..
　　..
　　..

(6)　前回報告以降，未成年者の財産から，未成年者以外の人（未成年者の親族，後見人自身を含みます）の利益となるような支出をしたことがありますか。
　　□　ない　　□　ある
　　（「ある」と答えた場合）誰のために，いくらを，どのような目的で支出しましたか。以下にお書きください。また，これらが確認できる資料を本報告書とともに提出してください。
　　..
　　..
　　..

3　あなたご自身について

次の(1)から(3)までについて，該当するものがありますか。
　(1)　他の家庭裁判所で成年後見人等を解任された
　　　　□　該当しない　　□　該当する
　(2)　破産者で復権していない
　　　　□　該当しない　　□　該当する
　(3)　未成年者に対して訴訟をしたことがある者，その配偶者又は親子である
　　　　□　該当しない　　□　該当する

4　その他

上記報告以外に裁判所に報告しておきたいことはありますか。
　　□　特にない　　□　以下のとおり
　　..
　　..
　　..

※　□がある箇所は，必ずどちらか一方の□をチェック（レ点）するか，又は塗りつぶしてください。
※　完成したら，裁判所に提出する前にコピーを取って，次回報告まで大切に保管してください。
※　報告内容に問題がある，必要な資料が提出されないなどの場合には，詳しい調査のため調査人や監督人を選任することがあります。

- 3 -

資料10

基本事件　平成　　年(家)第　　　　号　成年被後見人等

監 督 事 務 報 告 書

　　　平成　　年　　月　　日
　　　報告者（後見・保佐・補助　監督人）　　　　　　　印
　　　住所　　　　　　　　　　　　　TEL（　　）

1．後見人，保佐人，補助人（以下「後見人等」という。）が行っている事務は次のとおりである。
　(1) 本人の生活，療養看護面について，後見人等から
　　　□　報告を受けている。　□　以下の点が不明である。

　(2) 本人の財産面について，後見人等から
　　　□　報告を受けている。　□　報告がない。又は以下の点が不明である。

2．後見人等の事務の執行状況は，
　　　□　適正に執行されている。　□　次の点に問題がある。

3．本人の生活や財産について，困っていることは，
　　　□　特になし。　□　以下のことで困っている。

4．その他，後見等監督事務に関して気になっていることは，
　　　□　特になし。　□　以下のことが気になっている。

IV 未成年後見

資料11

指定月____月

受付印

収入印紙　800円
予納郵便切手　82円

□成年後見人　□保佐人　□補助人　□未成年後見人
□監督人（□成年後見　□保佐　□補助　□任意後見
□未成年後見）に対する報酬付与申立書

準口頭　　基本事件番号　平成　　年（家　）第　　　　号

東京家庭裁判所　　御中
　　　　　□立川支部　　申立人の記名押印
平成　　年　　月　　日　　　　　　　　　　　　　　　　　印

添付書類　□報酬付与申立事情説明書　□後見等（監督）事務報告書　□財産目録
　　　　　□預貯金通帳の写し等　□
　　　　　※後見登記事項に変更がある場合は□住民票写し　□戸籍謄本

申立人
住所又は事務所　〒　　－　　　　　電話　　（　　）
氏名

本人
住所　〒　　－
氏名

申立ての趣旨　申立人に対し、相当額の報酬を与えるとの審判を求める。
申立ての理由　別添報酬付与申立事情説明書のとおり

1　申立人に対し　□就職の日　　　　　　　□終了の日
　　　　　　　　□平成　年　月　日　から　□平成　年　月　日　までの
報酬として、本人の財産の中から　　　　　万　０００円（内税）を与える。

2　手続費用は、申立人の負担とする。
　　　　平成　年　月　日
　　　　　　東京家庭裁判所　□家事第１部　□立川支部

　　　　　　裁判官

告　知
受告知者　申立人
告知方法　□住所又は事務所に謄本送付
　　　　　□当庁において謄本交付
年月日　　平成　・
　　　　　裁判所書記官

27.10 版

資　料

資料12

基本事件番号　平成＿＿＿年（家）第＿＿＿＿＿＿号　本　人＿＿＿＿＿＿＿＿

報酬付与申立事情説明書

1　別紙財産目録のとおり，報告時点で管理する財産（流動資産）額は次のとおりである。
　　① 預貯金等　　　　　　　　　　　　　　　　　金＿＿＿＿＿＿＿＿＿円
　　② 株等（時価で算出してください。）　　　　　金＿＿＿＿＿＿＿＿＿円
　　　　　　　　　　　　　　　　総額は，金＿＿＿＿＿＿＿＿＿円
　　　※②に保険は入れないでください。

2　報告対象期間の収支

　　{ □就職の日　　　　　　　　　　　} から { □終了の日　　　　　　　　　　} までの
　　{ □平成　　年　　月　　日　　　　}　　　 { □平成　　年　　月　　日　　　}

　　本人の収支は＿＿＿＿＿＿＿＿＿＿＿円の（□黒字・□赤字）である。

3　付加報酬について
　　□　求めない。
　　□　後見人等が本人のために特に行った次の行為について付加報酬を求める。
　　□　監督人が，□本人を代表した　又は　□同意した　次の行為について付加報酬を求める。
　　　　□　①　訴訟・非訟・家事審判
　　　　　　　　　　　　　　　（本人が得た利益）＿＿＿＿＿＿＿＿円
　　　　□　②　調停・訴訟外の示談
　　　　　　　　　　　　　　　（本人が得た利益）＿＿＿＿＿＿＿＿円
　　　　□　③　遺産分割協議
　　　　　　　　　　　　　　　　（本人取得額）＿＿＿＿＿＿＿＿円
　　　　□　④　保険金請求
　　　　　　　　　　　　　　　　（本人取得額）＿＿＿＿＿＿＿＿円
　　　　□　⑤　不動産の処分・管理
　　　　　　　　（売却代金入金額・対象期間の管理賃料額）＿＿＿＿＿＿＿＿円
　　　　□　⑥　その他（　　　　　　　　　　　　）
　　　　　　　　□　詳細は別紙のとおり
　　　※①から⑥の行為を行い，付加報酬を求める場合は，資料を添付してください。

V 児童虐待と法制度

弁護士 磯谷 文明

Ⅴ 児童虐待と法制度

第1 児童虐待とは

1 イントロダクション

　ただ今、ご紹介いただきました磯谷と申します。本日のテーマは児童虐待ということで、それに関する法律についてお話をいたしますが、まず私の経歴やこれまでの取り組みなどについて少しお話をしたいと思います。

　私は平成6年に東京弁護士会で登録をし、当初から子どもの人権と少年法に関する特別委員会に入っておりました。平成6年の暮れの忘年会の席上、皆さんお酒がまわっていい気分になった辺りで、今はもう亡くなった八塩弘二先生がすっくと立ち上がり、「皆さん、聞いてくれ。実は知り合いの医師から相談されているんだけれども、親からの虐待によって、まるで重度心身障がい児のような状況になってしまった女の子がいるんだ。今、病院に入院をしているんだけれども、親は親権をたてに強硬に子どもの引渡しを求めている。しかし、そのお医者さんによれば、今度自宅に連れ戻されて、再び虐待を受けた場合には、女の子は再起不能になってしまうかもしれない。今回はうまく助かったけれども、次は助からないかもしれない。何とかこの子を助けることができないか」というような話をされました。

　しかし、私も弁護士になりたてで、仕事に不慣れなうえ、年末ですから非常に忙しかったのです。「ああ、そうか、なかなか難しい問題もあるものだな」とは思いましたが、そもそも子どもの委員会に入って、「虐待」などという言葉を聞いたことがありませんでしたし、学校問題やいじめ、あるいは少年事件といったことしか頭になかったものですから、あまりやる気がありませんでした。ところが、たまたま隣に座っていたベテランの女性弁護士さんが「磯谷さん、あんたみたいな若い人がこういう新しい問題をやらなきゃ駄目よ」と言われ、さらに、いきなりその先生が手を挙げて、八塩先生に「先生、磯谷さんがやるって」と言われてしまい、あれよあれよという間に私が関わることになってしまいました。

　そこで、弁護団会議のため、銀座にある木下淳博弁護士の事務所に集まりました。今から思うと、八塩先生、木下先生をはじめ、元裁判官の平湯眞人先生、今、カリヨン子どもセンターの理事長をやっていらっしゃる坪井節子

第1　児童虐待とは

先生、また、国際的に活躍されている伊藤和子先生といった錚々たるメンバーで、私にはほとんど知恵はありませんでしたが、親権喪失宣告[1]とその保全処分をやらなくてはいけないという話になっていきました。年末年始に準備をし、年明け早々に申立てをしたように記憶をしています。

　この事件では、その後、なぜこの女の子が重度心身障がい児のような状況になってしまったのかという医学的な原因についてはなかなか難しい問題が控えているということが分かりました。虐待によってこういうことになったのか、あるいは器質的な問題だったのか、お医者さん方も見解が分かれました。ただ、虐待が症状を悪化させていたのだろうという点では一致していたと思います。

　当時は、我々はあまりそういう難しいことは考えず、とにかく子どもを守らなくてはいけないということで、主治医の先生の見解に依拠してこの事件に取り組むことになりました。最初に困ったのは、誰が親権喪失の申立てをするかということでした。よく条文を読んでみますと、親権喪失の申立てができるのは、親族と検察官、それと児童福祉法に規定がある児童相談所長という3種類の人しかいないということが分かりました[2]。我々弁護士だけがやろうと思ってもできるわけではありません。このケースについては、実は叔母さんが「じゃあ、私がやります」と言ってくれましたので、その叔母さんに頼んで申立人になってもらいました。他のケースでは、なかなか申立人のなり手が見つからずに難儀をするということもありました。

　次に困ったのは、親に気付かれないうちに親権を止めたいということでした。なぜかと言いますと、当時、親は病院に対して大変な勢いで子どもの引渡しを求めていました。病院は何とかなだめすかして引取りを抑えていたわけです。こういう状況で、もし我々が親権を喪失させる手続を進めているということが分かりますと、明らかに病院に押しかけて力ずくで子どもを奪っていくだろうと思われました。当然、審判前の保全処分[3]は活用しますが、その保全処分を行うに当たっても、決定まで親に気付かれないようにしたい

1　平成23年民法改正により、現在は「親権喪失審判」（民法834条）。
2　平成23年民法改正により、現在は、子どもや未成年後見人等も申し立てることができる（民法834条）。
3　親権者の職務執行の停止と職務代行者の選任（旧家事審判法15条の3、旧家事審判規則74条）。

239

というのがこちらの狙いでした。ところが、裁判官は親の意見も聞いてからこの判断をしたいということでした。もっともといえばもっともなのですが、そこで随分せめぎ合いがありました。ところが、そうこうしているうちに、またしても親が病院に押しかけ、すんでのところで子どもを連れ去られそうになったという事件が起きました。それが裁判所にも伝わり、「こりゃいかん」ということになり、結局、親の意見を聴かずに保全処分として親権者の職務執行を停止しました。

　この事件で私がどのくらい役に立ったのか、今となっては心もとないわけですが、これが虐待問題に関わる一つの原点ということになりました。ところで、このお話を聞かれて、「児童相談所は何をやっていたんだろう。なぜ児童相談所が登場しないんだろう」と思われたかもしれません。今でこそ児童相談所がマスコミでも頻繁に取り上げられますが、この当時、児童相談所というのは児童の相談を受けるのではなく、児童に困った親の相談を受ける相談所だ、などと揶揄されていました。つまり、子どもの立場に立つというよりは、どちらかというと親の立場に立って、親が大変だと思うことをサポートしていくというようなことを考えていたわけです。ですから、親と対峙をするという発想があまりありませんでした。このケースでも児童相談所は一応関わっていたのですが、あまり事を荒立てるような形にはならず、結局、先ほど申し上げたように、我々が叔母さんを申立人にして手続をするという流れになったわけです。

　今、「原点」と申しましたが、その後、虐待問題への弁護士の関わりは随分深まってきたと思います。平成2年〜3年頃に東京と大阪で子どもの虐待問題に取り組む民間団体が設立されるようになり、そういったところに関わる弁護士も出てきました。

　弁護士の取り組みが深まる中で印象に残ったケースといえば、ある古きよき日本の田園風景が残る地方で発生した性的虐待事件でした。これは簡単にいいますと、知的障がいのある相談当時18歳になっていた女性が、小学校6年生くらいのときから父親を含む7人の男たちから繰り返し性的な虐待を受けてきたという事件でした。かつて、「日本には性的虐待などというおぞましいものはない。あれは欧米のものだ」と言っていた専門家もいらっしゃっ

たようでしたが、実際は全く違います。

　この非常にかわいそうな女性のケースについて、現地は東京からかなり遠い所でしたが、十数人の弁護士たちが手弁当で親権喪失宣告の申立てや告訴を行いました。東京弁護士会だけではなく第二東京弁護士会の先生方も加わって、いわば弁護士の横のつながりが形成されました。今、東京では児童相談所を支えるという意味で、児童相談所非常勤弁護士／協力弁護士制度を作っており、この性的虐待ケースでの取り組みは、その後の活動の基礎になったと思っています。

　その後、平成12年に「児童虐待の防止等に関する法律」ができます。この数年前からいろいろと動きはありましたが、なかなか法律を作るのは難しいと思っていましたら、いわゆる議員立法でこの児童虐待防止法ができました。一方、虐待問題に取り組んでいますと親権という壁にいつも直面をするわけです。その親権を何とかうまく制限することができないかと考えていましたが、それには民法を変える必要があります。民法を変えるなどというのはなかなか難しいだろうと思っていたところ、平成23年に民法の親権法が改正され、親権停止審判や未成年後見に関する法人後見、複数後見などができるようになりました。そのような形でここまで進んできたというところを、最初にあえて少し時間をとって触れてみました。

　私について若干自己紹介をしておきますと、実務的には先ほど申し上げた東京の児童相談所の協力弁護士として、要するに児童相談所の法的なサポートをしています。月に1回程度、児童相談所を訪問し、いろいろな法律相談に乗るという一方で、児童福祉法28条の申立て、裁判で代理人を務めるなどしています。ほかにも研修や先ほどの法改正の動きなどにも関わっています。

　最初に断っておかなければいけないこととして、そういう意味で私は基本的に児童相談所の立場でこれまでやってきましたので、本日もややそのような視点からのお話になるかと思います。ただ最近、児童相談所に子どもを保護されたという親が弁護士さんに相談をし、弁護士さんが代理人に付くというケースも結構多くなってきています。そういう意味で、児童相談所をサポートするというわけではなくても、そういった子どもを保護されたりした親から相談を受けるという立場を考えても、本日のお話は有用ではないかと思っ

Ⅴ 児童虐待と法制度

ています。
　さて、このような前ふりをした上で、まずは虐待の統計について少し見ていきたいと思います。資料23頁の「児童虐待相談の対応件数及び虐待による死亡事例件数の推移」というグラフを覧ください。まず上段のとおり、平成2年に統計をとり始めてからこの児童虐待の相談件数というのは増加の一途をたどってきたということが分かると思います。平成26年は8万8,931件ということで、もう10万の大台に迫らんという状況です。

2　児童虐待の定義
(1)　児童虐待の定義〜児童虐待の防止等に関する法律2条

　そもそも児童虐待というのは一体何なのかというところです。資料18頁の児童虐待防止法2条に、児童虐待とは何ぞやということが書かれています。簡単にいいますと、保護者がその監護する（子育てをしている）児童について1号から4号までの行為をすることが児童虐待ということになっています。「保護者が」ということですから、例えば「学校の先生が」、「幼稚園や保育園の先生が」というのは日本では児童虐待の定義には入ってきません。外国ではそういったことも児童虐待(Child abuse)というかもしれませんが、日本ではこういうことになっています。
　では「保護者」というのは何かというと、「親権を行う者、未成年後見人その他の者で、児童を現に監護するもの」とあります。親権者、未成年後見人はお分かりのとおりですが、「その他の者」とありますので、必ずしも親権者でなくてもいいし未成年後見人でなくてもよく、児童を現に監護していればよいということになります。しかし、この「現に監護」というのもよく考えるとなかなかよく分かりません。というのは、例えば母親がいて実家に帰って子育てをしているという場合に、おじいちゃん、おばあちゃんが「現に監護するもの」と言えるのか、保護者になるのかというところです。この辺りはなかなか明確な議論があるわけではありませんが、私見としてはこの監護の概念をあまりに広げ過ぎるのは適当でないと思われることと、基本的には親権者、未成年後見人などに準ずる人たち、そういった一定の権限と役割を持っている人を想定すべきと考えて、今のケースでいえば母親が保護者ということになるだろうと考えています。

児童につきましては「18歳に満たない者」ということになっています。ということは、20歳までの間に若干ギャップが生じるということになります。ここが児童福祉法のいつも悩ましいところです。20歳まで親権に服さなければいけないのに、児童福祉法が守ってくれるのは18歳までということになります。

　児童虐待の中身ですが、1号から4号まではそれぞれ身体的虐待、性的虐待、ネグレクト、そして心理的虐待と呼ばれており、虐待の4分類と言われることがあります。最初の身体的虐待というのは最もイメージしやすいと思いますが、子どもを殴ったり、叩いたり、投げ落としたりといったことが想定されます。ポイントとしては、外傷が生じたことは必ずしも要件ではなく、外傷が生じるおそれがあるような暴行であれば、結果的には幸いなことに外傷が生じなくても身体的虐待に当たります。性的虐待については、児童にわいせつな行為などをさせる、あるいは児童にわいせつな行為をするとことです。

　ネグレクトというのは、子どもの心身の正常な発達を妨げるような著しい減食、つまり食べさせないということです。それから長時間の放置、保護者以外の同居人による1号、2号、4号の行為（身体的虐待、性的虐待、心理的虐待といったもの）を放置すること、その他保護者としての監護を著しく怠ることです。この同居人云々というところは実は後から加わったものであり、しばしば母の同居人が子どもを虐待するという事件が起きるものですから、そういったこともカバーするため、同居人による虐待を止めずに放置をするということもネグレクトだと位置付けました。

　4番目は心理的虐待で、著しい暴言や拒絶的な対応などということになっていますが、DVも含まれるということになっています。DVというのは父母の間だけの話のように思えますが、DVを目撃したり、DVのある家庭で過ごすということが、子どもの心理に非常に大きな悪影響を与えるということが心理学者などから指摘されており、そういったところからDVも子どもに対する心理的な虐待に当たるということになっています。

　なお、3号のネグレクトの中には登校禁止も入るということが、国会答弁で明らかにされています。いわゆる不登校、つまり子どものほうに原因があって学校に行かないのは仕方がないのですが、親のほうが学校に行かせないと

V　児童虐待と法制度

いうことになりますと、これは単に学校教育法違反というだけではなく、ネグレクトにも該当するということになります。これはなかなか区別が難しいです。子どもに「なんで、学校に行かないの」と聞きますと、子どもは「行きたくないから」と言ったりします。それを鵜呑みにしてしまいますと、「ああ、そうなのか。この子は自分の意思で行かないだけなんだから、それは不登校だな」と勘違いしてしまいます。しかし、ここで「じゃあ、お家にいるときは何をしているの」と聞くと、今度は、「下の子の面倒を見ている」とか「お買いもの」「お掃除」などと答えます。さらに、「えっ、その間、お母さんはどうしているの」と聞くと、「お母さんは、遊びに行っている」というような話になってくる。子どもは不登校のようなことを言っているけれども、実はそれは言わされているのであって、実態は親が家事を押しつけて登校させないネグレクトだとわかる、ということもあります。

　資料24頁「児童虐待相談対応件数の内訳」の一番上に「種類別」というものがあり、身体的虐待、ネグレクト、性的虐待、心理的虐待という順に並んでいます。ご覧いただくと心理的虐待が非常に多いです。実はこれはカラクリがあります。以前はやはり身体的虐待が多かったです。また一般的には、だんだん虐待問題の取組が広がってくるとネグレクトが多くなると言われています。ネグレクトはあまりにひどいものは別として関心を呼びにくいのですが、社会の意識が高まってくると、「あの子はネグレクトだ」と皆さんが思って通告をするものですからネグレクトが増えてきます。心理的虐待がこんなに多いというのは、実は先ほどのDVの影響です。現在、警察はDVがありますと、署によって多少のばらつきはありますがどんどん児童相談所に通告しています。その結果、数を押し上げることになり、心理的虐待が非常に多くなっています。ちなみにその下の「虐待者別」を見ていただくと、やはり実母が多いです。もちろん実母が実父より養育に問題があるということではなく、実母の方が子育ての多くを担っているため、発生頻度が多くなるということだと思います。

(2)　留意点

　今、児童虐待の定義についていろいろとお話をしましたが、この定義に合致したからといって、直ちに後からご説明する一時保護といった処分がなさ

れるわけではありません。むしろこの児童虐待の定義というのは、国民の皆さんに通告を呼びかける、つまり「こういうことがあったら、是非児童相談所や市町村に言ってくださいよ」と呼びかけるために設けているものです。したがって、いわば手続の入り口であり、児童虐待に該当したら必ず一時保護になるということではありません。一時保護になるケースというのは、実はかなり少ないです。

　また、児童福祉法28条の承認の要件は、必ずしも児童虐待の防止等に関する法律の児童虐待と一致するわけではありません。資料16頁をご覧いただくと28条がありますが、その前の27条1項に、都道府県知事ないし児童相談所は、必要があれば子どもを児童養護施設に入れたり、里親に委託したりということができると書かれています。ただ、親権者に意に反してそれらの措置を採ってはいけないということが27条4項に書かれています。とはいえ、虐待のケースでは親はしばしば子どもの保護に反対するのです。親が子どもの保護は認めないなどと言う場合に、親権者の意思に反するから子どもを保護できないのかというと、それでは子どもを救うことができません。そこで設けられているのがこの28条です。28条は冒頭にありますように、「保護者が、その児童を虐待し、著しくその監護を怠り、その他保護者に監護させることが著しく当該児童の福祉を害する場合」であれば、子どもを施設に入れたりすることが親権者の意に反するといっても、なお家庭裁判所が承認をして子どもを施設に入れたりすることができる、つまり、親権者が嫌だと言っても、家庭裁判所が承認をすれば子どもを施設に入れたりすることができるということになっているわけです。

　詳しくは後ほどご説明しますが、この28条の中でやはり「虐待」という言葉が出てきます。そうすると、児童虐待防止法の児童虐待の定義に合致すれば、子どもはみんな親が反対しても施設に入れられるのかというとそうではありません。さらに、民法に親権の喪失という手続があります。資料13頁の民法834条に、「父又は母による虐待又は悪意の遺棄があるときその他父又は母による親権の行使が著しく困難又は不適当であることにより子の利益を著しく害するときは、……親権喪失の審判をすることができる」、簡単にいってしまえば親権を失わせることができるという規定があります。ここ

でも「虐待」という言葉が出てきますが、この虐待もまた児童虐待防止法の児童虐待とは一致しません。民法学者に言わせると、この民法834条の虐待というのは相当重いものを想定しているということです。確かに親権を失わせるわけですから当然なのかもしれません。以上のような点は少しご留意いただければと思います。

第2　虐待を受けた児童の保護と法制度

1　関係法

　早速、民法も出てきましたし、児童福祉法や児童虐待防止法も出てきました。基本的に虐待を受けた子どもの保護に関する法制度としては、民法、児童福祉法、児童虐待防止法にまたがって規定されているということになります。ここがなかなか読みにくいところで、何で一本化しないのかというご意見もありますが、今のところそこまでには至っていません。それでは、この民法、児童福祉法、児童虐待防止法が何を定めているのでしょうか。

　まず民法はおそらくご承知のとおり、国民全体の親子関係について定めているということです。ですから、虐待があるとか福祉に絡んでという限定ではなく、すべからく日本国民の親子については、この民法が適用になるということになります。したがって、まずは親権とは一体何なのかということが書かれていますし、そして、その親権を止める方法（親権喪失や新しく平成23年に導入された親権停止）、財産管理権の喪失、それから親権を止めたときの手当てとしての未成年後見といったことを規定しています。

　次に児童福祉法ですが、イメージとしては虐待より少し広いと思っていただくとよいと思います。児童福祉法でキーワードになるのは「要保護」という言葉です。要保護児童というのは、保護者がいない児童又は保護者に監護させる（育てさせる）ことが不適当であると認める児童、要するにそのままの状態だと子育てに問題がある、だから行政が介入せざるを得ない児童のことです。児童福祉法はこの要保護児童をターゲットにし、行政がどのように関わるのかということを定めています。ですから、例えば児童相談所の役割はこういうことだとか、虐待を見つけた人は児童相談所に連絡してくださいという通告、あるいは子どもを一時的に保護する手だて、そして先ほど少し

第2　虐待を受けた児童の保護と法制度

お話ししましたが、子どもを施設に入れるとか、里親さんに委託するといったようなことを定めています。

　最後に登場するのが児童虐待防止法で、これは名前のとおり児童虐待そのものに特化した法律です。したがって、ここでのキーワードは児童虐待であり、虐待の定義に当てはまるものについていろいろと対応がされています。先ほどご説明した児童虐待の定義もこの防止法に定められていますし、虐待が疑われる過程で児童相談所の職員が訪問しても入れてくれない場合、最後の手段として裁判所から許可状をもらって強制的に立ち入るという臨検捜索も児童虐待防止法の中に含まれています。また、虐待をした親との面会交流をどうするという話や、あるいは接近禁止命令など虐待問題に焦点を当てた制度が盛り込まれているのが防止法です。

2　関係機関

　これは登場人物のようなものであり、警察や保険センターなどいろいろなところが出てきますが、中核にあるのが児童相談所と（区）市町村ということになります。児童相談所については報道もされますので、ある程度ご存じかと思いますが、基本的には都道府県に設置をされる行政機関であり、東京の場合ですと11か所あります。先ほど少し出てきた一時保護や施設入所、臨検捜索、接近禁止といった法的な権限を持っているということが、児童相談所の非常に大きな特徴です。

　一方で市町村というのは、同じように子どもの福祉、虐待の問題について関わるのですが、法的な権限は持っていません。ただむしろ、地域の様々な社会資源には近い立場にあります。地域によっていろんな取組があるかもしれませんが、そのような地域密着型の支援ができるというメリットがあります。児童相談所ですと、面積が大きい県でも県に2～3か所しかなく、何かあって駆けつけるといっても車で何時間というような状況です。それと比べると、市町村のほうはより近いところで子どもをサポートできます。この児童相談所と市町村とがいわば車の両輪のような形で対応しているのが、現在の虐待の対策の在り方になっています。このような二層構造が整えられたのは平成16年法改正でした。

　したがって、例えばレジュメ2頁の図をご覧いただきますと、通告する方、

V　児童虐待と法制度

要するに虐待ではないかと思われた方は児童相談所に通告してもいいですし、市町村に通告しても構いません。市町村に連絡が入った場合には、市町村がもちろんいろいろと調べるわけですが、これは法的な権限の行使が必要だと判断したら、児童相談所に事件の送致をするということになります。そうすると児童相談所がそこから先は行うということになります。それだったら最初から児童相談所がすればよいのではないかと思われるかもしれませんが、やはり児童相談所は先ほども申し上げたように非常に広域をカバーしており、スタッフも十分ではないという事情から、なるべくこの市町村の役割を高めていこうという流れになっています。

3　通　告

まさにこの通告によって、行政機関は児童虐待の存在を知るということになります。資料13頁の児童福祉法25条をご覧いただきますと、「要保護児童を発見した者は、これを市町村、都道府県の設置する福祉事務所若しくは児童相談所又は児童委員を介して市町村、都道府県の設置する福祉事務所若しくは児童相談所に通告しなければならない」と書かれています。要保護児童については6条に定義があり、保護者がいない児童若しくは保護者に監護させることが不適当であると認める児童とされており、虐待はその典型的な例だと言われています。したがって、この児童虐待を見つけた場合には、市町村、児童相談所などに通告することが義務であるという建て付けになっています。福祉事務所や児童委員を介してという言葉もありますが、現実にはあまりそういうことはありません。ダイレクトに市町村、児童相談所に通告することがほとんどです。

なお、レジュメ2頁の3の二つ目の○ですが、「「罪を犯した満14歳以上の少年」については、家庭裁判所に通告する」ということになっています。ここで議論になったのが、全国的にも大きなニュースになりましたが、数年前に長崎で女子高校生が同じ学校に通う女子生徒を殺害したという事件です。この事件では、非行をしてしまった女の子の主治医である精神科医が実は事前に児童相談所に相談をしてきていたのです。「この子は、このままでは人を殺してしまうかもしれない」ということで相談をしたいということで連絡をしてきました。ところが、児童相談所はそこを十分に取り上げず、結

局いわば予告どおりに事件が起きてしまいました。どうすれば事件を防げたかという議論のなかで、この子がやっていたのは非行ともいえるわけだから、精神科医としては家庭裁判所に通告すべきだったのではないか、児童相談所としてはそのように促すべきだったのではないかという意見が述べられたのでした。

　ただこの辺りはなかなか微妙なところであり、確かに非行は家庭裁判所、福祉は児童相談所というのが一応の建て付けになっているわけですが、非行と虐待は同根だという識者の意見もあります。虐待を受けている中で非行をしてしまうとか、非行の裏には福祉の問題があるということはよく見られることです。ですから、実際には非行が絡んでいたとしても特に少年事件にしたいという趣旨でなく、福祉の問題として相談があるような場合には、児童相談所は相談を排除していないと思います。

　レジュメ2頁の3の三つ目の○に進み、児童福祉法25条が通告の根拠規定ですが、児童虐待防止の推進を目的として防止法が制定されたときに、防止法6条1項にも同じような規定が置かれました。資料18頁の児童虐待防止法6条には、確かに「児童虐待を受けたと思われる児童を発見した者は、速やかに、これを市町村、都道府県の設置する福祉事務所……に通告しなければならない」とありますから、先ほど見た条文と同じような感じがします。基本的にここで違うのは、「児童虐待を受けたと思われる」と書いているところです。つまり、本当は25条でも十分カバーができるのですが、「児童虐待を見つけたら児童相談所に」と言っているのに、法律を見てみると「要保護児童」と書いてあるということではやはり分かりにくいだろうということで、この6条では「児童虐待を受けたと思われる児童を発見した者は」と書き、通告を一層促進しようとしたわけです。

　ちなみに、この「思われる」というのもなかなか面白い表現ですが、実はもともとは「児童虐待を受けた児童」となっていました。お医者さんなどの間で、「いや、児童虐待を受けたかどうかは断定できない。確定診断はできない。だから通告しない」という声が強かったものですから、自分が虐待を受けたと思えばそれだけで通告義務が発生するし、また、後に述べるように守秘義務違反にもならないということをはっきりさせたのが、この「思われ

Ⅴ　児童虐待と法制度

る」という部分です。

　続いて二つ目の○ですが、今、児童相談所全国共通ダイヤルというものが設けられており、それまでは0120で始まる番号だったのですが、平成27年7月に、「189」という110番や119番といったものと同じような短縮されたダイヤルになりました。これは「イチハヤク」と読むようです。そのようなことで国民に一層通告を呼びかけているということになっています。

　次の○ですが、「通告義務に基づく通告は、守秘義務違反にならない」と法律上も明記されています。また、個人情報保護法や個人情報保護条例などでは、基本的には第三者に個人情報を提供することは禁止されていますが、通告はまさにこの法令に定めがあるということになり、法令に定めのある場合には第三者提供もできるという規定になっていますので、問題がありません。

　また、通告というのは義務だとはいいながらも、いわゆるペナルティがあるわけではありません。義務だけどペナルティも何もないというと、皆が忘れてしまうということになりかねません。そういったことがないように、実は一定の職種の人たちについては、児童虐待を早期に発見しやすいという立場を認識し、早期発見に努めていただく、その早期発見をして通告につなげていただくという規定も置いています。ただし、依然としてペナルティはありません。また、通告を受けた場合に、通告を受けたほうは通告者を特定する情報を漏らしてはいけないという規定が設けられています。これは児童虐待防止法7条です。通告をした側からすると、自分が通告をしたということが親に分かってしまうと、非常につらい立場に立ってしまいます。そういうことがないように、誰が通告したかというのが分からないようにしています。

　そして最後の○ですが、間違って通告してしまった場合はどうなるのでしょうか。いわゆる誤通告の場合の免責については、規定そのものを設けていません。ただこれは、誤って通告した場合には免責されないということではなく、むしろ大半の場合は免責されるでしょう。しかし、免責されるとわざわざ書いてしまいますと、例えばいい加減に、あるいは故意に虐待ではないと分かっているのに通告をするというような無責任な通告がたくさん出てくると困るということから、免責規定は置いておりません。実務的には誤っ

て通告した場合でも当然免責はされると解されています。

4 調査
(1) 概論

　基本的には、児童相談所は任意の情報提供を求めるということになります。いわばお願いベースということです。刑事訴訟法197条2項のような照会の規定がないのかと思われたかもしれませんが、実はそのとおりで、いろいろな人たちの理解と協力を得ながら何とか情報を集めているというのが現状です。これからご説明する防止法13条の3や要保護児童対策地域協議会といったものをなぜ設けているのかというと、実は任意に情報提供をお願いする場合に、お願いされたほうは個人情報保護の縛りがかかっているとそれが気になって開示ができないということになります。病院でも、「いや、個人情報保護法っていうのがありますからね。ちょっと情報を出すわけにはいかないんですよ」ということを言われるわけです。そこで、法律に定めて、個人情報保護法や個人情報保護条例にかかわらず、情報を出していただいても大丈夫だという制度を作っているのです。

(2) 防止法13条の3

　地方公共団体の機関は、市町村や児童相談所から児童虐待について情報提供を求められたときには、いくつか例外が規定されているものの、原則として提供してよいということになっています。地方公共団体（例えば公立の病院や公立の学校といったところも入ります）に対して情報を出せということではなく、そういうところが協力したい、出したいという場合に個人情報保護の縛りを解除してあげるという仕組みになっています。

(3) 要保護児童対策地域協議会

　例えば、地域には、児童相談所と市町村は当然として、学校や病院、保育園、幼稚園、民生委員などさまざまな関係機関と呼ばれる機関や人たちがいますが、そういう関係機関等がネットワークを組んでいます。ネットワークを組むこと自体は別に法律に規定がなくてもできます。

　虐待問題というのは、一つの機関だけで解決することがなかなか難しい状況になっています。例えば学校の協力を得ないと学校で子どもがどういう状況だったのかが分かりませんし、保育園の協力を得ないと保育園で一体どう

V 児童虐待と法制度

いう状況だったのか分かりません。それはやはりそれぞれの機関に協力してもらい、連携をして情報を出してもらうということになるわけです。ネットワークはそのために組んでいるのですが、個人情報保護の考え方により必要な個人情報がなかなか集まらず、ネットワークは十分機能してきませんでした。

そこで要保護児童対策地域協議会という制度を導入し、今申し上げた地域のネットワークにいわば法律の網をかぶせ、このネットワーク（＝協議会）の中では自由に情報交換して構わないと法律で認めるということにしました。これが先ほどの「法令に定めがあるとき」になるわけです。そのようにして、情報の共有をしやすくしています。

(4) 立入調査・臨検捜索

しかし、そのように任意に情報提供を呼びかけるだけではなく、特に児童相談所については能動的に調査をするということもあります。これが立入調査というものです。立入調査というのは読んで名の如しで、児童相談所の職員が実際に家に行き、コンコンと戸をノックして開けてもらい、中で子どもがちゃんと安全に育っているかどうかといったことを確認、調査をするというものです。ただ、実はこの立入調査権というものは古くからあるのですが、なかなか利用されてきませんでした。行政機関である児童相談所が土足で人の家に立ち入るなどということは避けるべきだ、児童相談所は円満に親と関係して、その信頼を得つつケースワークをしていくべきだという考え方が根強く、立入調査などという乱暴な方法はなるべく避けるべきと考えられてきたのです。

ところが、児童虐待が深刻化する中でそうも言っていられなくなり、恐る恐る使ってみるようになりましたが、実際に使ってみると使い勝手の悪い制度だということが見えてきました。というのは、立入調査権は拒否をされても罰金の限度でしか強制力がないのです。しかし、考えてみてください。例えば、扉を開けなければ罰金だとします。しかし、扉を開けて虐待をしていたということが発覚したら罰金では済まないかもしれません。そう考えると、親としては扉を閉じているほうがよいわけです。このように、児童相談所が立ち入ろうとしても親から拒否されてしまって立ち入ることができず、何とか強制的に立ち入れる実効性のある制度を作らなきゃ駄目だということでで

きたのが臨検捜索というものです。資料19頁の8条の2以降、この立入調査関係の条文が続いていきます。

細かい点は省きますが、まず8条の2は、要するに児童虐待が行われているおそれがある場合に、保護者に対して児童を同伴して出頭することを求める、すなわち、「子どもを連れてきてください。そして、そこで子どもの状況を見せてください」ということです。これを出頭要求と呼んでいます。この出頭要求の次に控えているのが9条で、従来の立入調査というものであり、児童虐待が行われているおそれがあると認めるときは、児童相談所の職員が児童の住居又は居所に立ち入って、必要な調査又は質問をすることができるのですが、なかなか効果が薄いということは先ほど申し上げたとおりです。

そこで次に作ったのが9条の2という条文で、これは再出頭要求というものです。つまり、出頭要求、立入調査、再出頭要求、そして臨検捜索という構造になります。

最初の出頭要求は臨検捜索にたどり着くまでの必要条件ではなく、必要なのは立入調査からです。まず立入調査を試し、そして次にうまくいかなかったら再出頭要求を試し、それもうまくいかなかったら9条の3で臨検捜索を行うという制度を平成19年に作りました。

随分回りくどい話だと思われたのではないかと思いますが、したがって児童相談所としては臨検捜索をするということになりますと、段取りを組むのが非常に重要になってきます。まず立入調査をやって、それがうまくいかないということを確認し、そして再出頭要求は呼出状を送るわけですが、これをどうやって送って、来てもらうのは何日にしてということを決めて、それでも来なかったら臨検捜索ということになり、これはちょうど令状と同じように裁判所に書類を出して臨検捜索の許可状をいただくという形になっています。このように回りくどいので、実は再出頭要求については撤廃したほうがよいのではないかという議論があり、今、児童福祉法の改正が取り沙汰されていますが、その中でも議題の一つとして上がってきています。

活用状況を確認しておきますと、平成26年度は出頭要求が28件、立入調査が10件、再出頭要求が4件、そして臨検捜索が1件ということになって

V　児童虐待と法制度

います。臨検捜索が1件だからあまり役に立ってないのかというと実はそうではなく、最後に臨検捜索という強制的なものが控えているので、その前の段階で解決することが多くなっているということです。

5　一時保護
(1)　概　論

　基本的には調査をし、この子をこのまま家に置いておくのはまずい、安全を確保するためには一時的にでも家庭から引き離さなくてはいけないという場合に、一時保護というものをします。児童相談所のいくつかに一時保護所が設置されており、多くの場合は集団生活になっています。例外はありますが、多くは何人部屋みたいなところがいくつもあり、そこに保護されてきた子どもたちがかくまわれて生活をするということになります。

　また、一時保護については、児童相談所が一時保護所に児童を入所させる以外に、適当な者に委託をして一時保護してもらうということもできるという便利な規定になっています。例えば乳幼児では、普通の一時保護所に連れてきてもなかなか面倒を見きれない、対応ができないということがありますので、乳児院や里親さんといったところに一時保護委託をすることがあります。あるいは病気の子どもの場合は、病院に一時保護委託をするなどということもあります。

　一時保護のイメージを少し持っていただいたかと思います。一番はやはり子どもの安全を確保するために一時保護をするのですが、調査のために一時保護するということもあります。皆さん、聞いたことがあるかどうか分かりませんが、代理によるミュンヒハウゼン症候群という一風変わった名前の虐待があります。MSBP[4]などと略されることもあります。ミュンヒハウゼンというおとぎ話に出てきたほら吹き男爵がおり、自分は病気でもないのに病気だというほらを吹いていろいろと周りを引っかき回すというのが、もともとこのミュンヒハウゼン症候群です。代理によるミュンヒハウゼン症候群というのは、親が自分自身を病気に仕立て上げるのではなく、子どもを病気に仕立て上げるという非常に変わった虐待です。変わった虐待ですが、実際に

4　Munchausen Syndrome By Proxyの略。

時々あり、『家庭裁判月報』にも数例、審判例が出ています[5]。

　MSBPは、統計的には母親がやることが多く、かつ、医療的なバックグラウンドを持っている例が多いと言われています。典型的には看護師さんなどです。そういう方が自分の子どもを病気に仕立て上げるわけですが、非常に巧みにやるものですから、一見分からないのです。私が関与したケースでは、デスモプレシンという尿を出にくくする点鼻薬をどこかから入手し、子どもに投与した後、水を飲ませたのです。そうすると、尿が出にくくなるのに水が体の中に入ってくるわけですから、水中毒を引き起こし低ナトリウム血症になってしまいます。低ナトリウム血症はけいれんを引き起こすなど非常に重篤な状態で、死亡の危険もあります。この親はそういう状態になった子どもを連れて、「先生、大変なことになりました」などと言って来院するのです。しかし、もちろんデスモプレシンを使っていることは言いません。先生のほうもデスモプレシンの投与に気づかず、「いや、これはもう大変だ」ということで一生懸命調べるわけですが、調べても分かるわけはなく結局帰され、また同じようなことで運ばれます。これを再三繰り返し、私の記憶ですが5歳になるまでに13回くらい入院を繰り返していました。

　これはどのように見破るかというと、子どもを一時保護して完全に親から切り離します。そうすると、これまで起こっていた症状がぱったりと嘘のように消失します。そこで初めて、この子は実はお母さんからやられていたということが分かるわけです。具体的には、ある大きな病院に一時保護委託をお願いし、そこで1か月ほど様子を見たら全く何の問題もないということから分かったというものでした。このように、一時保護というのは子どもの安全を確保するだけではなく、子どもに関して調査をする場合にも行われます。

(2) 要　件

　「必要があると認めるとき」と言われると、要件が広すぎて何でも含まれるのではないかと思われるかもしれません。典型的には、厚生労働省の児童相談所運営指針に書いてある緊急保護、すなわち安全確保です。子どもに自

---

[5] 宮崎家裁都城支部平成12年11月15日審判（家月54巻4号74頁）、札幌高裁平成15年1月22日決定（家月55巻7号68頁）、熊本家裁平成21年8月7日審判（家月62巻7号85頁）など。なお、いずれもMSBPと断定しているわけではない。

Ⅴ　児童虐待と法制度

傷他害のおそれがある場合もやはり保護の対象になります。また、子どもを保護した上で、その一時保護所などにおいて子どもがどのような行動をするのか見るという行動観察です。さらに、長期にわたって子どもを保護する必要はないが、短期的に指導をするということで使われることもあります。

(3) 委　託

先ほど申し上げたように、一時保護というのは委託をすることもできるのですが、問題になるのは警察に委託をすることです。これにつきましては、レジュメ5頁脚注4の福岡高裁那覇支部の裁判例、あるいは通知などもあります。基本的に、やむを得ないときには仕方がないが、一時保護所での保護がなかなか難しいという場合に限られるというのが実務であり、実際におおむねそのような運用がなされているかと思います。

(4) 手　続

一時保護は行政処分なので不服申立てが可能であり、したがって保護者に対して行政不服審査法に基づく教示をするということになっています。おそらく親から相談を受ける場合には、子どもが一時保護されたということがしばしばあるのではないかと思います。その場合、一時保護には必ず通知書というものがありますので、それを見せてもらうと、基本的に、いつ、場所、といったものが書かれています。時々、子どもが保護されているところに押しかけてきて、実力で奪還しようという親もいるものですから、そのようなリスクがある場合には場所を開示しないということもできるとされています。したがって、場合によって場所は空欄ということもあります。

(5) 期　限

一時保護には期限があり、2か月ということになっています。ただ、必要があると認めるときは引き続き一時保護をすることができます。ここも何かとても緩い感じがします。しかし、この点については平成23年の改正により、親の意に反して2か月を超えて子どもの一時保護をする場合には、児童福祉審議会の意見を聴かなければならないと定められました。児童福祉審議会というのは、都道府県で設置されているやや第三者的な機関ですが、児童相談所はその児童福祉審議会の意見を聴くということになります。

「聴く」というのは、決して児童福祉審議会の指示に従わなくてはいけな

いということではなく単に意見を聴くというだけですが、いたずらに一時保護が長期化しないようにプレッシャーをかけるということになっています。ですから、一時保護について相談を受けた場合、まずは親が一時保護に反対かどうかということを確認する必要があるでしょうし、また、反対だと言っているのに長期にわたって一時保護されている場合には、果たしてこの児童福祉審議会の意見をきちんと聴いているのかということを確認する必要があるかと思います。

(6) 一時保護中の監護

資料16頁の児童福祉法33条が一時保護の根拠規定であり、次の33条の2では、「児童相談所長は、一時保護を加えた児童で親権を行う者又は未成年後見人のないものに対し、親権を行う者又は未成年後見人があるに至るまでの間、親権を行う」と書かれています。例えば、親が行方不明だとか、亡くなってしまった場合、さらには親の親権が止められている場合も親権を行う者がいないということになります。そのような場合には、児童相談所長が親権を代行するということになっています。

次に2項では、そうでない場合、つまり親権者がいる場合については、「児童相談所長は、一時保護を加えた児童……についても、監護、教育及び懲戒に関し、その児童の福祉のため必要な措置をとることができる」という規定が置かれています。

ここをもう少しご説明しますと、まずいわゆる医療ネグレクトというものがあります。親が子どもに本当は適切な医療を受けさせなくてはいけないのに、それをしないという場合です。親が宗教上の理由から輸血を拒否するという中で子どもが亡くなっていったという事件が、随分前にありました。子どもに医療行為が必要なのにそれを親が同意しないという場合、保全処分によって一時的に親権を止めるということをします（一般に、未成年者に対する医療の同意権は監護権に含まれると解されています）。狙いはまさにここであり、というのは親権停止の申立てと当時に保全処分で親権を止めるという決定をもらいます。この保全処分は、早ければ1週間、あるいはもっと短期で出ます。そうしますと、親権を行う者がいないということになりますので、児童相談所長が親権を代行することになります。児童相談所長が医療行為につい

Ⅴ　児童虐待と法制度

て同意をするということになり、そして解決をするということを行います。

　保全処分を使って最終的な解決、つまり医療行為までさせてしまうというのはどうなのかと思われるかもしれませんが、やはり必要な場合は緊急に対応せざるを得ません。特に最近多いのが、お子さんが自殺を何度も図って精神科に入院するなどという場合です。しかしながら親が絶対に嫌だというときに、親権を止めて児童相談所長が親権代行という形で入院させるということもあります。

　さて今、一時保護中の監護についてお話ししましたが、もう一つ付け加えておかなければいけないのは、親権を行う者がいないときには児童相談所長の親権代行ということでシンプルになるわけですが、親権者がいる場合にはどうなるかというと、先ほどの33条の2の2項で、児童相談所長は監護、教育及び懲戒について一定の措置をとることができると書いてあるわけです。しかし一方では、親はまだ親権を持っています。その親の残っている親権と児童相談所長が持っている監護に関する権限とは、一体どういう関係に立つのかというところは実はなかなか難しい問題になるのですが、今のところの法律上の整理としては、両方残っているが親権者は児童相談所長の措置を不当に妨げてはならないと3項で規定しました。

　厚生労働省の通知で、不当に妨げている場合には、児童相談所長はそれを無視して予定している措置をとって差し支えないということを言っていますので[6]、結局は不当に妨げている場合には無視できるということになります。ただ、不当かどうかというところが実は問題です。というのは、親はほとんど自分がやっていることを不当だとは思っていないので、「あなたがやっていることは不当だ。だから児童相談所長に従わなくてはならない」と言ったところで、「いや、俺がやっていることは不当じゃない」と、水かけ論になるわけです。ですから、そういう意味ではきれいに解決をした条文ではないと思いますが、今のところはそういう形でとどまっているということになり

6　厚生労働省雇用均等・児童家庭局総務課長平成24年3月9日付通知「児童相談所長又は施設長等による監護措置と親権者等との関係に関するガイドライン」（雇児総発0309第1号）の冒頭に「児童相談所長又は施設長等は、自らがとる監護措置について親権者等から不当に妨げる行為があった場合には、当該行為にかかわらず、児童の利益を保護するために必要な監護措置をとることができる」と記載されている。

258

ます。現実には、あまりに埒が明かないようであれば、やはり親権を止めるという方向に動いていくだろうと思います。

　4項は緊急事態の場合の規定で、児童の生命又は身体の安全を確保するため緊急の必要があるという場合には、児童相談所長は親権者が何と言おうと措置をとることができると書かれています。想定しているのはやはり医療行為であり、時間があれば親権停止審判と保全処分を申し立てて裁判所で判断をしてもらうということになりますが、先ほどの輸血のように、とてもその時間がなく、待っていればどんどん血が流れていってしまうという場合には、児童相談所長の判断で実施してしまうことが認められているということになります。

(7)　一時保護中の面会交流

　これもまたおそらく、「児童相談所が会わせてくれない」と親側から相談されることがあるかと思います。会わせてくれない、つまり面会交流の制限というのは、実は結構曖昧なつくりになっています。まず曖昧ではないこととして、資料20頁の児童虐待防止法12条において、児童虐待を受けた児童について児童福祉法27条1項3号の措置云々、それから33条1項、2項の一時保護の場合には、児童虐待の防止及び児童虐待を受けた児童の保護のため必要があると認めるときは、児童相談所長等々は、児童虐待を行った保護者について、次に掲げる行為の全部又は一部を制限することができるとあり、当該児童との面会と通信と書かれています。これはやはり行政処分ということになりますので、まずこの要件をきちんと満たす必要があります。

　ところが実際には、これを常に面会交流をお断りするケースでやっているかと言われると、率直なところそうではありません。むしろ親御さんを説得し、ご納得いただいて面会交流、面会通信を差し控えていただいていると児童相談所としては考えているケースが結構あります。したがって、行政処分まで行くのか、いわゆる指導として面会交流を控えていただいているのか、その間というのは結構曖昧です。ですから、「相談を受けたら全て行政処分でするか、あるいはしないかどっちかにしろ」というのは、弁護士的にはそうなのでしょうが、現実には、無理に子どもと会っても結局子ども自身がすごく拒否的な対応をするとその先の再統合すら難しくなってしまいますので、実際には親のほうも状況を理解して、「じゃあ、分かった。少し待って

V　児童虐待と法制度

いるよ」と言われることは結構多いです。ただ、「もう待てない」と言われるのであれば、弁護士としては、一体それは行政処分なのかどうかというところを確認していくことになるのかと思います。

(8) 強制力の行使

いわゆる自由を奪うような強制力についてです。これは結論から申し上げると、先ほどのように児童相談所長は監護について権限を持っていますので、その範囲内である程度の行動制限が認められるというのが通説的な考え方と言えると思います。しかし、では何でもできるのかというと、やはり認められている監護の範囲を超えるものというものもあるわけで、ただし書にあるように、通知では例えば子どもを一室に監禁をするということはできないとされています。また、厚労省の通知の一つである児童相談所運営指針では、児童の身体を直接拘束するというのもやはりできないということになっていますので、強制力については、一定程度はできるが過度なものはできないということになろうかと思います。

(9) 不服申立て

行政不服審査法に基づく不服申立てのほか、しばしば行政訴訟で取消訴訟を起こされるというケースがあります。

6　児童福祉法27条1項の措置

さて、一時保護についてお話ししてきましたが、調査、一時保護を経て、最終的にこの子をどうするかという問題に直面するわけです。問題がなくなれば家庭に戻すということになりますが、それが難しい場合、いくつかの措置が用意されています。それが児童福祉法27条1項3号の措置というものです。これは児童相談所が行うものです。

(1) 訓　戒

これはこの名のとおり訓戒を与えるということと、今後子育てに当たってはこういうことを注意するというような誓約書を出していただくということがあります。もしその誓約書を提出したにもかかわらず全然守れないという話になると、次は施設入所の可能性があるということになるわけです。

(2) 指　導

子ども、それから保護者に対して、児童福祉司さんなどが指導をするとい

うことです。例えば、児童相談所に定期的に通所していただいたり、カウンセリングを受けていただいたり、家庭訪問を受け入れていただいて家庭の様子を定期的に見せていただいたり、あるいはもちろんその中でいろいろと問題が生じれば、助言をしたりというようなことを行うのがこの指導です。

(3) 児童福祉施設入所等

親子を完全に分離をさせ、子どもを施設に入れたり、里親さんに委託をしたりというようなことです。具体的には、乳児院や児童養護施設、障害児入所施設、情緒障害児短期治療施設、それから児童自立支援施設（旧教護院）といったところに入れることができます。ただし、先ほどご説明しましたが、親権者の意に反してこの措置をとってはいけないということになっています。したがって、虐待の場合には次の28条の承認の申立てをしないと、親の意志に反して子どもを施設に入れたり、里親に委託したりすることができないということになります。

7　児童福祉法28条の承認

(1) 概　論

児童相談所長が家庭裁判所に申立てをする家事審判であり、昔は甲類、今は別表1という位置付けになっているものです。

(2) 要　件

資料16頁の28条の条文をもう一度ご覧いただきますと、「保護者が、その児童を虐待し、著しくその監護を怠り、その他保護者に監護させることが著しく当該児童の福祉を害する場合において」というのが要件になっています。虐待や監護の怠りというのはいわば例示と解されており、「その他保護者に監護させることが著しく当該児童の福祉を害する」ということが中心的な要件です。なかなか具体的なイメージをつかんでいただくのは難しいかもしれませんが、一つ申し上げられるのは、やはりこういった家庭に対する支援というのは、たとえ多少の虐待があっても基本的には子どもを家庭に留め置いた中で行うのが原則です。分離というのは、いろいろな意味で子どもにもダメージを与えることになります。例えば、学校に行っている子どもであれば、自分が行っていた学校に通えなくなってしまうという問題もありますので、できるだけ家でサポートをすることになります。

Ⅴ　児童虐待と法制度

　しかし、それでももう駄目だ、あるいは以前家で子どもを留め置いた中でいろいろな支援をしたが結局うまくいかなかった、あるいはそういうレベルを超える大きなけがをしたなどといった場合にはこの28条の要件が満たされ、たとえ親権者が嫌だと言っても子どもを施設に入れたりすることができるということになります。ですから、今のように果たして在宅では駄目なのかというところは、実はポイントになってきます。これは児童相談所の代理人の弁護士も当然念頭に置いていますので、裁判所から「何で家では駄目なのですか」と言われたら、きちんと答えられるように考えていますし、また、親側の代理人をされる場合でも当然そこが突っ込みどころになるわけです。虐待を全くしていないということであれば、もちろんそこの事実の争いになりますが、多少問題はあったが、なおこのくらいであれば、家でまだできるでしょうという形で争っていくことになります。

　(3)　手　続

　手続の流れにつきましては、レジュメ7頁に少し詳しく書いておきましたので、後でお読みいただければと思います。

　(4)　施設種別

　ここがこの28条の承認の審判で面白いところです。子どもを例えば児童養護施設に入れるのか、乳児院に入れるのか、児童自立支援施設に入れるのか、要するに特定して申立てをしなければいけないし、裁判所もそこを特定して承認をするというのが、8頁脚注8の東京高裁の裁判例で、リーディングケースになっています。したがって、時々親御さんは「里親に預けるのは嫌だけれども、児童養護施設だったらいい」などと言われることがあります。里親に預けてしまうと何か親の地位を取られちゃうような雰囲気がありますから、それだったら施設のほうがよいということになってくるわけです。このように施設の種別を特定しなければいけないのですが、社会福祉法人何とか会、何とか学園というところまで特定しなければいけないというわけではありません。

　また、現実にはこの施設種別は、最初から決め打ちするのは難しいこともあります。例えば、「この子は家庭に入ってもいい感じでやっていけそうだから里親さんがいいな」と思ったとしても、よい里親さんと巡り合うという

のはそんなに簡単な話ではありません。そうすると、その間は引き続き児童養護施設に入っていなければいけないかもしれません。目標は里親委託だが、今は当分児童養護施設に入っていなければいけないというときには、実は両方で承認をとるということになっています。里親委託又は児童養護施設を承認するという形で併記するという運用がなされています。

9頁の脚注9には、情緒障害児短期治療施設、児童養護施設、里親、そして小規模住居型児童養育事業者（いわゆるファミリーホーム）の四つを並べて承認したというケースも載っています。それであれば特定をせずに承認してくれればよいのにと思いますが、現状は今このような形になっています。

(5) 勧　告

家庭裁判所は前記の承認をする際には、勧告をすることができるということになっています。この勧告とは一体何かというと、児童福祉法28条5項において、「家庭裁判所は、措置に関する承認の審判をする場合において」（つまり却下のときは含みません）、「当該措置の終了後の家庭その他の環境の調整を行うため当該保護者に対し指導措置を採ることが相当であると認めるときは、当該保護者に対し、指導措置を採るべき旨を都道府県に勧告することができる」と書かれています。保護者に勧告するのかと思っていると肩透かしを食らいますが、保護者にこのような指導をするように都道府県に勧告をするということになっています。

なぜこのような制度ができたかというと、実は先ほどご紹介した28条の訴訟構造がいわゆる別表1の申立人だけが当事者である類型を想定しているからです。つまり保護者、親権者は、28条の審判の中では当事者ではありません。当事者ではない人に勧告するというのはできないというのが裁判所の考えであり、本当にできないのかどうか疑問がないではありませんが、結局、保護者には直接勧告できないことになりました。しかしながら児童相談所としては、家庭裁判所がこう言っているということを何とか保護者に伝えたいわけです。「児童相談所との間ではいろいろとこじれているけれども、家庭裁判所が、あなたはアルコールの問題抱えているんだから、きちんと病院に行きなさいと言っているよね」ということを言って、治療につなげていきたいわけです。ですから、児童相談所としては直接裁判所から親に対して

V　児童虐待と法制度

言ってほしいのですがそうはならず、児童相談所に対して「親のアルコールの治療をするように指導しなさい」という勧告が来ます。そして児童相談所はそれを親に見せて、「ほら、こういう勧告が来ているから、きちんと治療をしないと、いつまでも子どもが帰ってこないかもしれないよ」というような話をすることになります。随分回りくどい話ですが、そういうことになっています。

8　児童福祉法28条2項の承認

28条の審判のもう一つ重要なところは、実は効果が2年に限られているということです。もう少し厳密にいいますと、この28条の承認を得て児童養護施設などに措置した場合、その措置の開始から2年を超えてはなりません。これは28条2項に規定があります。では、2年経ってもなお子どもを家庭に戻せないときはどうするのかというと、更新の承認を求めるということになっています。この承認を受けてまた措置をしても2年が限度です。そのときにまだ帰せないとまた更新の申立てをするということで、更新がつながっていくということになります。更新の審判のやり方などについては大体先ほど申し上げたのと同じような感じですので、ご覧いただければと思います。

9　接近禁止命令

虐待を受けた子どもに対してかつて虐待をした親が付きまとう事件というのは本当にあります。お金を無心するとか、性的な虐待の場合では性的な関係を更に継続させようとするといったいろいろなことがありますので、この接近禁止命令を使って接近を止めるということが考えられるわけです。条文では、児童虐待防止法12条の4に規定があります。

基本的には、親に対していわゆる接近、つまり身辺に付きまとったり、児童が通常所在する場所の付近を徘徊してはならないということで、DVの保護命令に似ているかなと思うのですが、実は根本的に違うところがいくつかあります。まず一つは、そもそも論として子どもが施設に入っていたり、里親さんに委託されていたりということが大前提になっています。12条の4の冒頭部分をお読みいただければ、「児童虐待を受けた児童について施設入所等の措置が採られ」ていることが前提になっており、しかもその施設入所の措置は親の同意によって、親の意に反しないということでとられている

第2　虐待を受けた児童の保護と法制度

のでは足りず、28条の承認によって措置がとられている場合に限られます。さらに、先ほどご紹介した12条、つまり面会、通信の全部が制限されています。随分頭でっかちな、要件が非常にたくさん付いている条文になっています。

　二つ目の違いは発令者であり、DV防止法では裁判所が命令しますが、虐待防止法のほうは都道府県知事が命令をするということになっています。つまり裁判手続は伴いません。その代わり聴聞手続をするということになります。また、児童虐待防止法のほうには退去命令がありません。そのようなことで、名前も基本的な機能も似ているようですが、DV防止法とは随分中身が違っているということです。

　実はこの接近禁止命令ですが、ほとんど使われていません。私も全てを把握しているわけではないのですが、平成19年に導入されてから多分まだ1件もないのではないかと思います。おそらく、告知や聴聞の手続といったところを児童相談所としては嫌っているのでしょうし、また、基本的には子どもが施設に入っていて、そこに親が押しかけてくる場合には警察対応ということも可能ですので、むしろこんな面倒な命令をする必要がないと考えているのではないかと思います。本当に接近禁止命令が必要なのは、施設を退所した後かもしれませんね。

10　要保護児童対策地域協議会

　先ほど既にご説明をしましたが、地域のネットワークに法律の網をかぶせてその中で個人情報の共有をするという仕組みです。なぜこの問題をここで取り上げたかといいますと、実は弁護士に対してこういった協議会に関わってほしい、あるいはアドバイザーになってほしいという要請は結構少なくないものですから、関われる方も出てくるのではないかと思うわけです。

　先ほど申し上げたとおり情報の共有ができるのですが、情報の共有だけさせていては情報がどんどん漏れていってしまうかもしれません。したがって、この協議会では罰則を設けており、協議会の中で知った秘密を外に漏らしてはいけない、漏らした場合には1年以下の懲役と50万円以下の罰金ということでペナルティを課しています。そのようなことで協議会の中で安全に情報管理ができるということになっているわけです。

V　児童虐待と法制度

特に東京では、子ども家庭支援センターというそれぞれの区や市で設置されている児童福祉を担当する部署がありますが、多くはそういったところが調整機関といって、いわば事務局になり、この協議会を運営しています。その他はまたお読みいただければと思います。

第3　児童虐待と損害賠償請求

弁護士をしておりますと、時々過去に児童虐待をした親に対して損害賠償請求をしたいというお話を受けることがあります。何で今更と思われるかもしれませんが、実はこういう虐待を受けてきた方というのは、ずっと長く苦しんできて親の呪縛からなかなか逃れられなかったけれども、成長して大人になっていろいろと関わりができる中で、やっと要するに自分が苦しんでいるのは親の虐待のせいだったんだということに思い至ることがあるからです。したがって、随分長い時間がかかって損害賠償請求をしたいなどというお話が出ることがあります。

1　事実の立証

もう大人になっていたり、大人に近い子どもの場合ですと、普通にお話を聞いて陳述書を作るということになると思いますが、時に被害を受けた子どもがまだとても小さいということがあります。このような場合に、何の工夫もせずに陳述書を書くということをしますと、実は子どもの記憶というのはとても操作されやすく、また、誤った記憶が入ってくることが多いので、後から実は客観的なものとずれていたなどということがあります。

ご存じかもしれませんが、レジュメ12頁の脚注14に北海道大学の仲真紀子先生が『ケース研究』で書かれている司法面接の論文があります。この仲先生のお話では、幼い子どもの場合、ある情報が頭の中にインプットされたとしても、それがどこから得た情報なのか（つまりそれがテレビで見たものなのか、マンガで読んだものなのか、自分が体験したものなのか）非常に混同しやすいという特性があるという心理学的な調査結果もあるとされています。

したがって、幼い場合には司法面接を活用するということが考えられます。司法面接というのは、専門のトレーニングを受けた方ができるだけ子どもの記憶にバイアスをかけないような形で聴き取っていき、それを全て録音、録

画などして証拠化するというものです。最近は民間でもこういうことをするところが出てきまして、私が聞くところでは、脚注13のカリヨン子どもセンターであるとか、あるいは神奈川県の認定NPO法人チャイルドファーストジャパンなどで被害の子どもの聴取をし、その結果を報告してくれるということをしています。

また、やはり心理的な影響を判断する中で、お医者さんやカウンセラーの意見はとても重要になってきますので、こういった案件を相談された場合には、特に虐待に詳しい方々と何とか連絡を取って手伝っていただくとよいと思います。こういった虐待問題に関わっていらっしゃるお医者さんやカウンセラーの方々というのは、本当に子どもが虐待を受けていると思うとすごいパワーで協力してくれることが多く、お金とかそんなものは置いておいてとにかくこの子のために何かするというような人も多々いらっしゃるので、是非アクセスしていただくとよいと思います。

2 時効・除斥期間

最近話題になるのがこの時効や除斥期間の問題です。というのは、随分事件から時間が経ってから損害賠償請求をしたいと言われることがあるからです。ご承知のとおり、不法行為に基づく損害賠償請求権の消滅時効の起算点は、「被害者又はその法定代理人が損害及び加害者を知った時」と定められています。しかし、誰がやっているかといったことは随分前に分かっていたとすれば、時効あるいは除斥期間にかかっていると思われることが多いのではないかと思います。ただこの辺りは実は結構微妙であり、非常に大雑把に申し上げると、あまりそう悲観的にならずによく裁判例なども調査をしていただけるとよいかと思います。

比較的最近の北海道の事件で、幼い頃に親族から性的な虐待を受け、ずっと後になってから損害賠償請求をするというものがありました。事実関係についてはどうもあまり争いがなかったようですが、除斥期間がとうの昔に経過しているではないかという主張がなされたケースです。この被害者がうつ病を発症したのが比較的最近であり除斥期間にかかっていないということから、損害賠償を認めたということが大きく報道されており、最高裁でも確定をしたという事例がありました。

Ⅴ　児童虐待と法制度

　レジュメ12頁にいくつか書かれているように、考え方としては、例えば13歳未満の子どもについては、たとえ加害者が分かっていたとしてもまだ性的な自由の意味すら理解できていないわけです。刑法では、13歳未満の子どもについては暴行、脅迫がなくても強制わいせつの成立を認めているわけですから、それは13歳未満だとまだ性的な自由の意味すら分からないからだと考えると、それまではそもそも加害者と損害を知った時に当たらない、まだそこは起算点ではないというようなことを言っている裁判例などもありますので、参考にしていただければと思います。

第4　児童虐待と刑事事件

　ここに並べているのは網羅的とは申しませんが、比較的最近たまたま新聞で報道されているようなものです。様々なケースがありますので一概には言えませんが、大体このような感じで量刑されているということについて、ご参考にしていただければと思います。

　刑事事件については、一点だけ申し上げると子どもの告訴能力の問題が取り上げられたケースがあります。幼い子どもではまだ告訴能力がないということで棄却と言われる場合があるわけですが、10歳くらいで告訴の能力を認めたといういくつかの裁判例が公表されています。

　まず12歳3か月の児童について告訴能力を認めたのが、東京地裁平成15年6月20日の判決で判例時報1843号159頁です。それからマスコミでも結構報道されましたが、告訴当時10歳11か月の子どもについて、一審では控訴棄却だったものの二審の名古屋高裁金沢支部が破棄差戻しをして告訴能力があったと認められると判断したのが、平成24年7月3日の判決です。

第5　児童虐待と弁護士

1　離婚等親族間紛争と児童虐待

　離婚などで結構この虐待の話が出てくるということがあるのではないかと思います。これについては本当に扱いがとても難しいです。やはり本当に虐待の可能性もあります。家族であり、最も近くで見ている人なわけですから、例えば、お母さんが、「お父さんが子どもに性的虐待をしている」と訴える場

第5　児童虐待と弁護士

合に、それは一番近い所にいるから見えるということもあるわけです。しかし一方で、鵜呑みにしてよいかというとそうではありません。一つは悪意で、例えば離婚などを有利に進めるためにでっちあげるということもないわけではないでしょうし、そこまで悪意でなくても、ささいなことから思い込むということはしばしばあります。陰部が赤かったということから虐待をしたのではないかと思い込む方もいらっしゃるので、この辺りはとても難しいです。

　一つの選択肢としては、いきなりそれで裁判をするというよりも、まず児童相談所に相談をされるというのもよろしいのではないかと思います。ただ、児童相談所に相談したからうまく解決できると太鼓判を押すわけにはいきません。児童相談所から見ても、やはり離婚の中で虐待が見えてくるというのは、結構なリスクです。本当かなと思うものですから、そこは慎重に検討されるとは思いますが、もしそれが本当に虐待だと児童相談所がつかめば、それはそれでいろいろな意味で協力をしてくれるということになると思います。例えば、児童相談所の記録の開示を求め、それを証拠に出すということもあるでしょうし（ただこれはもちろん個人情報で結構黒塗りになることもありますが）、裁判所に申立てをしてから児童相談所に対して調査嘱託をしてもらうということもあるかと思います。調査嘱託だからといって何でも答えられるわけでもないのですが、それでもやはり家庭裁判所から調査嘱託が来ますと、少し連絡を取ったりして何を答えればいいのかなどといってやることがあります。

　以前あったケースでは、「娘が父親から性的虐待を受けて、こういう話をしたんです」と言って、お母さんが私のところに録音テープを持ってきてくれたことがありました。確かに子どもがそうやってポツポツと語ったりするものですから、「ああ、それなりにそうなのかな」と思っていました。ところがよくよくそのテープを聞いてみると、途中で不自然な点が何か所か出てくるのでそこを確認をしていたら、実は切り貼りをしていたということが分かりました。別に悪意を持って切り貼りをしていたのではなく、そのお母さんとしては分かりやすくするためだったのですが、証拠の価値としてどうかと言われれば、なかなか厳しいものがあるかもしれません。

　そのようなことで、こういった親族間の紛争で関わるときは、やはり慎重

269

Ⅴ　児童虐待と法制度

にするということと、場合によっては児童相談所に相談をされるというのがよいのではないかと思います。

2　児童相談所への法的支援

ここは時間もあまりございませんので、省略させていただきます。以上が本日の私のお話となります。

後　記

平成28年5月27日、改正児童福祉法及び児童虐待防止法等が成立し、6月3日に公布されました。弁護士にとって重要だと思われる点は、次のとおりです。なお、参議院厚生労働委員会では10項目の付帯決議が採択されました。児童虐待に関する今後の施策に影響すると思われる内容ですので、ウェブサイトでご確認ください。

(1) 児童福祉法の冒頭部分に、児童の権利保障や、家庭や家庭に近い環境での養育を原則とすることなどが述べられ、それを踏まえて、国や都道府県、市町村などの責務が整理されています。

(2) 児童相談所の体制強化の一環として、弁護士の配置又はこれに準ずる措置を行う旨が定められています。

(3) 一定の場合、18歳に達した後も満20歳に至るまで、一時保護や児童福祉法27条1項3号の措置がとれることや、28条1項の承認申立てや同条2項ただし書の更新の承認申立てもできることとされています。それに伴い、18歳に達した後も満20歳に至るまで、面会通信の制限その他の規定を適用できることとされています。

(4) いわゆる自立援助ホームの利用も、一定の場合、満22歳に達する日の属する年度の末日まで可能とされています。

(5) 児童福祉審議会が直接苦情を受け付けるなど、児童の権利擁護の役割を果たすこととされています。

(6) 児童虐待防止法の臨検捜索の要件として、再出頭要求を外すこととされています。

(7) 児童虐待防止法13条の3が拡張され、児童の医療、福祉又は教育に関係する機関等も情報提供等をしてよいこととされています。

レジュメ

V 児童虐待と法制度

弁護士　磯谷　文明

第1 児童虐待とは
1　イントロダクション
2　児童虐待の定義
 (1) 児童虐待の定義〜児童虐待の防止等に関する法律2条
　ア　「保護者」
　　　親権を行う者、未成年後見人その他の者で、児童を現に監護するもの
　イ　「児童」
　　　18歳に満たない者
　ウ　虐待行為
　　① 身体的虐待
　　　殴る、蹴る、叩く、投げ落とす、激しく揺さぶる、やけどを負わせる、溺れさせる、首を絞める、縄などにより一室に拘束するなど
　　② 性的虐待
　　　子どもへの性的行為、性的行為を見せる、性器を触る又は触らせる、ポルノグラフィの被写体にする　など
　　③ ネグレクト
　　　家に閉じ込める、食事を与えない、ひどく不潔にする、自動車の中に放置する、重い病気になっても病院に連れて行かないなど
　　④ 心理的虐待
　　　言葉による脅し、無視、きょうだい間での差別的扱い、子どもの目の前で家族に対して暴力をふるう（DV）、きょうだいに虐待行為を行うなど
 (2) 留意点
　○児童虐待の定義に合致したからといって、直ちに一時保護などの処分がなされるわけではない。
　○児童福祉法28条の承認の要件は、必ずしも児童虐待の防止等に関する法律（防止法）の児童虐待と一致するわけではない。
　○民法834条などの「虐待」は、防止法の児童虐待より重いものと解されている。

Ⅴ　児童虐待と法制度

第2　虐待を受けた児童の保護と法制度
1　関係法
　民法の親権法、児童福祉法、防止法にまたがって定められている。裁判手続については家事事件手続法が定める。
　　民法（親権法）…親権喪失、親権停止、管理権喪失、未成年後見など
　　児童福祉法…児童相談所等の役割、通告、一時保護、施設入所等の措置、被措置
　　　　　　　児童等虐待など
　　児童虐待の防止等に関する法律…虐待の定義、臨検捜索、面会交流の制限、接近
　　　　　　　　　　　　　　　　禁止命令など
2　関係機関
　児童虐待は多くの関係者、関係機関の連携によって対応されるが、中心となる機関は市町村と児童相談所である。いずれも児童虐待のソーシャルワークを担うが、児童相談所はいくつかの特別な法的権限を有する点で重要な役割を負っている（一時保護、立入調査、臨検捜索、児童福祉施設入所等の措置など）。

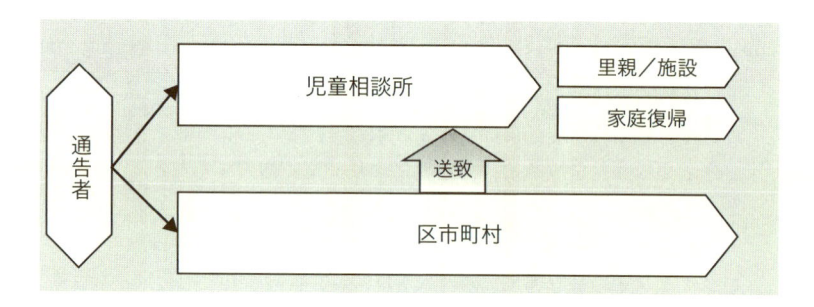

```
                    ┌─ 児童相談所 ─┐   里親／施設
         通告者 ─┤       ↑送致      ├→
                    └─  区市町村  ─┘   家庭復帰
```

3　通　告
○行政機関が児童虐待を認知し、介入をする端緒として重要である。
○「罪を犯した満14歳以上の少年」については、家庭裁判所に通告することになっている。ただしかかる少年とは「具体的にある窃盗事件が発生し、その嫌疑がかけられたような者をいうのであって、ある少年がその前歴等に鑑みて、いつか、何か、罪を犯したか又は刑罰法令に触れる行為をしたにちがいないと一応思われるような程度の場合は、これに含まれない」[1]。
○児童福祉法25条が根拠規定だが、児童虐待防止の推進を目的として防止法が制定されたとき、防止法6条1項にも規定が置かれた。
○通告先は、市町村、都道府県の設置する福祉事務所、児童相談所である。数年前

---

1 「改正少年法と児童福祉法との関係について」（昭和23年12月28日付厚生省児童局長通知）

から児童相談所全国共通ダイヤルが導入され、平成27年7月に「189」と短縮化された。
○通告義務に基づく通告は、守秘義務違反にならない。個人情報保護法／条例においても「法令等に定めのあるとき」等に該当し、第三者提供の禁止の例外にあたる。
○一定の機関や一定の職種の者については、児童虐待の早期発見努力義務が課せられ、発見した場合は通告が義務づけられる（ただし、懈怠に罰則はない）。
○通告を受けた者は、通告者を特定させる情報を漏らしてはならない。
○誤通告に対する免責の規定はないが、通告の重要性や一般市民による調査の限界等に鑑み、故意またはそれに近い重大な過失でない限り、責任を負うことはないと考える。

4　調　査

(1) 概　論

通告を受けた市町村や児童相談所は、当該家族に関する調査を行うが、職務遂行のために必要な情報の収集が認められることは当然としても、法律上の照会権限などの定めはなく、任意の提供を要請するにとどまる。

(2) 防止法13条の3

地方公共団体の機関は、市町村や児童相談所などから、児童虐待にかかる児童またはその保護者の心身の状況、これらの者の置かれている環境その他児童虐待の防止等に係る当該児童、その保護者その他の関係者に関する資料または情報の提供を求められたときは、原則として提供できるとされている。個人情報保護条例等のしばりに対する例外事由となる。

地方公共団体の機関には市立の病院なども含まれるが、情報を保有する者が地方公共団体の機関以外であれば、利用できない。

(3) 要保護児童対策地域協議会

児童虐待対応には地域のネットワークが重要であるところ、それに法律の網をかぶせたものが要保護児童対策地域協議会である。協議会の最大の役割は関係機関間の情報の共有であり、現在、ほとんどの市町村に設置され[2]、活用されている。

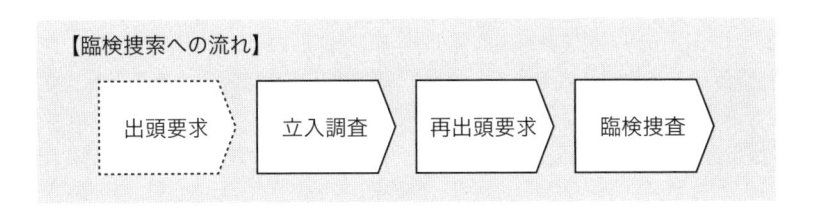

【臨検捜索への流れ】
出頭要求 → 立入調査 → 再出頭要求 → 臨検捜査

2　平成25年4月1日現在、全国の市町村の98.9％で設置されている。

Ⅴ　児童虐待と法制度

(4) 立入調査・臨検捜索
　ア　概論
　　児童虐待防止法8条の2〜10条の6に定められている。児童相談所のみが認められた権限である。
　　立入調査は、児童相談所の職員等が児童の住所又は居所に立ち入り（防止法9条の場合）、調査質問を行うもので、正当な理由がないのに拒めば50万円以下の罰金に処せられる（児童福祉法61条の5）。
　　出頭要求と再出頭要求は、児童相談所が保護者に対し児童を同伴して出頭するよう求めるものである。
　　臨検捜索は、裁判所の許可状をもって、児童相談所職員が児童の住所又は居所に臨検し、捜索するものである。
　イ　要件
　　出頭要求、立入調査、再出頭要求については、「児童虐待が行われているおそれがあると認めるとき」であるが、臨検捜索については、「児童虐待が行われている疑いがあるとき」である。
　ウ　手続
　　現行法によれば、臨検捜索をするためには立入調査、再出頭要求が前提とされているため、適切に段取りを組むことが重要である。実務では臨検捜索の許可状は数時間で発令される例もあると聞く。
　エ　活用状況
　　平成26年度の活用状況は、出頭要求が28件、立入調査が10件、再出頭要求が4件、臨検捜索が1件であった（厚生労働省調べ）。

5　一時保護
(1) 概論
　　児童相談所長は、必要があると認めるときは、児童に一時保護を加え、または適当な者に委託して一時保護を加えさせることができる（児福法33条1項）。都道府県知事も同様の権限があるが（33条2項）、ほとんどの自治体で児童相談所長に権限が委任されている。実際にとられる一時保護はほとんど2項と思われる。
(2) 要件
　　「必要があると認めるとき」とあり、児童相談所長は幅広い裁量を有していると考えられる[3]。
　　厚生労働省の児童相談所運営指針によれば、概ね次のような場合に行われる。

---

[3] 一時保護の要件として緊急性は求められていない（東京高裁平成25年9月26日判決・判時2204号19頁）。

—4—

ア　緊急保護

　棄児、迷子、家出した子どもなど保護者がいない場合や、虐待やネグレクトなど児童を一時その家庭から引き離す必要がある場合や、児童に自傷他害のおそれがある場合。

　イ　行動観察

　適切かつ具体的な援助指針を定めるために、一時保護による十分な行動観察、生活指導等を行う必要がある場合

　ウ　短期入所指導

　短期間の心理療法、カウンセリング、生活指導等が有効であると判断される場合であって、地理的に遠隔又は子どもの性格、環境等の条件により、他の方法による援助が困難又は不適当であると判断される場合

(3) 委　託

　一時保護は、適当な者に委託して行うこともできる。具体的には乳幼児の場合に乳児院に委託するケース、疾病を抱えた場合に病院に委託するケース、家庭環境を確保するため里親に委託するケースなどがある。警察に委託することも可能であるが、一時保護所での保護が不可能または著しく困難などの事情が必要と解されている[4]。

(4) 手　続

　行政処分であって（行政不服審査法2条1項）、不服申立てが可能であるから、保護者に対しその旨の教示をすることとされており（同法57条）、実務上、保護者に対し一時保護の開始日と場所を記載した通知を交付している[5]。場所については、開示すると児童の保護に支障をきたすと認める場合や再び児童虐待が行われるおそれがある場合は、開示しないことができる（防止法12条3項）。

(5) 期　限

　一時保護は2か月を超えてはならないが（児童福祉法33条3項）、必要があると認めるときは引き続き一時保護をすることができる（同4項）。ただし、親権者等の意に反するときは、児童福祉法28条の申立てや親権喪失または停止審判の申立てをしている場合を除き、児童福祉審議会の意見を聴かなければならない（同5項）。いたずらに長期化することを避ける趣旨だが、意見聴取の義務はあっても、その意見に従うことまでは求められていない。

(6) 一時保護中の監護

　一時保護中の児童のうち、親権を行う者がいない者については、児童相談所長

---

[4] 福岡高裁那覇支部平成19年1月25日判決（裁判所ウェブサイト）。
[5] 両親がいる場合、一時保護の通知はそのうち一方にすれば足りるとする裁判例として、大阪地裁平成23年8月25日判決（判例地方自治362号101頁）。

V 児童虐待と法制度

が親権を代行する（児童福祉法33条の2第1項）。その他の児童については、児童相談所長が「監護、教育及び懲戒に関し、その児童の福祉のため必要な措置をとることができる」（同2項）。親権者らは児童相談所長のその措置を不当に妨げてはならず（同3項）、児童の生命又は身体の安全を確保するため緊急の必要があると認めるときは、児童相談所長は親権者等の意に反してもその措置をとることができる（同4項）。典型的には緊急の医療行為などが想定される。

(7) 一時保護中の面会交流

児童相談所長は、児童虐待の防止及び児童虐待を受けた児童の保護のため必要があると認めるときは、虐待を行った保護者と児童との面会または通信の全部または一部を制限することができる（防止法12条1項）。

(8) 強制力の行使

「たまたま児童の行動の自由を制限し、又はその自由を奪うような強制的措置」は、一時保護の場合には、児童相談所長の監護に関する権限に基づき、家庭裁判所の許可がなくても行うことができる（児童福祉法27条の3）。ただし、親権ないし監護の範囲を超えて、たとえば児童を一室に監禁するようなことはできないとされる[6]。

(9) 不服申立て

行政不服審査法に基づく不服申立てのほか、行政事件訴訟法に基づく取消訴訟が可能である。

6 児童福祉法27条1項の措置

(1) 訓　戒

児童又はその保護者に訓戒を与え、又は誓約書を提出させること

(2) 指　導

児童又はその保護者を児童福祉司等に指導させること

(3) 児童福祉施設入所等

児童を小規模住居型児童養育事業を行う者もしくは里親に委託し、または乳児院、児童養護施設、障害児入所施設、情緒障害児短期治療施設もしくは児童自立支援施設に入所させること（<u>ただし、親権者または未成年後見人の意に反して措置することはできない</u>。児童福祉法27条4項）。

※これらの措置によらない援助として、助言指導、継続指導、他機関あっせん（例えば、医療や訓練期間、母子相談などが考えられる）などもある。

7 児童福祉法28条の承認

(1) 概　論

児童福祉法27条1項3号の措置（児童福祉施設入所等の措置）が必要であるのに、

---

[6] 「児童福祉法と少年法の関係について」（昭和24年6月15日付厚生省事務次官通知）。なお、児童相談所運営指針では、児童の身体を直接拘束することもできないとされる。

親権者等が反対する場合、そのままでは措置をとることができない。しかしながら、保護者がその児童を虐待し、著しくその監護を怠り、その他保護者に監護させることが著しく当該児童の福祉を害する場合には、家庭裁判所の承認を得て、その措置をとることができる。

　家庭裁判所の承認を得て措置をとった場合、その措置は2年を超えることができない。ただし、措置の更新について家庭裁判所の承認を得れば、更新することができる。

(2)　要　件

　「保護者がその児童を虐待し、著しくその監護を怠り、その他保護者に監護させることが著しく当該児童の福祉を害する」ことである。虐待や監護の懈怠は例示であり、中核的な要件は保護者に監護させることが著しく当該児童の福祉を害することである。

　援助は家庭においてなされることが基本であるから（児童の権利に関する条約10条1項）、27条1項3号の措置を検討するにあたっては、なぜ在宅支援では足りないのかを検討する必要がある。特にネグレクト・ケースでは、これまで児童相談所などの関係機関がどのような支援をしたのか、なぜ奏効しなかったのか（保護者が反抗的だった、能力が低く指導を理解できなかった、同居人に阻害されたなど）を整理しておくべきである。

　措置が「親権者の意に反する」ことについては、必ずしも要件として捉えなくてもよいのではなかろうか。表面的には同意しているが、保護者に精神的な疾患があったり、過去に撤回した経緯がある場合に、承認した審判例がある。

(3)　手　続

　家事事件手続法234条〜239条に定められている。

　具体的な手続の流れは裁判所や事案によって異なるが[7]、筆者の経験では、申立書を提出する時点で、同時またはその直後に調査官による受理面接が実施されたこともあるし、特になされなかったこともある（最近は実施のないことが多い）。裁判所は申立書等を検討した上で、申立人代理人との間で第1回審判期日を調整し、親権者に呼出状と申立書の写しを送付する。第1回期日では、裁判所は主に親権者側に対し申立書の認否を確認し、その後の調査の方針を立てる。親権者側に代理人がついた場合や親権者が申し出た場合は、期限を定めて反論の機会を与えている（なお、親権者は当事者ではないため、手続に参加するためには利害関係参加をしなければならない。家事事件手続法42条）。ケースによっては何度か主張のやりとりを重ね、争点が明らかになった段階で、ポイントを絞って調査が実施さ

---

[7]　細矢郁「児童福祉法28条事件及び親権喪失等事件の合理的な審理の在り方に関する考察」（家庭裁判月報64巻6号1頁）以下に、東京家庭裁判所における運用が解説されている。

Ⅴ 児童虐待と法制度

れる。調査が実施されると当事者に通知されるため（同63条）、謄写申請をして内容を把握した上で、さらに必要な主張や立証を行う。裁判所は児童の意思把握が行われるが（同65条）、多くの場合、調査官調査のなかで行われている。機が熟すると、裁判所は審判をする。

(4) 施設種別

現在の実務では、裁判所は承認をする場合、施設種別を特定して行うこととされている[8]。従って、申立て段階で施設種別を絞っておく必要がある（なお、「児童養護施設」などとしておけば足り、「社会福祉法人○○会○○学園」というように具体的な施設名まで特定する必要はない）。

なお、必要があるときは複数の施設種別を併記して承認を求めることも認められている[9]。その場合、乳児院や児童養護施設については殊更理由を記載する必要はないが、その他の施設種別については、なぜ併せて求める必要があるのかを記載する必要がある。

(5) 勧　告

家庭裁判所が承認する場合、「当該措置の終了後の家庭その他の環境の調整を行うため当該保護者に対し指導措置を採ることが相当であると認めるときは、当該保護者に対し、指導措置を採るべき旨を都道府県に勧告することができる」（児童福祉法28条5項）。実際には承認件数の1割～2割くらいに勧告が付されているようである（最高裁調べ）。

(6) 審　判

審判の効力は確定しなければ生じない。承認審判については保護者や親権者等が、却下審判については申立人である児童相談所長が、それぞれ即時抗告権を有する（家事事件手続法238条）。

8　児童福祉法28条2項の承認

(1) 概　論

家庭裁判所の承認を得て児童につき児童福祉法27条1項3号の措置をとった場合、その措置は開始した日から2年を超えてはならない。しかし、保護者に対する27条1項2号の指導措置の効果等に照らし、3号措置を継続しなければ保護者がその児童を虐待し、著しくその監護を怠り、その他著しく当該児童の福祉を害するおそれがあると認めるときは、児童相談所は家庭裁判所の承認を得て3号措置の期間を更新することができる。

---

[8] 東京高裁平成15年12月26日決定（家庭裁判月報56巻9号35頁）がリーディングケースとなっている。
[9] 情緒障害児短期治療施設または児童養護施設の入所、里親または小規模住居型児童養育事業を行う者への委託をまとめて承認した例として、福岡高裁平成24年11月15日決定（家庭裁判月報65巻6号100頁）。

(2) 要　件

「3号措置を継続しなければ保護者がその児童を虐待し、著しくその監護を怠り、その他著しく当該児童の福祉を害するおそれがある」ことである。保護者と連絡が取れない場合や保護者が明らかに拒否している場合を除き、児童相談所では3号措置と並行して2号措置をかけて、家族再統合に向けて保護者を指導するとともに、児童との関係その他の環境を整備する。しかし、その指導が功を奏さず、児童を家庭に戻した場合、再び虐待が再発するおそれがあるときなどが該当する。

(3) 手　続

手続面は概ね1項の手続と同じである。

なお、当初の承認審判に基づく措置が満了する前に更新の申立てをする必要がある。法律上は更新承認の審判が当初の措置の満了までに間に合わなかったとしても当初の措置を継続することができるが（児童福祉法28条3項）、「やむを得ない事情があるとき」でなければならないため、なるべく満了の3か月程度前までに更新承認の申立てをするよう段取りを組む必要がある。

9　接近禁止命令

(1) 概　論

虐待を行った保護者に対し児童へのつきまといや、通常児童が所在する場所の付近の徘徊を禁止するもので、いわゆるDV防止法の接近禁止命令と類似するが、裁判所ではなく都道府県知事が発令するものである点、退去命令がない点などが異なる。

(2) 要　件

①児童虐待があったこと、②児童について児童福祉法28条の承認に基づき同法27条1項3号の措置がとられていること（従って、親権者等の意に反しない結果、同法27条1項3号の措置がとられている場合や、一時保護は除かれる）、③防止法12条1項に基づき当該保護者と児童との面会交流が全部制限されていること、④児童虐待の防止及び児童虐待を受けた児童の保護のため特に必要があると認められることが必要である。

(3) 効　果

都道府県知事は、6か月を超えない期間を定めて、虐待をした保護者に対し、その児童の住所もしくは居所、就学する学校その他の場所において児童の身辺につきまとい、又は児童の住所若しくは居所、就学する学校その他その通常所在する場所（通学路その他の当該児童が日常生活又は社会生活を営むために通常移動する経路を含む。）の付近をはいかいしてはならないことを命ずる（防止法12条の4第1項）。

特に必要があるときは、さらに6か月を超えない期間を定めて命令の期間を延長することができる（防止法12条の4第2項）。

この命令に違反した場合は、1年以下の懲役または100万円以下の罰金に処す

Ⅴ 児童虐待と法制度

る（防止法17条）。
(4) 手 続
　都道府県知事は発令しようとするときは、行政手続法13条1項1号の聴聞を行わなければならない。

10 要保護児童対策地域協議会
(1) 概 論
　児童虐待対応には地域のネットワークが重要であるところ、それに法律の網をかぶせたものが要保護児童対策地域協議会である。協議会の最大の役割は関係機関間の情報の共有であり、現在、ほとんどの市町村に設置され、活用されている。児童福祉法25条の2〜25条の5に定められている。
(2) 設置主体
　地方公共団体である。単独で設置することも可能である一方、特に小規模な地方公共団体は協働で設置することも認められている。
(3) 構 成
　「関係機関、関係団体及び児童の福祉に関連する職務に従事する者その他の関係者」とされる。児童福祉に全く関係のない機関や団体は除かれるが、かなり広い。具体的には、市町村の児童福祉、母子保健等の担当部局、児童相談所、福祉事務所（家庭児童相談室）、保育所（地域子育て支援センター）、児童養護施設等の児童福祉施設、児童家庭支援センター、里親、児童館、民生・児童委員、市町村保健センター、保健所、地区医師会、地区歯科医師会、地区看護協会、病院等の医療機関、医師、歯科医師、保健師、助産師、看護師、精神保健福祉士、カウンセラー（臨床心理士等）、教育委員会、幼稚園、小学校、中学校、高等学校、警察、弁護士、NPOなどの民間団体などが構成員となり得る。
(4) 目 的
　①要保護児童[10]の適切な保護、②要支援児童[11]への適切な支援、③特定妊婦[12]への適切な支援である。
　そのために、必要な情報の交換を行うとともに、要保護児童等に対する支援の内容に関する協議を行う。
(5) 機 能
　協議会には事務局となる「調整機関」が置かれ（多くの場合、市町村の児童福祉

10　保護者のない児童又は保護者に監護させることが不適当であると認められる児童（児童福祉法6条の3第8項）。
11　乳児家庭全戸訪問事業の実施その他により把握した保護者の養育を支援することが特に必要と認められる児童（要保護児童を除く）（児童福祉法6条の3第5項）。
12　出産後の養育について出産前において支援を行うことが特に必要と認められる妊婦（児童福祉法6条の3第5項）。

や母子保健等の担当部署、教育委員会に置かれる)、代表者会議、実務者会議、個別ケース会議の三層構造をなしていることが多い。代表者会議は協議会全体が円滑に運営されるよう調整を図り、実務者会議は各機関の実務の責任者が集まり、進行中のケース管理などを行い、個別ケース会議は具体的なケースについて関係する機関の担当者が集まり、情報の共有や支援内容の協議を行う。

協議会は、関係機関等(協議会の外の関係機関等を含む。)に対し、資料又は情報の提供、意見の開陳その他必要な協力を求めることができる。これを求められた機関等が個人情報を提供することは、個人情報保護法／条例には違反しない(「法令に定めがあるとき」などの例外事由に該当する)。

協議会の具体的な運営方法については、それぞれの協議会に委ねられている。

(6) 罰則

協議会の職務に関し知り得た秘密については、正当な理由がなく漏らしてはならないとされ、違反すると1年以下の懲役または50万円以下の罰金に処せられる(児童福祉法61条の3)。

第3 児童虐待と損害賠償請求

1 事実の立証

児童期の被害については客観的証拠が乏しい上、記憶の問題もあり、立証が容易ではないと思われるが、被害が判明した段階で、いわゆる司法面接を実施して、国際的にも認められているプロトコルに従って第三者的なインタビュアーによって事実を聴取してもらい、それを証拠化することが考えられる[13・14]。

また、被害の事実からその後の経緯、出現した心理症状までをカバーする陳述書や、医師またはカウンセラーの意見書等が有用と考えられる[15]。

2 時効・除斥期間

不法行為に基づく損害賠償請求権の消滅時効の起算点は、「被害者又はその法定代理人が損害及び加害者を知った時」とされるが、「加害者を知った時」とは「加害者に対する賠償請求が事実上可能な状況のもとに、その可能な程度にこれを知った時」とされる(最高裁昭和48年11月16日判決・民集27巻10号1374頁)。未成年者の場合、父母の一方が加害者であると、損害賠償請求訴訟を提起するためには特別代理人を選任しなければならず(民法826条、最高裁昭和35年2月25日・民集14巻2

---

[13] 司法面接を実施している団体として、社会福祉法人カリヨン子どもセンター、認定NPO法人チャイルドファーストジャパンなどがある。
[14] 司法面接に関する文献は数多あるが、わかりやすく記載されたものとして、仲真紀子「司法面接：事実に焦点を当てた面接法の概要と背景」(ケース研究299号3頁)がある。
[15] 被害者及び加害者の供述を詳細に検討して性的虐待の事実を認定した例として、東京地裁平成17年10月14日判決(判時1929号62頁)。

V 児童虐待と法制度

号279頁)、未成年者及び非加害親にとって「賠償請求が事実上可能」と言えるかどうか疑問がある。

13歳になる前に養父から性的虐待を受けた児童について、現行の刑法176条及び177条が13歳未満の者については暴行脅迫がなくても犯罪を成立させている趣旨を、いまだ性的自由の意味を理解できない程度に未熟であると解していると捉え、13歳に達する前に不法行為との認識を持つことは困難であるなどとして、遅くとも13歳に達するまで消滅時効は進行しないとした例として、福岡高裁平成17年2月17日判決(判タ1188号266頁)がある。

除斥期間については、幼少時に親族から性的虐待を受けた女性がPTSD、離人症性障害、うつ病の発生を理由として損害賠償を求めた事件において、最後の虐待行為から20年以上経過した後に発生したうつ病について、除斥期間の起算点はうつ病発生時だとして請求の一部を認容した事例として、札幌高裁平成26年9月25日判決(判タ1409号226頁)がある。

第4 児童虐待と刑事事件

以下は、比較的最近報道された事件(報道によるものであるため、必ずしも正確でないおそれがある)。

報道時期	罪名	宣告刑	概要
平成22年10月	傷害致死	継父・懲役8年 実母・懲役5年	継父が児(7)を殴打し、児は死亡。母も同調し、虐待を助長した(江戸川事件)。
平成25年11月	保護責任者遺棄致死	実母・懲役5年	児(1)が重い気管支肺炎を患っているのに治療を受けさせず放置し、児は死亡(大津事件)。
平成26年9月	同居男性・傷害致死 実母・暴行及び死体遺棄	同居男性・懲役8年 実母・懲役2年	児(6)に同居男性が暴行し死亡。実母も暴行、死体遺棄を手助け(あいりちゃん事件)。
平成26年12月	傷害	懲役2年6月	実父が児(2)に暴行して硬膜下血腫等の傷害を負わせた。
平成27年6月	傷害	懲役7年	実父が児(0)に暴行し、脳損傷の傷害を負わせた。
平成28年1月	傷害	懲役2年6月	継父が児(5)を暴行し、硬膜下血腫の傷害を負わせ、その後も寝たきりに。
平成28年2月	傷害致死	懲役7年6月	父が児(0)を暴行し、硬膜下血腫で死亡。日常的な虐待は認めず。

第5 児童虐待と弁護士
1 離婚等親族間紛争と児童虐待
2 児童相談所への法的支援

資 料

参考条文

Ⅰ. 民 法

第818条　成年に達しない子は、父母の親権に服する。
2　子が養子であるときは、養親の親権に服する。
3　親権は、父母の婚姻中は、父母が共同して行う。ただし、父母の一方が親権を行うことができないときは、他の一方が行う。

第819条　父母が協議上の離婚をするときは、その協議で、その一方を親権者と定めなければならない。
2　（以下、略）

第820条　親権を行う者は、子の利益のために子の監護及び教育をする権利を有し、義務を負う。

第821条　子は、親権を行う者が指定した場所に、その居所を定めなければならない。

第822条　親権を行う者は、第820条の規定による監護及び教育に必要な範囲内でその子を懲戒することができる。

第823条　子は、親権を行う者の許可を得なければ、職業を営むことができない。
2　（以下、略）

第824条　親権を行う者は、子の財産を管理し、かつ、その財産に関する法律行為についてその子を代表する。ただし、その子の行為を目的とする債務を生ずべき場合には、本人の同意を得なければならない。

第834条　父又は母による虐待又は悪意の遺棄があるときその他父又は母による親権の行使が著しく困難又は不適当であることにより子の利益を著しく害するときは、家庭裁判所は、子、その親族、未成年後見人、未成年後見監督人又は検察官の請求により、その父又は母について、親権喪失の審判をすることができる。ただし、2年以内にその原因が消滅する見込みがあるときは、この限りでない。

第834条の2　父又は母による親権の行使が困難又は不適当であることにより子の利益を害するときは、家庭裁判所は、子、その親族、未成年後見人、未成年後見監督人又は検察官の請求により、その父又は母について、親権停止の審判をすることができる。
2　家庭裁判所は、親権停止の審判をするときは、その原因が消滅するまでに要すると見込まれる期間、子の心身の状態及び生活の状況その他一切の事情を考慮し

Ⅴ　児童虐待と法制度

て、2年を超えない範囲内で、親権を停止する期間を定める。
第835条　父又は母による管理権の行使が困難又は不適当であることにより子の利益を害するときは、家庭裁判所は、子、その親族、未成年後見人、未成年後見監督人又は検察官の請求により、その父又は母について、管理権喪失の審判をすることができる。

Ⅱ．児童福祉法

第25条　要保護児童を発見した者は、これを市町村、都道府県の設置する福祉事務所若しくは児童相談所又は児童委員を介して市町村、都道府県の設置する福祉事務所若しくは児童相談所に通告しなければならない。…（以下、略）

第25条の2　地方公共団体は、単独で又は共同して、要保護児童の適切な保護又は要支援児童若しくは特定妊婦への適切な支援を図るため、関係機関、関係団体及び児童の福祉に関連する職務に従事する者その他の関係者（以下「関係機関等」という。）により構成される要保護児童対策地域協議会（以下「協議会」という。）を置くように努めなければならない。

2　協議会は、要保護児童若しくは要支援児童及びその保護者又は特定妊婦（以下「要保護児童等」という。）に関する情報その他要保護児童の適切な保護又は要支援児童若しくは特定妊婦への適切な支援を図るために必要な情報の交換を行うとともに、要保護児童等に対する支援の内容に関する協議を行うものとする。

3　（以下、略）

第25条の3　協議会は、前条第2項に規定する情報の交換及び協議を行うため必要があると認めるときは、関係機関等に対し、資料又は情報の提供、意見の開陳その他必要な協力を求めることができる。

第25条の5　次の各号に掲げる協議会を構成する関係機関等の区分に従い、当該各号に定める者は、正当な理由がなく、協議会の職務に関して知り得た秘密を漏らしてはならない。
　一　国又は地方公共団体の機関　　当該機関の職員又は職員であつた者
　二　法人　　当該法人の役員若しくは職員又はこれらの職にあつた者
　三　前二号に掲げる者以外の者　　協議会を構成する者又はその職にあつた者

第25条の6　市町村、都道府県の設置する福祉事務所又は児童相談所は、第25条の規定による通告を受けた場合において必要があると認めるときは、速やかに、当該児童の状況の把握を行うものとする。

第25条の7　市町村（次項に規定する町村を除く。）は、要保護児童等に対する支援の実施状況を的確に把握するものとし、第25条の規定による通告を受けた児童及び相談に応じた児童又はその保護者（以下「通告児童等」という。）について、

資　料

必要があると認めたときは、次の各号のいずれかの措置を採らなければならない。
　一　第27条の措置を要すると認める者並びに医学的、心理学的、教育学的、社会学的及び精神保健上の判定を要すると認める者は、これを児童相談所に送致すること。
　二　通告児童等を当該市町村の設置する福祉事務所の知的障害者福祉法（…略…）第9条第6項に規定する知的障害者福祉司（以下「知的障害者福祉司」という。）又は社会福祉主事に指導させること。
　三　第33条の6第1項に規定する住居において同項に規定する日常生活上の援助及び生活指導並びに就業の支援を行うこと（以下「児童自立生活援助の実施」という。）が適当であると認める児童は、これをその実施に係る都道府県知事に報告すること。
　四　児童虐待の防止等に関する法律（…略…）第8条の2第1項の規定による出頭の求め及び調査若しくは質問、第29条もしくは同法第9条第1項の規定による立入り及び調査若しくは質問又は第33条第1項若しくは第2項の規定による一時保護の実施が適当であると認める者は、これを都道府県知事又は児童相談所長に通知すること。
2　（略）
第27条　都道府県は、前条第1項第1号の規定による報告又は少年法第18条第2項の規定による送致のあった児童につき、次の各号のいずれかの措置を採らなければならない。
　一　児童又はその保護者に訓戒を加え、又は誓約書を提出させること。
　二　児童又はその保護者を児童福祉司、知的障害者福祉司、社会福祉主事、児童委員若しくは当該都道府県の設置する児童家庭支援センター若しくは当該都道府県が行う障害者等相談支援事業に係る職員に指導させ、又は当該都道府県以外の者の設置する児童家庭支援センター、当該都道府県以外の障害者等相談支援事業を行う者若しくは前条第一項第二号に規定する厚生労働省令で定める者に指導を委託すること。
　三　児童を小規模住居型児童養育事業を行う者若しくは里親に委託し、又は乳児院、児童養護施設、障害児入所施設、情緒障害児短期治療施設若しくは児童自立支援施設に入所させること。
　四　家庭裁判所の審判に付することが適当であると認める児童は、これを家庭裁判所に送致すること。
4　第1項第3号又は第2項の措置は、児童に親権を行う者（第47条第1項の規定により親権を行う児童福祉施設の長を除く。以下同じ。）又は未成年後見人があるときは、前項の場合を除いては、その親権を行う者又は未成年後見人の意に反して、

V 児童虐待と法制度

これを採ることができない。

第28条 保護者が、その児童を虐待し、著しくその監護を怠り、その他保護者に監護させることが著しく当該児童の福祉を害する場合において、第27条第1項第3号の措置を採ることが児童の親権を行う者又は未成年後見人の意に反するときは、都道府県は、次の各号の措置を採ることができる。

一 保護者が親権を行う者又は未成年後見人であるときは、家庭裁判所の承認を得て、第27条第1項第3号の措置を採ること。

二 保護者が親権を行う者又は未成年後見人でないときは、その児童を親権を行う者又は未成年後見人に引き渡すこと。ただし、その児童を親権を行う者又は未成年後見人に引き渡すことが児童の福祉のため不適当であると認めるときは、家庭裁判所の承認を得て、第27条第1項第3号の措置を採ること。

2 前項第1号及び第2号ただし書の規定による措置の期間は、当該措置を開始した日から2年を超えてはならない。ただし、当該措置に係る保護者に対する指導措置（第27条第1項第2号の措置をいう。以下この条において同じ。）の効果等に照らし、当該措置を継続しなければ保護者がその児童を虐待し、著しくその監護を怠り、その他著しく当該児童の福祉を害するおそれがあると認めるときは、都道府県は、家庭裁判所の承認を得て、当該期間を更新することができる。

3 都道府県は、前項ただし書の規定による更新に係る承認の申立てをした場合において、やむを得ない事情があるときは、当該措置の期間が満了した後も、当該申立てに対する審判が確定するまでの間、引き続き当該措置を採ることができる。ただし、当該申立てを却下する審判があつた場合は、当該審判の結果を考慮してもなお当該措置を採る必要があると認めるときに限る。

4 家庭裁判所は、第1項第1号及び第2号ただし書並びに第2項ただし書の承認（次項において「措置に関する承認」という。）の申立てがあつた場合は、都道府県に対し、期限を定めて、当該申立てに係る保護者に対する指導措置に関し報告及び意見を求め、又は当該申立てに係る児童及びその保護者に関する必要な資料の提出を求めることができる。

5 家庭裁判所は、措置に関する承認の審判をする場合において、当該措置の終了後の家庭その他の環境の調整を行うため当該保護者に対し指導措置を採ることが相当であると認めるときは、当該保護者に対し、指導措置を採るべき旨を都道府県に勧告することができる。

第33条 （略）

2 都道府県知事は、必要があると認めるときは、…（略）…児童相談所長をして、児童に一時保護を加えさせ、又は適当な者に、一時保護を加えることを委託させることができる。

第33条の2　児童相談所長は、一時保護を加えた児童で親権を行う者又は未成年後見人のないものに対し、親権を行う者又は未成年後見人があるに至るまでの間、親権を行う。（以下、略）
2　児童相談所長は、一時保護を加えた児童で親権を行う者又は未成年後見人のあるものについても、監護、教育及び懲戒に関し、その児童の福祉のため必要な措置をとることができる。
3　前項の児童の親権を行う者又は未成年後見人は、同項の規定による措置を不当に妨げてはならない。
4　第2項の規定による措置は、児童の生命又は身体の安全を確保するため緊急の必要があると認めるときは、その親権を行う者又は未成年後見人の意に反しても、これをとることができる。
第33条の7　児童又は児童以外の満20歳に満たない者（以下「児童等」という。）の親権者に係る民法第834条本文、第834条の2第1項、第835条又は第836条の規定による親権喪失、親権停止若しくは管理権喪失の審判の請求又はこれらの審判の取消しの請求は、これらの規定に定める者のほか、児童相談所長も、これを行うことができる。
第33条の8　児童相談所長は、親権を行う者のない児童等について、その福祉のため必要があるときは、家庭裁判所に対し未成年後見人の選任を請求しなければならない。
2　児童相談所長は、前項の規定による未成年後見人の選任の請求に係る児童等（小規模住居型児童養育事業を行う者若しくは里親に委託中若しくは児童福祉施設に入所中の児童等又は一時保護中の児童を除く。）に対し、親権を行う者又は未成年後見人があるに至るまでの間、親権を行う。ただし、民法第797条の規定による縁組の承諾をするには、厚生労働省令の定めるところにより、都道府県知事の許可を得なければならない。
第33条の9　児童等の未成年後見人に、不正な行為、著しい不行跡その他後見の任務に適しない事由があるときは、民法第846条の規定による未成年後見人の解任の請求は、同条　に定める者のほか、児童相談所長も、これを行うことができる。
第47条　児童福祉施設の長は、入所中の児童等で親権を行う者又は未成年後見人のないものに対し、親権を行う者又は未成年後見人があるに至るまでの間、親権を行う。ただし、民法第797条の規定による縁組の承諾をするには、厚生労働省令の定めるところにより、都道府県知事の許可を得なければならない。
2　児童相談所長は、小規模住居型児童養育事業を行う者又は里親に委託中の児童等で親権を行う者又は未成年後見人のないものに対し、親権を行う者又は未成年後見人があるに至るまでの間、親権を行う。ただし、民法第797条の規定による縁

Ⅴ　児童虐待と法制度

組の承諾をするには、厚生労働省令の定めるところにより、都道府県知事の許可を得なければならない。
3　児童福祉施設の長、その住居において養育を行う第6条の3第8項に規定する厚生労働省令で定める者又は里親は、入所中又は受託中の児童等で親権を行う者又は未成年後見人のあるものについても、監護、教育及び懲戒に関し、その児童等の福祉のため必要な措置をとることができる。
4　前項の児童等の親権を行う者又は未成年後見人は、同項の規定による措置を不当に妨げてはならない。
5　第3項の規定による措置は、児童等の生命又は身体の安全を確保するため緊急の必要があると認めるときは、その親権を行う者又は未成年後見人の意に反しても、これをとることができる。(以下略)

Ⅲ．児童虐待の防止等に関する法律

第2条　この法律において、「児童虐待」とは、保護者(親権を行う者、未成年後見人その他の者で、児童を現に監護するものをいう。以下同じ。)がその監護する児童(18歳に満たない者をいう。以下同じ。)について行う次に掲げる行為をいう。
　一　児童の身体に外傷が生じ、又は生じるおそれのある暴行を加えること。
　二　児童にわいせつな行為をすること又は児童をしてわいせつな行為をさせること。
　三　児童の心身の正常な発達を妨げるような著しい減食又は長時間の放置、保護者以外の同居人による前二号又は次号に掲げる行為と同様の行為の放置その他の保護者としての監護を著しく怠ること。
　四　児童に対する著しい暴言又は著しく拒絶的な対応、児童が同居する家庭における配偶者に対する暴力(配偶者(婚姻の届出をしていないが、事実上婚姻関係と同様の事情にある者を含む。)の身体に対する不法な攻撃であって生命又は身体に危害を及ぼすもの及びこれに準ずる心身に有害な影響を及ぼす言動をいう。)その他の児童に著しい心理的外傷を与える言動を行うこと。
第6条　児童虐待を受けたと思われる児童を発見した者は、速やかに、これを市町村、都道府県の設置する福祉事務所若しくは児童相談所又は児童委員を介して市町村、都道府県の設置する福祉事務所若しくは児童相談所に通告しなければならない。
2　前項の規定による通告は、児童福祉法…(略)…第25条の規定による通告とみなして、同法の規定を適用する。
3　刑法…(略)…の秘密漏示罪の規定その他の守秘義務に関する法律の規定は、第1項の規定による通告をする義務の遵守を妨げるものと解釈してはならない。

資　料

第7条　市町村、都道府県の設置する福祉事務所又は児童相談所が前条第1項の規定による通告を受けた場合においては、当該通告を受けた市町村、都道府県の設置する福祉事務所又は児童相談所の所長、所員その他の職員及び当該通告を仲介した児童委員は、その職務上知り得た事項であって当該通告をした者を特定させるものを漏らしてはならない。

第8条の2　都道府県知事は、児童虐待が行われているおそれがあると認めるときは、当該児童の保護者に対し、当該児童を同伴して出頭することを求め、児童委員又は児童の福祉に関する事務に従事する職員をして、必要な調査又は質問をさせることができる。この場合においては、その身分を証明する証票を携帯させ、関係者の請求があったときは、これを提示させなければならない。

2　都道府県知事は、前項の規定により当該児童の保護者の出頭を求めようとするときは、厚生労働省令で定めるところにより、当該保護者に対し、出頭を求める理由となった事実の内容、出頭を求める日時及び場所、同伴すべき児童の氏名その他必要な事項を記載した書面により告知しなければならない。

3　都道府県知事は、第1項の保護者が同項の規定による出頭の求めに応じない場合は、次条第1項の規定による児童委員又は児童の福祉に関する事務に従事する職員の立入り及び調査又は質問その他の必要な措置を講ずるものとする。

第9条　都道府県知事は、児童虐待が行われているおそれがあると認めるときは、児童委員又は児童の福祉に関する事務に従事する職員をして、児童の住所又は居所に立ち入り、必要な調査又は質問をさせることができる。この場合においては、その身分を証明する証票を携帯させ、関係者の請求があったときは、これを提示させなければならない。

2　前項の規定による児童委員又は児童の福祉に関する事務に従事する職員の立入り及び調査又は質問は、児童福祉法第29条の規定による児童委員又は児童の福祉に関する事務に従事する職員の立入り及び調査又は質問とみなして、同法第61条の5の規定を適用する。

第9条の2　都道府県知事は、第8条の2第1項の保護者又は前条第1項の児童の保護者が正当な理由なく同項の規定による児童委員又は児童の福祉に関する事務に従事する職員の立入り又は調査を拒み、妨げ、又は忌避した場合において、児童虐待が行われているおそれがあると認めるときは、当該保護者に対し、当該児童を同伴して出頭することを求め、児童委員又は児童の福祉に関する事務に従事する職員をして、必要な調査又は質問をさせることができる。この場合においては、その身分を証明する証票を携帯させ、関係者の請求があったときは、これを提示させなければならない。

2　第8条の2第2項の規定は、前項の規定による出頭の求めについて準用する。

Ⅴ　児童虐待と法制度

第9条の3　都道府県知事は、第8条の2第1項の保護者又は第9条第1項の児童の保護者が前条第1項の規定による出頭の求めに応じない場合において、児童虐待が行われている疑いがあるときは、当該児童の安全の確認を行い又はその安全を確保するため、児童の福祉に関する事務に従事する職員をして、当該児童の住所又は居所の所在地を管轄する地方裁判所、家庭裁判所又は簡易裁判所の裁判官があらかじめ発する許可状により、当該児童の住所若しくは居所に臨検させ、又は当該児童を捜索させることができる。

2　都道府県知事は、前項の規定による臨検又は捜索をさせるときは、児童の福祉に関する事務に従事する職員をして、必要な調査又は質問をさせることができる。

3　都道府県知事は、第1項の許可状（以下「許可状」という。）を請求する場合においては、児童虐待が行われている疑いがあると認められる資料、臨検させようとする住所又は居所に当該児童が現在すると認められる資料並びに当該児童の保護者が第9条第1項の規定による立入り又は調査を拒み、妨げ、又は忌避したこと及び前条第1項の規定による出頭の求めに応じなかったことを証する資料を提出しなければならない。

4　前項の請求があった場合においては、地方裁判所、家庭裁判所又は簡易裁判所の裁判官は、臨検すべき場所又は捜索すべき児童の氏名並びに有効期間、その期間経過後は執行に着手することができずこれを返還しなければならない旨、交付の年月日及び裁判所名を記載し、自己の記名押印した許可状を都道府県知事に交付しなければならない。

5　（略）

6　（略）

第9条の7　児童の福祉に関する事務に従事する職員は、第9条の3第1項の規定による臨検又は捜索をするに当たって必要があるときは、錠をはずし、その他必要な処分をすることができる。

第12条　児童虐待を受けた児童について児童福祉法第27条第1項第3号の措置（以下「施設入所等の措置」という。）が採られ、又は同法第33条第1項　若しくは第2項の規定による一時保護が行われた場合において、児童虐待の防止及び児童虐待を受けた児童の保護のため必要があると認めるときは、児童相談所長及び当該児童について施設入所等の措置が採られている場合における当該施設入所等の措置に係る同号に規定する施設の長は、厚生労働省令で定めるところにより、当該児童虐待を行った保護者について、次に掲げる行為の全部又は一部を制限することができる。

一　当該児童との面会
二　当該児童との通信

2 （略）
3 児童虐待を受けた児童について施設入所等の措置（児童福祉法第28条の規定によるものに限る。）が採られ、又は同法第33条第1項若しくは第2項の規定による一時保護が行われた場合において、当該児童虐待を行った保護者に対し当該児童の住所又は居所を明らかにしたとすれば、当該保護者が当該児童を連れ戻すおそれがある等再び児童虐待が行われるおそれがあり、又は当該児童の保護に支障をきたすと認めるときは、児童相談所長は、当該保護者に対し、当該児童の住所又は居所を明らかにしないものとする。

第12条の4 都道府県知事は、児童虐待を受けた児童について施設入所等の措置（児童福祉法第28条の規定によるものに限る。）が採られ、かつ、第12条第1項の規定により、当該児童虐待を行った保護者について、同項各号に掲げる行為の全部が制限されている場合において、児童虐待の防止及び児童虐待を受けた児童の保護のため特に必要があると認めるときは、厚生労働省令で定めるところにより、6月を超えない期間を定めて、当該保護者に対し、当該児童の住所若しくは居所、就学する学校その他の場所において当該児童の身辺につきまとい、又は当該児童の住所若しくは居所、就学する学校その他その通常所在する場所（通学路その他の当該児童が日常生活又は社会生活を営むために通常移動する経路を含む。）の付近をはいかいしてはならないことを命ずることができる。
2 都道府県知事は、前項に規定する場合において、引き続き児童虐待の防止及び児童虐待を受けた児童の保護のため特に必要があると認めるときは、6月を超えない期間を定めて、同項の規定による命令に係る期間を更新することができる。
3 都道府県知事は、第1項の規定による命令をしようとするとき（前項の規定により第1項の規定による命令に係る期間を更新しようとするときを含む。）は、行政手続法第13条第1項の規定による意見陳述のための手続の区分にかかわらず、聴聞を行わなければならない。
4 （略）
5 （略）
6 （略）

第13条の3 地方公共団体の機関は、市町村長、都道府県の設置する福祉事務所の長又は児童相談所長から児童虐待に係る児童又はその保護者の心身の状況、これらの者の置かれている環境その他児童虐待の防止等に係る当該児童、その保護者その他の関係者に関する資料又は情報の提供を求められたときは、当該資料又は情報について、当該市町村長、都道府県の設置する福祉事務所の長又は児童相談所長が児童虐待の防止等に関する事務又は業務の遂行に必要な限度で利用し、かつ、利用することに相当の理由があるときは、これを提供することができる。

Ⅴ　児童虐待と法制度

ただし、当該資料又は情報を提供することによって、当該資料又は情報に係る児童、その保護者その他の関係者又は第三者の権利利益を不当に侵害するおそれがあると認められるときは、この限りでない。

Ⅳ．個人情報の保護に関する法律

第23条　個人情報取扱事業者は、次に掲げる場合を除くほか、あらかじめ本人の同意を得ないで、個人データを第三者に提供してはならない。
　一　法令に基づく場合
　二　人の生命、身体又は財産の保護のために必要がある場合であって、本人の同意を得ることが困難であるとき。
　三　公衆衛生の向上又は児童の健全な育成の推進のために特に必要がある場合であって、本人の同意を得ることが困難であるとき。
　四　国の機関若しくは地方公共団体又はその委託を受けた者が法令の定める事務を遂行することに対して協力する必要がある場合であって、本人の同意を得ることにより当該事務の遂行に支障を及ぼすおそれがあるとき。

資料

児童虐待相談の対応件数及び虐待による死亡事例件数の推移

○全国の児童相談所での児童虐待に関する相談対応件数は、児童虐待防止法施行前の平成11年度に比べ、平成26年度は7.6倍に増加。

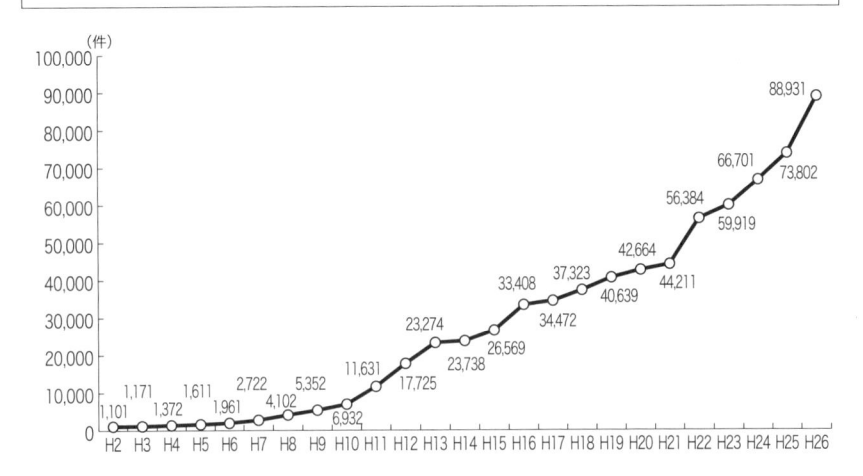

年度別件数の推移（件）：
- H2: 1,101
- H3: 1,171
- H4: 1,372
- H5: 1,611
- H6: 1,961
- H7: 2,722
- H8: 4,102
- H9: 5,352
- H10: 6,932
- H11: 11,631
- H12: 17,725
- H13: 23,274
- H14: 23,738
- H15: 26,569
- H16: 33,408
- H17: 34,472
- H18: 37,323
- H19: 40,639
- H20: 42,664
- H21: 44,211
- H22: 56,384
- H23: 59,919
- H24: 66,701
- H25: 73,802
- H26: 88,931

※平成22年度は、東日本大震災の影響により、福島県を除いて集計した数値

○児童虐待によって子どもが死亡した件数は、高い水準で推移。

	第1次報告 (H15.7.1～H15.12.31) (6ヵ月間)			第2次報告 (H16.1.1～H16.12.31) (1年間)			第3次報告 (H17.1.1～H17.12.31) (1年間)			第4次報告 (H18.1.1～H18.12.31) (1年間)			第5次報告 (H19.1.1～H20.3.31) (1年3か月間)			第6次報告 (H20.4.1～H21.3.31) (1年間)			第7次報告 (H21.4.1～H22.3.31) (1年間)			第8次報告 (H22.4.1～H23.3.31) (1年間)			第9次報告 (H23.4.1～H24.3.31) (1年間)			第10次報告 (H25.4.1～H26.3.31) (1年間)			第11次報告 (H24.4.1～H25.3.31) (1年間)		
	心中以外	心中	計	心中以外	心中	計	心中以外	心中	計	心中以外	心中	計	心中以外	心中	計	心中以外	心中	計	心中以外	心中	計	心中以外	心中	計	心中以外	心中	計	心中以外	心中	計	心中以外	心中	計
例数	24	—	24	48	5	53	51	19	70	52	48	100	73	42	115	64	43	107	47	30	77	45	37	82	56	29	85	49	29	78	36	27	63
人数	25	—	25	50	8	58	56	30	86	61	65	126	78	64	142	67	61	128	49	39	88	51	47	98	58	41	99	51	39	90	36	33	69

※第1次報告から第11次報告までの「子ども虐待による死亡事例等の検証結果等について」より

Ⅴ　児童虐待と法制度

平成26年度児童相談所における児童虐待相談対応件数の内訳

種類別

心理的虐待が43.6％で最も多く、次いで身体的虐待が29.4％となっている。

種類	身体的虐待	ネグレクト	性的虐待	心理的虐待	総数
	26,181 (29.4%)	22,455 (25.2%)	1,520 (1.7%)	38,775 (43.6%)	88,931 (100.0%)

虐待者別

実母が52.4％と最も多く、次いで実父が34.5％となっている。※その他には祖父母、伯父伯母等が含まれる。

虐待者	実父	実父以外の父	実母	実母以外の母	その他※	総数
	30,646 (34.5%)	5,573 (6.3%)	46,624 (52.4%)	674 (0.8%)	5,414 (6.1%)	88,931 (100.0%)

虐待を受けた子どもの年齢構成別

小学生が34.5％と最も多く、次いで3歳から学齢前児童が23.8％、0歳から3歳未満が19.7％である。
なお、小学校入学前の子どもの合計は、43.5％となっており、高い割合を占めている。

被虐待児	0歳～3歳未満	3歳～学齢前	小学生	中学生	高校生等	総数
	17,479 (19.7%)	21,186 (23.8%)	30,721 (34.5%)	12,510 (14.1%)	7,035 (7.9%)	88,931 (100.0%)

あとがき

　東京弁護士会弁護士研修センター運営委員会では、専門領域における業務に対応できる研修を目指し、平成13年より特定の専門分野につき数回にわたる連続講座を実施してまいりました。平成18年度後期からは6ヶ月間を区切りとして、一つのテーマについて、受講者を固定して、その分野に関する専門的知識や実務的知識の習得を目的とする連続講座を開始し、毎年好評を博しております。

　本講義録は、平成27年度の専門講座で子どもをめぐる法的問題につき、専門的知識とノウハウを全5回の連続講座として実施した内容をまとめたものです。連続講座では、親権・監護権や児童虐待への対応など古典的な問題から家事事件手続法により新設された子どもの手続代理人制度や最新の最高裁判例にも対応しており、実に充実した内容となっています。是非本書をお読みいただき子どもをめぐる法的問題に関連する専門知識とノウハウを習得され、適切な事件対応にお役立ていただければ幸いです。

　終わりに、この専門研修講座の企画、実施と本書の発行にご協力いただきました講師の先生方、弁護士研修センター運営委員会担当委員各位、そして株式会社ぎょうせいの編集者の皆様に厚くお礼申し上げます。

平成28年6月

　　　　　　　　　　　　　　東京弁護士会弁護士研修センター運営委員会
　　　　　　　　　　　　　　　　　委員長　奥　　国　範

弁護士専門研修講座
子どもをめぐる法律問題

平成28年7月10日　第1刷発行

編　集　東京弁護士会弁護士研修センター運営委員会
発　行　株式会社ぎょうせい

〒136-8575　東京都江東区新木場1-18-11
電話　編集　03-6892-6508
　　　営業　03-6892-6666
　　フリーコール　0120-953-431
URL：http://gyosei.jp

〈検印省略〉

印刷　ぎょうせいデジタル㈱　　©2016 Printed in Japan
※乱丁・落丁本はお取り替えいたします。
ISBN978-4-324-10137-7
(5108239-00-000)
〔略号：弁護士講座（子ども）〕

法律実務のあらゆる場面で活躍！

ぎょうせい
現行六法

編集代表／園部逸夫（元最高裁判所判事・弁護士）
　　　　　大森政輔（元内閣法制局長官・弁護士）

Web一体型の新六法！

好評発売中

■ 体裁・定価
A5判・全3巻・28冊・専用ボックスケース入
定価（本体15,000円+税）　分売不可

＊内容更新冊子＊
年3回発行・年間購読料　11,988円（8%税込）
（Webサービス利用料込み）※平成28年度概算料金

※本書は以後発行する内容更新冊子とあわせてのお申し込みとなります。
　内容更新冊子は当社より直接お届けいたします。

実務に必要な法令を完全に網羅！
持ち運びに便利な
冊子形式の新六法誕生！

確かな信頼と充実した内容
我が国最高権威の総合法規集「現行日本法規」が
データベースの実務用六法。参照条文・判例・通知を登載し、皆様の実務を強力にサポートします。

軽くて持ち運びに便利な冊子形式
分野ごとに28冊に分冊しているため、必要な巻だけを手軽に持ち運べる新形式の総合六法です。

年3回の更新で常に最新の内容
更新サイクルは、年3回の冊子更新と年6回のWebサービス更新で、頻繁な法改正に迅速に対応する真正の「現行六法」です。

ご購読者限定のWebサービス
本文の内容に加えて「関連法令全文」「判例の全文」「関連通知全文」をご覧いただくことができます。Webは随時最新内容を更新します。

ご注文・お問合せ・
資料請求は右記まで

株式会社 ぎょうせい

フリーコール　TEL：0120-953-431　[平日9～17時]
　　　　　　　FAX：0120-953-495　[24時間受付]
Web　http://gyosei.jp　[HPからも販売中]

〒136-8575　東京都江東区新木場1丁目18-11

読みやすくコンパクトな解説と豊富な書式
法曹実務家の新たな必携書が3年ぶりの改訂！

民事訴訟マニュアル 第2版 上・下
―書式のポイントと実務―

岡口 基一【著】

A5判・全2巻・各巻定価（本体5,000円＋税）

本書の特色

- 法曹実務家から絶大な支持を得た『要件実務マニュアル』の著者による、民事訴訟の実践マニュアル。訴状の作成・提出から上訴・再審まで、一連の流れに沿って、基礎知識や注意点を紹介。

- 簡潔で分かりやすい解説に、実務の現状に即した補足情報をふんだんにちりばめ、民事訴訟手続をがっちりサポート！

- 手続上必要となる書式や記載例を網羅的に本文中に掲げ、留意点等をそれぞれ説明。

- 『要件事実マニュアル』でもおなじみ、項目ごとに重要度順で紹介される参考文献で、更に詳細な情報へ効率的にアクセスできる。

ご注文・お問合せ・資料請求は右記まで

株式会社ぎょうせい

フリーコール TEL：0120-953-431［平日9～17時］
FAX：0120-953-495［24時間受付］
Web http://gyosei.jp［オンライン販売］

〒136-8575 東京都江東区新木場1-18-11

弁護士専門研修講座

東京弁護士会弁護士
研修センター運営委員会【編集】

東京弁護士会主催の「弁護士専門研修講座」講義録。講義録の簡便さと厳選されたテーマに沿った講義の適度な専門性により、経験の浅い弁護士から専門性を高めたい弁護士まで広くご活用いただけます。

労働環境の多様化と法的対応　労働法の知識と実務Ⅲ
●A5判・定価(本体4,300円+税)

交通事故の法律相談と事件処理　民事交通事故訴訟の実務Ⅲ
●A5判・定価(本体4,000円+税)

高齢者をめぐる法律問題
●A5判・定価(本体3,700円+税)

租税争訟をめぐる実務の知識
●A5判・定価(本体4,000円+税)

住宅瑕疵紛争の知識と実務
●A5判・定価(本体3,000円+税)

相続関係事件の実務―寄与分・特別受益、遺留分、税務処理―
●A5判・定価(本体2,500円+税)

中小企業法務の実務
●A5判・定価(本体3,500円+税)

民事交通事故訴訟の実務Ⅱ
●A5判・定価(本体4,300円+税)

インターネットの法律実務
●A5判・定価(本体3,800円+税)

金融商品取引法の知識と実務
●A5判・定価(本体4,000円+税)

債権回収の知識と実務
●A5判・定価(本体3,000円+税)

労働法の知識と実務Ⅱ
●A5判・定価(本体2,500円+税)

離婚事件の実務
●A5判・定価(本体2,857円+税)

民事交通事故訴訟の実務―保険実務と損害額の算定―
●A5判・定価(本体3,619円+税)

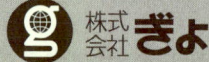

株式会社ぎょうせい
フリーコール　TEL：0120-953-431 [平日9～17時]
　　　　　　　FAX：0120-953-495 [24時間受付]
Web　http://gyosei.jp [オンライン販売]
〒136-8575 東京都江東区新木場1-18-11